国家示范性高等职业院校课程改革教材

Gonglu Gongcheng Zaojia Guanli

公路工程造价管理

李柏林　主编
蒋丰伟　主审

人民交通出版社

内 容 提 要

本书为国家示范性高等职业院校课程改革教材。全书共5章，分别从公路工程造价历史沿革、造价管理基本知识、投资管理体制与项目融资、建设项目管理和经济法律法规等方面，系统地介绍了公路工程造价管理相关知识内容。各章附有复习思考题；书后附有复习题及参考答案。

本书既可作为高等职业技术教育公路工程造价专业教材，也可作为公路工程造价师培训、土建工程管理人员参考用书。

图书在版编目(CIP)数据

公路工程造价管理/李柏林主编. —北京：人民交通出版社，2010.6

国家示范性高等职业院校课程改革教材

ISBN 978-7-114-08455-3

I.①公… II.①李… III.①道路工程—工程造价—高等学校：技术学校—教材 IV.①U415.13

中国版本图书馆 CIP 数据核字(2010)第 096106 号

国家示范性高等职业院校课程改革教材

书　　名：公路工程造价管理
著 作 者：李柏林
责任编辑：黎小东
出版发行：人民交通出版社
地　　址：(100011) 北京市朝阳区安定门外外馆斜街3号
网　　址：http://www.ccpress.com.cn
销售电话：(010) 59757973
总 经 销：人民交通出版社发行部
经　　销：各地新华书店
印　　刷：北京市密东印刷有限公司
开　　本：787×1092　1/16
印　　张：12
字　　数：291千
版　　次：2010年6月　第1版
印　　次：2014年2月　第3次印刷
书　　号：ISBN 978-7-114-08455-3
定　　价：30.00元

国家示范性高等职业院校课程改革教材
编审委员会

序　言

我院在长期的办学实践中，不断深化职业教育教学改革，先后与80多家大中型企业开展合作办学，探索出了“订单”培养、“秋去春回、工学交替”等人才培养模式，毕业生深受用人单位的欢迎，实现了学校、企业、学生等“多赢”。在校企合作中，我们深刻体会到，要真正实现“技能训练与岗位要求对接、培养目标与用人标准对接”，就必须有一套适合“订单”教学的工学结合的教材，于是就有了与企业技术骨干一起编写教材之愿望，随后几年，各种讲义便呼之欲出。

教育部《关于全面提高高等职业教育教学质量的若干意见》中指出：“高等职业院校要积极与行业企业合作开发课程，根据技术领域和职业岗位（群）的任职要求，参照相关的职业资格标准，改革课程体系和教学内容。”“与行业企业共同开发紧密结合生产实际的实训教材，并确保优质教材进课堂。”2007年，我院被正式列为第二批国家示范性高等职业院校建设单位，开发“工学结合特色教材”作为国家示范重要建设项目，被郑重地写入了建设任务书。

三年来，各教材主要撰写人带领教学团队成员，深入“订单”企业调研，广泛听取企业、学生、职教专家等多方人士意见，并结合国外先进的职教经验，遵循基于工作过程导向的课程开发理念，夙兴夜寐，多易其稿，进一步丰富了原讲义的内容，并付诸教学实践。正是有了各专业教学团队的辛勤耕耘，这套工学结合的系列教材才得以顺利付梓。在这里，我要道三声感谢：感谢国家示范建设项目的实施给我们提供了千载难逢的参与机会，感谢各位领导、省内外职教专家的悉心指导，感谢各位老师、主要撰稿人为之付出的劳动。

诚然，由于我们课程开发的理论功底不深，深入实践的时间有限，教材中错误也在所难免。正如著名职教专家姜大源在国家示范性高等职业院校建设课程开发案例汇编《工作过程导向的高职课程开发探索与实践》序言中所说：“这只是一部习作。习者，蹒跚学步也”。它“虽显稚嫩，却是新起点”。诚恳希望各位同行、专家批评指正。

工学结合是职业教育永恒的主题。即将颁布和实施的《国家中长期教育改革和发展规划纲要(2010～2020)》对大力发展职业教育做出了许多重大举措，特别提出了制定校企合作法规，调动企业参与职业教育的积极性。可以说，职业教育将迎来又一个新的春天。欣逢盛世，责任重大。我们将一如既往地加强与企业的合作，积极探索多种形式的职业教育模式，开发适应企业和市场需求的专业教材，努力培养更多的高技能人才，为实现我国从人力资源大国到人力资源强国的转变作出应有的贡献。

路漫漫其修远兮，吾将上下而求索。

是为序。

王章华

2010 年 3 月于岳麓山下

(王章华为湖南交通职业技术学院院长、教授，中南大学硕士生导师)

前　言

本教材是依据公路工程造价专业工作任务与职业岗位要求，以构建工程造价管理一线工作者必须具备的相关知识与能力为目标而编写的专业教材。

本教材编写立足于公路工程造价人员从事公路工程造价管理的需要，结合目前我国新实施的公路工程造价编制办法、新出台的法律法规、新的技术标准等最新成果，以造价人员应具备的知识、能力为主线，按照工程造价专业人才培养的基本要求，介绍了工程造价管理历史沿革、公路工程造价构成、工程造价管理基本内容、注册造价工程师和工程造价咨询制度、投资管理体制与项目融资、项目组织管理模式、工程项目风险管理、经济法律法规基本概念、合同法及工程建设相关法律等内容；各章附有复习思考题，书末附有复习题及参考答案，可供教学时参考。

本教材编写力图培养学生实际运用相关知识的能力，在理论上只求够用。建议教师在教学过程中，联系实际案例进行教学，组织学生到工程造价管理单位和工程造价咨询公司参观学习，聘请行业实践专家进行专题讲座等，以达到增强知识的实际运用能力，提高课程教学效果之目的。

全书由湖南交通职业技术学院李柏林担任主编；湖南交通职业技术学院程秋编写了附录中的习题集并对全书进行了校对。湖南交通职业技术学院蒋丰伟担任本书主审。

由于编者专业水平有限，编写时间仓促，书中的错误和不足之处在所难免，敬请同行专家及广大读者批评指正。

编　者

2010 年 5 月

目　　录

第一章　工程造价管理历史沿革 …… 1
第一节　工程造价管理发展简介 …… 1
第二节　我国工程造价管理体制 …… 3
第三节　当代国外及我国香港地区的工程造价管理 …… 6
复习思考题 …… 9
第二章　公路工程造价管理基本知识 …… 10
第一节　公路工程造价的构成 …… 10
第二节　公路建设项目的划分 …… 14
第三节　公路建设项目的建设程序 …… 15
第四节　工程造价计价的特点 …… 18
第五节　工程造价管理的内容 …… 20
第六节　注册造价工程师和工程造价咨询制度 …… 22
第七节　工程造价资料积累 …… 29
复习思考题 …… 37
第三章　投资管理体制与项目融资 …… 38
第一节　投资管理体制 …… 38
第二节　工程建设管理体制 …… 49
第三节　项目融资 …… 51
第四节　项目资本金的筹措 …… 60
第五节　资金成本与资金结构 …… 66
复习思考题 …… 73
第四章　公路工程建设项目管理 …… 74
第一节　项目管理概述 …… 75
第二节　项目组织 …… 78
第三节　项目组织管理模式 …… 80
第四节　工程项目计划 …… 88
第五节　项目控制程序与方法 …… 92
第六节　工程项目风险管理 …… 100

第七节　工程建设监理……………………………………………………………… 112
复习思考题……………………………………………………………………………… 117
第五章　经济法律法规……………………………………………………………… 118
第一节　经济法律法规的概念……………………………………………………… 118
第二节　合同法……………………………………………………………………… 124
第三节　工程建设主要相关法律…………………………………………………… 137
复习思考题……………………………………………………………………………… 153
附录一　《公路工程造价管理》复习题…………………………………………… 154
附录二　《公路工程造价管理》复习题参考答案………………………………… 179
参考文献……………………………………………………………………………… 182

第一章　工程造价管理历史沿革

【教学目标】

1. 了解国内外工程造价管理的发展简史；

2. 了解我国工程造价管理体制的历史及现状；

3. 了解当代美国、英国及我国香港地区的工程造价管理模式。

【教学要求】

章节名称	能力要求	知识要点
第一节　工程造价管理发展简介	能收集工程造价管理相关资料，阐明工程造价管理的发展简史	工程造价管理发展历史；英国工程造价管理的特点
第二节　我国工程造价管理体制	阐述国内工程造价管理体制，查询工程造价管理单位网站	工程造价管理体制；发展阶段；造价管理体制改革
第三节　当代国外及我国香港地区的工程造价管理	了解当代国外及我国香港地区工程造价管理模式的特色	国外及我国香港地区工程造价管理特点、管理模式及其特点，以市场为中心的动态控制

【学习重点】

工程造价管理的历史；我国工程造价体制改革的发展。

第一节　工程造价管理发展简介

在人类历史长河的进程中，工程造价管理是随着生产力的发展和社会分工的深化以及现代科学管理的发展而不断加强和完善的。我国古代建筑的规模和技术水平堪称世界典范，在公元前2000年，已修建可行驶牛马车的道路。至盛唐时期，已初步形成了以城市为中心的四通八达的道路网。至清代，建成了完整的道路网络系统，分为三等：一等是“官马大道”，由北京向四方辐射，通往各省城，分东北路、东路、西路和中路四大干线，共长两千多公里；二等是“大路”，自省城通往各重要城市；三等是“小路”，自大路或各重要城市通往市镇的支线，在各条道路的重要地点设驿站。20世纪初，第一辆汽车输入中国，通行汽车的公路开始发展起来。截至2009年底，全国公路通车总里程达到了386.08万公里，其中高速公路6.51万公里。

历代工匠们在长期的土木建筑实践中积累了丰富的经验，逐渐形成了一套工料限额管理制度，即人工和材料消耗定额。如北宋李诫所著《营造法式》(公元1103年)、明代工部编著的《工程做法》，都是古人在土木工程方面控制工料消耗、加强设计监督和施工管理的经验总结。我国古代也不乏把技术与经济结合起来大幅度降低工程造价的实例。如北宋大臣丁谓在主持修复被大火烧毁的宫殿时，为了能在最短时间修复宫殿，他采取在建筑宫殿前挖沟取土烧砖，并把汴河水引至沟中运送建筑材料。工程建成后，则利用清理的建筑废渣填进沟内，修复原来的大街，这是一举三得的最优施工方案的典型范例。又如万里长城，东起河北省的山海关，西至甘肃省的嘉峪关，绵延起伏，长达670km，工程构思奇巧优美，工程质量出色，是我国劳动人民创造的一个世界奇迹。据史书记载，建筑长城历时近百年，曾动用数千万劳动力，当时的施工管理制度比较完善，工程计划比较周密，不仅计算了城墙的土石方总量，而且连所需的人力和材料，以及应从何处调动、往返里程和人力所需口粮、各地区应负担的任务等都安排得比较妥当。这是我们的祖先在工程造价控制与管理上的又一出色典范，时至今日，仍令人叹为观止。

英国的工程造价管理（预算）工作至今已有四百多年的发展史，在世界工程造价管理的发展历史中具有代表性。其发展过程可以分为如下三个阶段：

（1）16 世纪到 18 世纪，工程设计与施工相分离，各自形成为一个独立的专业以后，施工工匠需要有人帮助他们对已完成的工程量进行测量和估价，以确定他们应得的报酬。这些为施工者服务的人自称为“测量员”，也就是今天英国预算师（Quantity surveyors）的前身。当时的测量员是在工程完工后受雇于施工工匠，对工程量进行测量和估价，并以工匠小组的名义与业主及建筑师进行洽商。

（2）18 世纪后半期到 19 世纪，英国发生产业革命，建筑业开始繁荣起来，工程造价管理工作也随之发展。当时促进工程造价管理工作发展的另一重要因素是英国政府实行总承包制。招标承包制度的实行，意味着在施工前要进行价格竞争，必然要求测量员在工程设计后至开工前这段时间进行测量和估价，按照设计图纸计算出工程量并汇编成一个工程量清单，为招标者制订标底或为投标者作出报价提供合理的依据。从此，工程造价管理逐渐形成一个独立的专业。1881 年英国皇家测量师学会成立，被称为完成了造价管理第一次飞跃，即从工程完工后对工程量进行测量计价，发展到工程开工之前进行测量和估价工作。

（3）19 世纪后，自实行招标承包制以来，工程委托人（业主）虽然能够做到在工程开工之前，预先了解到需要支付的投资额，但是他还不能做到在设计阶段对工程项目所需的投资进行准确的预计，以至无法对设计进行有效的监督和控制。待招标时，设计已基本完成，业主才发现由于工程费用过高、投资不足，不得不被迫停工或修改设计，从而使他们蒙受很大损失。业主期望他们的钱花得明智和恰当，因此迫切要求在设计初期就开始对工程项目进行投资估算，并对设计进行监督和控制，于是“投资计划和控制的制度”随之产生。所谓“投资计划”，相当于我国现行的初步设计概算，预算师不仅在设计过程中能相当准确地为业主作出概算和进行投资控制，而且已经做到在设计工作开始之前参加可行性研究，作出投资估算，并可根据业主的要求使工程造价控制在限额以内。

综上所述，英国工程造价管理发展史可以归纳为以下几个特点：

（1）从事后算账发展到预先算账。也就是从最初只是消极地反映已完工程的价格，逐步发展到在工程开工前进行工程量计算和计价，进而发展到在初步设计时提出概算，在可行性研究时提出投资估算，为业主提供投资决策的重要科学依据。

（2）从被动地反映设计和施工，发展到主动地影响设计和施工。即最初只负责某个阶段工程造价的确定和结算，以后逐步发展到在投资决策阶段、设计阶段对工程造价作出预测，并在设计和施工过程中对工程造价进行监督和控制，进行基本建设工程全过程的造价管理。

（3）从依附于施工者或建筑师，发展成为一个独立公正的专业，并拥有自己的专业学会。

（4）从预算师各行其是，逐步发展到全国制订统一的办法。如有全国统一的工程量计算办法、成本分析方法，有规范的预算人员教育考核办法和职业纪律守则等。

第二节 我国工程造价管理体制

工程造价管理体制是指对工程造价实施管理所采取的组织体系和管理方法。其核心是在有利于建设工程发展的前提下,如何处理中央和地方、国家与部门、参与建设的各方之间的管理权限、经济责任和经济利益。工程造价管理体制是国家经济体制和国家建设管理体制的一部分,在总体上受国家经济体制和国家建设管理体制的制约,在具体实施上有其独有的特性。工程造价管理体制属于上层建筑范畴,受经济基础的制约,又作用于经济基础。只有建立与工程建设发展相适应的工程造价管理体制,才能促进我国工程建设的发展。新中国成立以来,我国工程造价管理体制的发展,大体上可分为以下六个阶段。

一、实行国家计划下的工程预算制度阶段(1949~1952年)

新中国成立初期,为恢复受到战争破坏的经济,适应大规模经济恢复重建工作,在工程建设方面实行工程预算制度。各部门根据国家的建设计划,凭借以往的经验,编制建设工程预算作为计划拨款的依据。各部门各地区成立工程局,实施国家建设计划,承担工程设计、施工任务。在工程实施期间,以各工程局编制的工时定额手册和普工、技工两个工资等级确定的工资单价,作为计件工资的依据,以此支付民工的劳动报酬。工程竣工后以实际的全部支出向国家报销。在这一时期,国家没有统一的预算定额。由于新中国成立初期人民群众建设热情高,干部责任心强,国家建设计划执行有力,对非国家计划的建设项目,包括私营工厂和住宅建设,仍沿用新中国成立前的承发包制,由私营的营造厂根据自己的经验报价,经业主同意后签订承建合同,作为结算依据。

在这一时期,公路的新建、改建、恢复工程,都是实行民工建勤制,由省一级的劳动主管部门根据国家建设工程用工计划,按州(地)、县分派民工指标的形式 ,并由州(地)、县配备行政管理干部,成建制地组织上路担负施工任务。当时的建设单位,也就是施工单位的主管部门,根据这一组织模式,参照以往施工经验,编制了工时定额手册,并以壮工和技术两个工资等级确定工资单价,作为计件工资的依据,以此支付民工的劳动报酬。可以说,在这个时期内,基本建设是属于事后算账,实行实报实销的工程造价管理。但对于竣工结算则要求十分严格,即凡据以作为计算支付民工劳动报酬的各种工程细目数量,都必须与各种竣工图表所计算的数量一致,而竣工图表的编制与要求,比现行的办法则要烦琐得多。

二、建立与计划经济相适应的概(预)算制度阶段(1953~1957年)

第一个五年计划开始时,我国的工程造价管理主要采用前苏联的高度集中的基本建设工程造价管理模式。国务院颁布了《基本建设工程设计和预算文件审核批准暂行办法》,国家建设委员会颁布了《工业与民用建筑设计及预算编制暂行办法》,各部委也相继颁布了各专业工程的预算编制办法。随后,各部委又颁布了工程概算指标和概算编制办法,建立了全国统一的以各专业概(预)算定额、指标为计价依据,以相应的概(预)算编制办法作为确定的工程造价构成和造价计算方法的建设工程概(预)算制度和体系。同时,国务院和各部委还规定了建设项目必须进行经济调查和效益分析,以免造成浪费,制订了基本建设程序、建设项目和概(预)算审批权限等一系列规定,奠定了我国在计划经济体制下建设工程造价管理的制度。

在"一五"时期,公路基本建设工程大都实行了承发包制,交通部* 颁布了第一部《公路工程预算定额》和《公路基本建设工程预算编制办法》。一般公路建设工程都能做到设计有概算、施工有预算、竣工有决算,在施工过程中十分重视经济效果的分析。当时普遍实行了月、季、年的定期分析制度,发现问题,及时组织生产平衡调度,采取措施予以解决。故工期短、质量好、工程造价都能控制在国家计划要求之内,取得了较好的投资和施工经济效果。

在预算编制方法上,最初,公路和工业与民用建筑工程一样,采用"单位估价法"的办法来进行编制,但由于公路建设工程是一种线形建筑,施工现场一般交通不便,远离城镇,所需的砂石地方材料,大都是在沿线就地采集加工使用。由于受这些因素的影响和制约,以及每一个公路建设工程项目的各种材料的运距和运输方式,都存在着很大的差异,而又无一定的规律可循,故在使用这种"单位估价法"时,需要进行大量的调整和修改,既烦琐又增加了不少的计算工作。因此,改用"工、料分析"的方法(也称实物法)来编制和确定公路工程造价。这一方法经过几十年的不断实践、改进,日臻完善,沿用至今。

三、概(预)算制度被削弱的阶段(1958~1965 年)

从 1958 年开始,由于过分强调发挥地方和企业的积极性,在中央放权的背景下,许多部门的概(预)算与定额管理权限也全部下放。1958 年 6 月,工业与民用建筑行业将该行业的基本建设预算编制办法、建筑安装工程预算定额和间接费用定额下放至各省、自治区、直辖市负责管理,造成该行业的工程量计量规则和定额项目在全国不统一,给跨地区的建设工程造成极大的困难。公路工程的定额和概(预)算管理工作虽然没有下放,但也大大被削弱。各级基建管理机构的概(预)算管理部门被取消,设计单位概(预)算人员减少,投资严重失控。尽管在此期间有过重新制订定额和概(预)算管理办法的措施,如实行过投资包干制、施工单位全面负责制以及联合指挥部负责制等多种形式的管理制度,取得了一定的成效,但总的趋势未能改变。

四、概(预)算制度遭到严重破坏的阶段(1966~1976 年)

1966 年开始进入十年动乱,"一五"期间建立起来的一些好的造价管理制度被否定,定额和概(预)算管理机构被撤销,预算人员改行,大量基础资料被销毁,定额被说成是"管、卡、压"的工具。造成设计无概算,施工无预算,竣工无决算,投资大敞口,以至许多工程不计经济效果,工期拖长,质量下降,造价提高,分不清经济责任。虽然"没有概(预)算不得列入年度计划"的国家规定没有被废除,但是建设单位关心的只是得到一个批准的概算,一旦工程项目列入计划,概算就完成了使命。以致在实际建设过程中,"决算超预算、预算超概算、概算超估算"的"三超"现象非常普遍。

为了恢复承发包制,1972 年交通部决定重新修订《公路工程预算定额》,编制《公路工程概算定额》和《公路基本建设工程概预算编制办法》,并于 1973 年颁布执行。公路的定额和概(预)算管理工作开始得到恢复。

五、概(预)算制度重建和发展阶段(1976~1989 年)

1977年国家开始加强基本建设的管理工作,定额和概(预)算管理工作由此受到重视。

---

* 原"交通部"现更名为"交通运输部"。

1983 年 8 月,国家计委成立基本建设标准定额局(1988 年划归建设部,成立标准定额司),组织制定工程建设概(预)算定额、费用定额等管理制度,使工程造价管理工作进入了规范化、系列化的发展阶段。

为了加强建设项目决策的科学性,在基本建设程序中增加了项目建议书和可行性研究报告两个阶段,在这两个阶段中都必须进行可行性研究和经济评价。由于经济评价要有一个建设造价估算作为评价的基数,标准定额局于 1985 年制订了投资估算指标编制的原则和规定等文件,规范和推动各部门投资估算指标的编制工作,使建设工程造价管理工作开始从局限于设计阶段向上延伸到项目的决策阶段,为建设项目决策的科学性、可行性提供了可靠依据。

公路的定额和概(预)算管理工作在这一时期也得到进一步发展。1982 年重新修订和颁布了概(预)算定额和概(预)算编制办法。1983 年交通部首次召开了全国公路工程定额管理工作会议,决定加强定额和概(预)算管理工作,在全国建立概(预)算工作联络网,下设六个片区联络网,开展工程造价学术理论研究和工程造价管理工作经验交流。1984 年编制建设项目投资估算指标,以满足编制投资估算的需要。1985 年中国建设工程造价管理协会成立,标志着建设工程造价管理工作由政府统管变为社会团体参与管理的新局面。1988 年交通部发出通知,要求建立省、自治区、直辖市公路工程定额站,对公路定额和概(预)算工作实行统一领导,分级管理。这些措施对于加强和深化工程造价管理工作具有重大的意义。

六、工程造价管理体制进入改革阶段(1990 年开始)

1. 工程造价管理体制改革

(1)合理确定和有效控制建设工程造价的观点已被普遍接受。合理确定就是要求工程造价的确定具有科学性、先进性和合理性。在设计阶段,概(预)算工作不仅要反映设计,更要能动地影响设计、优化设计,并发挥控制工程造价、促进合理使用建设资金的作用。

(2)在编制投资估算、设计概算中,考虑影响造价的动态因素。在原有的预备费项目内,增列价差预备费来解决材料预算价格与市场价格的差价问题,并考虑建设期间物价变动对造价的影响及在总费用中增列建设期贷款利息等。

(3)定额管理机构承担工程造价监督管理任务。各地区、各部门建筑工程定额站改名为建设工程造价管理总站,加强对本专业工程造价的监督管理,包括制定、发布工程造价管理办法,制定、发布确定工程造价的定额等。

(4)调整建筑安装工程费用项目组成,与国际接轨。1993 年建设主管部门发布调整建筑安装工程费用项目组成的若干规定,这个规定是参照新的财务及国际惯例制定的,其特点是将凡属于生产工人开支范围的费用统归人工费之内,将属于现场发生的施工管理费和临时设施费转入直接工程费,缩小了间接费在建筑安装工程费中的比重。

(5)建立造价工程师执业资格制度和工程造价咨询单位资质管理办法。这些制度的建立对于加强建设工程造价管理,提高工程造价专业人员的素质,确保建设工程造价管理工作质量,起到了积极作用。

2. 公路建设工程造价管理工作的改革

(1)公路工程造价编制办法规定,造价文件按定额量、市场价、控制费编制。公路工程造价采用工料分析法(即实物法)编制,人工费、材料费、施工机械使用费采用定额、指标规定的消耗量，采用造价编制截止日期的工地实际价格，即产地价加运到工地的运杂费计算。其他直接费等费用，除税金外，采用定额规定基价和地区调整系数的方法计算，对取费加以控制，避免"水涨船高"和同一地区取费不平等的情况。按此办法编制的工程造价，就是建设项目的静态投资额，其费用的组成和价格水平与招标的工程量清单的单价相吻合。

(2)在总造价中列出造价动态费用。预留费中除包括不可预见的工程和费用的预备费外，还包括物价上涨预留费，以补偿造价文件编制截止日期直至工程完工日期未知物价增涨的费用。既为总造价打足投资，又为工程实施过程中工程结算时的调价准备费用。

(3)施工企业不受造价编制办法的约束。造价编制办法对建设单位具有约束力，建设单位应按编制办法的规定编制造价文件报批，工程招标时招标标底应控制在批准的总造价的相应费用范围内。但施工企业投标报价不受定额和造价编制办法的约束，可以根据自身的技术优势和投标策略报价，其报价为市场价格。

(4)1995 年交通部颁布了公路工程造价人员资格认证管理办法，对加强造价管理工作，提高造价人员的业务素质都起到了积极作用。

(5)制订了公路工程造价管理办法，进一步加强对工程造价的全过程管理，要求工程造价管理机构除加强对工程造价的检查、监督外，还需进一步做好服务工作，及时提供材料价格信息、工程造价信息，并做好咨询服务和调解造价纠纷等工作。

(6)2007 年交通部颁布了新版《公路工程基本建设项目概算预算编制办法》(JTG B06—2007)和相应定额，其计算的合理性、准确性和操作性比以往有较大的改进。

第三节　当代国外及我国香港地区的工程造价管理

一、行之有效的政府间接调控

在国外，按项目投资来源渠道的不同，一般可划分为政府投资项目和私人投资项目。政府对建设工程造价的管理，主要采用间接手段，对政府投资项目和私人投资项目实施不同力度和深度的管理，重点控制政府投资项目。

英国对政府投资工程采取集中管理办法，按政府的有关面积标准、造价指标，在核定的投资范围内进行方案设计、施工设计，实行目标控制，不得突破。如必须突破时，宁可在保证使用功能的前提下降低标准，也要将投资控制在额度范围之内。

美国对政府的投资项目则采用两种方式：一是由政府设专门机构对工程进行直接管理，美国各地方政府、州政府、联邦政府都设有相应的管理机构。如纽约市政府的综合开发部(DGS)，华盛顿政府的综合开发局(GSA)等都是代表各级政府专门负责管理建设工程的机构；二是通过公开招投标委托承包人进行管理。美国法律规定所有的政府投资项目都要采用公开招标，特定情况下(涉及国防、军事机密等)可邀请招标和议标。但对项目的审批权限、技术标准、价格、指数都作出特定规定，确保项目的资金不超过审批的金额。

对于私人投资项目的工程造价管理，国外一般都采取政府不干预的方法，但这种不干预不等于"不闻不问"，而是对各项目的具体实施过程不加干预，政府对私人投资项目主要是进行政策引导和信息指导，由市场经济规律调节，体现了政府对造价的宏观管理和间接调控，实际上是积极的"不干预"。

如美国政府对私人工程项目投资方向的控制有一套完整的项目或产品目录，明确规定私人投资者应在哪些领域投资,应将资金投放在哪些行业上。政府使用经济杠杆,如价格、税收、利率、信息指导、城市规划等来引导和约束私人投资方向和区域分布。政府通过定期发布信息资料,使私人投资者了解市场状况,尽可能使投资项目符合经济发展的需要。

二、有章可循的计价依据

从国外的工程造价管理来看,一定的造价依据仍然是不可缺少的。事实上他们也有很多相类似的资料,而且比我国的更细致,所不同的是:

(1)没有"定额、指标"这种叫法。

(2)没有统一的工程项目造价计价依据和标准。

(3)计价依据不像我国一样具有指令性或指导性,一般都只是参考性的。

在美国,工程造价计价的定额、指标、费用标准等,一般是由各个大型的工程咨询公司制订。各地的咨询机构,根据本地区的具体特点,制订出单位建筑面积的消耗量和基价作为所管辖项目的造价估算的标准。此外,美国联邦政府、州政府和地方也根据各自积累的工程造价资料,并参考各工程咨询公司的有关造价资料,分别对各自管辖的政府工程项目制订相应的标准,作为项目费用估算的依据。

英国也没有统一的定额,工程量的计算规则就成为参与工程建设各方共同遵守的计量、计价的基本规则,现行的《建筑工程工程量计算规则》(SMM)、《土木工程工程量计算规则》是皇家测量学会组织制订并为各方共同认可的,在英国使用最为广泛。英国政府投资的工程从确定投资和控制工程项目规模及计价的需要出发,各部门大都制订了经财政部门认可的各种建设标准和造价指标,如政府办公楼人均面积标准,这些标准和指标均作为各部门向国家申报投资、控制规划设计、确定工程项目规模和投资的基础,也是审批立项、确定规模和造价限额的依据。

三、多渠道的工程造价信息

在市场经济社会中,能够及时、准确地捕捉建筑市场价格信息是业主和承包人保持竞争优势和取得盈利的关键。造价信息是建筑产品估价和结算的重要依据,也是建筑市场价格变化的指示灯。

我国香港地区工程造价信息的发布主要采取价格指数的形式,按照指数内涵划分。香港地区发布的主要工程造价指数可划分为三类,即投入价格指数、成本指数和价格指数,分别依据投入品价格、建造成本和建造价格的变化趋势而编制。按照发布机构分类,工程造价指数可分为政府指数和民间指数,政府指数由建筑署定期发布,包括建筑工料综合成本指数、劳工指数、建材价格指数和投标价格指数。香港地区政府部门和社会咨询服务机构除了定期发布工程造价指数之外,还编制建筑市场价格报告及走势分析,用以引导业主和承包人的定价。此外,香港地区建筑业各阶层人士通过各种媒介,经常对建筑市场走势、动态进行分析和研究,为业主与承包人提供了全方位的信息来源,避免了工程建设及施工的盲目性。目前,香港地区工程造价信息从编制到发布已形成了较完整的体系,信息及时、准确、实用,适应了市场快速、高效、多变的特点,基本上满足建筑市场主体对价格信息的需要。

在美国,建筑造价指数一般由一些咨询机构和新闻媒介来编制,在多种建筑造价来源中,ENR(Engineering News-Record)造价指标是比较重要的一种。编制 ENR 造价指数的目的是为了准确地预测建筑价格,确定工程造价。它是一个加权总指数,由构件钢材、波特兰水泥、木材和普通劳动力四种个体指数组成。ENR 共编制两种造价指数，一是建筑造价指数，一是房屋造价指数。这两个指数在计算方法上基本相同，区别仅体现在计算总指数中的劳动力要素不同。ENR 指数资料来源于 20 个美国城市和两个加拿大城市，ENR 在这些城市中派有信息员，专门负责收集价格资料和信息。ENR 总部则将这些信息员收集到的价格信息和数据汇总，并在每周的星期四计算并发布最近的造价指数。

四、造价工程师的动态估价

在我国香港地区，业主委托工料测量师行对工程估价。测量师行的估价大体上按比较法和系数法进行，经过长期的估价实践，他们都拥有极为丰富的工程造价实例资料，甚至建立了工程造价数据库，对于标书中所列的每一项目价格的确定都有自己的标准。在估价时，工料测量师行将不同设计阶段提供的拟建工程项目资料与以往同类工程项目对比，结合当前建筑市场行情，确定项目单价，没有对比对象的项目，则以其他建筑物的造价分析得来的资料补充。承包人在投标时的估价一般要凭自己的经验来完成，往往把投标工程划分为各分部工程，根据本企业定额计算出所需人工、材料、机械等的耗用量，而人工单价主要根据各劳务分包人的报价，材料单价主要根据各材料供应商的报价加以比较确定，承包人根据建筑市场供求情况随行就市，自行确定管理费率，最后作出体现工程实际价格的报价。总之，工程任何一方的估价，都是以市场状况为重要依据，是完全意义的动态估价。

在美国，工程造价的估算主要由设计部门或专业估价公司来承担，造价估算师在具体编制工程造价估算时，除了考虑工程项目本身的特征因素外，一般还对项目进行较为详细的风险分析，以确定适度的预备费。但确定工程预备费的比例并不固定，因项目风险程度大小而不同，对于风险较大的项目，预备费的比例较高，否则较小。造价估算师通过掌握不同的预备费率来调节造价估算的总体水平。

美国工程造价估算中的人工费由基本工资和工资附加两部分组成。其中，工资附加项目包括管理费、保险金、劳动保护金、退休金、税金等。计算造价估算中人工费的依据是基本工资加工资附加总额。至于材料费和机械使用费均以现行的市场行情或租赁价作为造价估算的基础，并在人工费、材料费和机械使用费总额的基础上按照一定的比例（一般为 10% 左右）再计提管理费和利润。

考虑到工程造价管理的动态性，美国造价估算也允许有一定的误差范围。目前在造价估算中允许的误差幅度一般为：

可行性研究估算：+30% ~ -20%；

初步设计估算：+15% ~ -10%；

施工图设计估算：+10% ~ -5%。

对造价估算规定一定的误差范围有利于及时发现造价估算中存在的问题，并采取纠正措施。

总之，美国在编制造价估算方面的工作做得细致具体，而且考虑了动态因素对造价估算的影响。这种实事求是地确定工程造价的做法是值得我们借鉴和学习的。我国工程造价估算的编制主要是由国家有关部门通过确定造价定额、规定费用构成和颁布价格及费率来完成的，工程设计部门在编制造价估算方面的主动性、创造性不高，责任感不强，他们只注重套定额指标，造价估算编制基本上属于静态管理。显然，造价估算的结果难以反映造价变化的客观事实。

五、通用的合同文本

作为各方签订的契约,合同在国外工程造价管理中有着重要的地位,对双方都具有约束力,对各方利益与义务的实现都有重要的意义。国外都把严格按合同规定办事作为一项通用的准则来执行。

在英国其建筑合同制度已有几百年的历史,有着丰富的内容和庞大的体系。澳大利亚、新加坡和我国香港地区的建筑合同制度都始于英国,著名的国际咨询工程师联合会 FIDIC 合同文件,也以英国的一种文件作为母本。英国有一套完整的标准建筑合同体系,包括 JCT(Joint Contract Tribunal 联合合同化)合同系列、ACA(咨询顾问建筑师协会)合同系列、ICE(土木工程合同通用条文招标协议及保证金)合同系列、皇家政府合同系列。JCT 是英国的主要合同体系,主要通用于房屋建筑工程。JCT 合同系列本身又是一个系统的合同文件体系,它针对房屋建筑中不同的工程规模、性质、建造条件,提供各种不同的文本,供业主在发包、采购时选择。其内容由三部分组成,即协议书条款、合同条件和附录。

六、项目实施过程中的造价控制

国外工程造价管理是以市场为中心的动态控制。造价工程师能对造价计划执行中所出现的问题及时分析研究,及时采取纠正措施,这种强调项目实施过程中的造价管理的做法,体现了造价控制的动态性,并且重视造价管理所具有的随环境、工作进展以及价格等变化而调整造价控制标准和控制方法的动态特征。

以美国为例,造价工程师对工程预算执行情况的检查和分析工作做得非常细致,对于建设工程的各分部分项工程都有详细的成本计划。美国的建筑承包人是以各分部、分项工程的成本详细计划为依据来检查工程造价计划的执行情况。对于工程实施阶段实际成本与计划目标出现偏差的工程项目,首先按照一定标准筛选成本差异,然后进行重要成本差异分析,并填写成本差异分析报告表,由此反映造成此项差异的原因、此项成本差异对项目其他成本项目的影响、拟采取的纠正措施以及实施这些措施的时间、负责人及所需条件等。对于采取措施的成本项目,每月还应跟踪检查采取措施后费用的变化情况。如果采取的措施不能消除成本差异,则需重新进行此项成本差异的分析,再提出新的纠正措施;如果仍不奏效,造价控制项目经理则有必要重新审定项目的竣工决算。此外,美国一些大的工程公司重视工程变更的管理工作,建立了较为详细的工程变更制度,可随时根据各种变化了的情况及时提出变更,修改造价估算。美国工程造价的动态控制还体现在建立造价信息的反馈系统方面。各微观造价管理单位十分注意收集在造价管理各个阶段上的造价资料,并把向有关行业提供造价信息资料视为一种应尽的义务,不仅注意收集造价资料,也派出调查员实地调查,这种造价控制反馈系统使动态控制以事实为依据,保证了造价管理的科学性。

复习思考题

1. 世界工程造价管理的发展历史经历了哪几个阶段?
2. 英国工程造价管理发展历史具有哪些特点?
3. 我国工程造价管理体制的发展经历了哪几个阶段?
4. 国外和我国香港地区的工程造价管理方法具有什么特点?

第二章 公路工程造价管理基本知识

【教学目标】

1. 明确公路工程造价构成及公路工程项目的划分;

2. 能论述公路工程建设项目建设程序;

3. 能阐述工程造价计价的特点、工程造价管理的内容及公路工程造价管理的基本要求。

【教学要求】

章节名称		能力要求	知识要点
第一节	公路工程造价的构成	能进行公路工程建设费用组成的划分	建筑安装工程费用,设备、工器具及家具购置费用,工程建设其他费用,预备费,工程费用组成
第二节	公路建设项目的划分	能进行公路工程项目的划分	建设项目,单项工程,单位工程,分部工程,分项工程
第三节	公路建设项目的建设程序	能划分公路建设项目的建设程序	项目建议书,可行性研究报告,进行初测、初步设计,进行定测,编制施工图预算,组织施工、竣工验收,工程交付
第四节	工程造价计价的特点	能阐述工程造价计价的特点	计价的单件性、多次性,按工程构成分部组合计价,工程造价管理的内容
第五节	工程造价管理的内容	能阐述工程造价管理的工作内容	建设工程造价确定,工程造价控制,造价管理工作要素,建设工程造价管理组织
第六节	注册造价工程师和工程造价咨询制度	能阐述造价工程师的基本要求和工程造价咨询的基本制度	国内外注册造价工程师基本要求,造价工程师执业资格考试、注册和培养;工程造价咨询制度,咨询业的社会功能,工程造价咨询单位资质管理,工程造价咨询单位执业原则
第七节	工程造价资料积累	能参与工程造价资料收集和分析工作	工程造价资料积累的意义、积累的内容与方法,工程造价资料积累制度,工程造价资料的分析和运用

【学习重点】

公路工程造价的构成;工程造价计价的特点;工程造价管理的内容;注册造价工程师考试和工程造价咨询制度。

第一节 公路工程造价的构成

一、公路工程造价组成

公路建设项目工程造价构成如图 2-1 所示。

公路工程造价是指建设一条公路或一座独立大桥或隧道预期开支或实际开支的全部固定资产投资费用。工程造价构成应以现行《公路工程基本建设项目概算预算编制办法》(JTG B06—2007)为准,公路工程造价由建筑安装工程费用、设备工器具及家具购置费用、工程建设其他费用、预备费等组成。

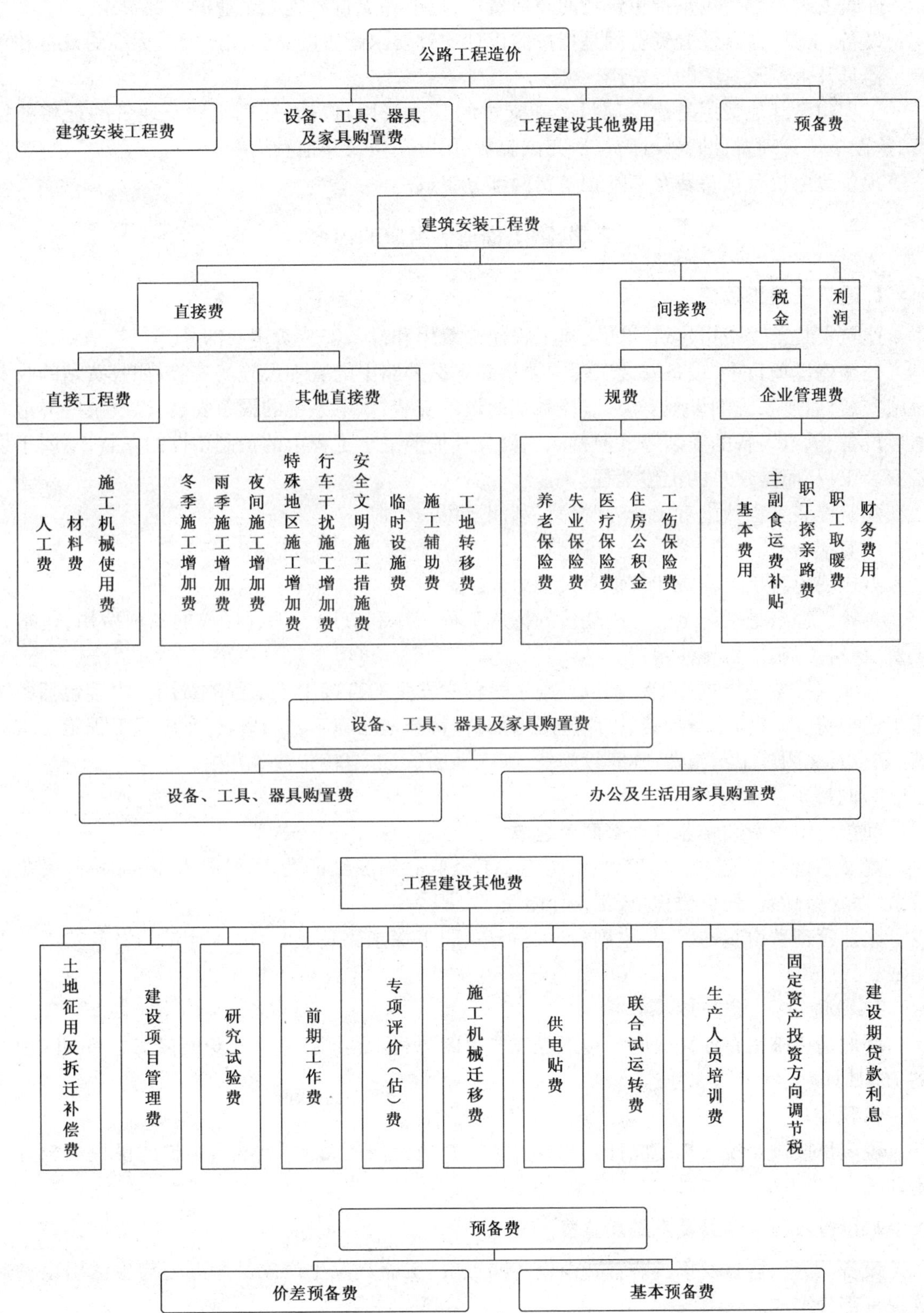

图 2-1　公路工程造价组成(概、预算费用)

建筑安装工程费用是指建筑物的建造费用,也就是支付给施工企业的全部费用。

设备、工具、器具及购置费用是指按照设计文件要求配置的达到固定资产标准的设备和首套工器具及生产家具的购置费用。

工程建设其他费用是建设项目必须支付的其他费用,包括:征用土地及连带的迁移补偿费、建设单位管理费、勘察设计费、研究试验费、用电贴费及其他费用等。

预备费由价差预备费及基本预备费两部分组成。

二、公路工程造价组成的内容

1. 建筑安装工程费

建筑安装工程费指建筑物的土建工程建造费用和设备安装费用两部分。

公路建设项目中,设备安装工程主要指高等级公路中的管理设施的安装,如收费站的收费设施安装,通过系统的设施安装,监控系统的设施安装,供电系统的设备安装,以及某些隧道的通风设备、供电设备的安装等。但桥涵工程及其他混凝土工程中的预制构件的安装,不属于设备安装工程,而是建筑的土建工程。

建筑安装工程费由直接费、间接费、利润及税金组成。

1)直接费

直接费由直接工程费和其他直接费组成。

直接工程费是指施工过程中耗费的构成工程实体和有助于工程形成的各项费用,包括人工费、材料费、施工机械使用费。

其他直接费是指直接工程费以外施工过程中发生的直接用于工程的费用。内容包括冬季施工增加费、雨季施工增加费、夜间施工增加费、特殊地区施工增加费、行车干扰工程施工增加费、安全及文明施工措施费、临时设施费、施工辅助费、工地转移费等九项。

2)间接费

间接费由规费和企业管理费两项组成。

规费系指法律、法规、规章、规程规定施工企业必须缴纳的费用,包括养老保险费、失业保险费、医疗保险费、住房公积金、工伤保险费。

企业管理费由基本费用、主副食运费补贴、职工探亲路费、职工取暖补贴和财务费用五项组成。

3)利润

利润是指施工企业完成所承包工程应取得的盈利。利润按直接费与间接费之和扣除规费的7%计算。

4)税金

税金是按国家税法规定应计入建筑安装工程造价内的营业税、城市维护建设税及教育费附加等。

2. 设备、工具、器具及家具购置费

设备、工具、器具及家具购置费由设备购置费、工器具及生产家具和办公与生活用家具购置费三部分组成。

1)设备购置费

设备购置费是指为满足公路的营运、管理、养护需要而购置的达到固定资产标准的设备,

虽低于固定资产标准但属于设计说明列入设备清单的设备费用。设备购置费包括渡口设备、隧道照明、消防、通风的动力设备,高等级公路的收费、监控、通信、供电设备,养护用的机械、设备和工具、器具等的购置费用。

2)工器具及生产家具购置费

工器具及生产家具购置费是指建设项目交付使用后为满足初期正常营运必须购置的第一套不构成固定资产的设备、仪器、仪表、工卡模具、器具、工作台(框、架、柜)等的费用。

3)办公和生活用家具购置费

办公和生活用家具购置费是指为保证新建、改建项目初期正常生产、使用和管理所必须购置的办公和生活用家具、用具的费用,包括行政、生产部门的办公室、会议室、资料档案室、阅览室、单身宿舍及生活福利设施等的家具、用具。

3. 工程建设其他费用

工程建设其他费用包括:土地征用及拆迁补偿费、建设工程项目管理费、研究试验费、建设项目前期工作费、专项评价(估)费、施工机构迁移费、供电贴费、联合试运转费、生产人员培训费、固定资产投资方向调节税和建设期贷款利息等费用。

1)土地征用及拆迁补偿费

土地征用及拆迁补偿费是指按照《中华人民共和国土地管理法》及《中华人民共和国土地管理法实施条例》、《中华人民共和国基本农田保护条例》等法律、法规的规定,为公路建设需征用土地所支付的土地征用及拆迁补偿费等费用。

2)建设工程项目管理费

建设工程项目管理费包括:建设单位(业主)管理费、工程质量监督费、工程监理费、工程定额测定费、设计文件审查费和竣(交)工验收试验检测费。

3)研究试验费

研究试验费是指为本建设项目提供或验证设计数据、资料进行必要的研究试验和按照设计规定在施工过程中必须进行试验、验证所需的费用,以及支付科技成果、先进技术的一次性转让费。

4)建设项目前期工作费

建设项目前期工作费是指委托勘测设计、咨询单位对建设项目进行可行性研究、工程勘测设计,以及设计、监理、施工招标文件及招标标底或造价控制文件编制时,按规定应支付的费用。

5)专项评价(估)费

专项评价(估)费是指依据国家法律、法规规定须进行评价(评估)、咨询,按规定应支付的费用。

6)施工机构迁移费

施工机构迁移费是指施工机构根据建设任务的需要,经有关部门决定成建制地(指工程处等)由原驻地迁移到另一地区所发生的一次性搬迁费用。

7)供电贴费

供电贴费是指按照国家规定,建设项目应交付的供电工程贴费、施工临时用电贴费。

8)联合试运转费

联合试运转费是指新建、改(扩)建工程项目,在竣工验收前按照设计规定的工程质量标准,进行动(静)载荷载试验所需的费用,或进行整套设备带负荷联合试运转期间所需的全部费用抵扣试车期间收入的差额。

9)生产人员培训费

生产人员培训费是指新建、改(扩)建公路工程项目,为保证生产的正常运行,在工程竣工验收交付使用前对运营部门生产人员和管理人员进行培训所必需的费用。

10)固定资产投资方向调节税

固定资产投资方向调节税是指为了贯彻国家产业政策,控制投资规模,引导资金方向,调整投资结构,加强重点建设,促进国民经济持续稳定协调发展,依照《中华人民共和国固定资产投资方向调节税暂行条例》规定,公路建设项目应缴纳的固定资产投资方向调节税。

11)建设期贷款利息

建设期贷款利息是指建设项目中分年度使用国内贷款和国外贷款部分,在建设期内应归还的贷款利息。

4. 预备费

预备费由价差预备费及基本预备费组成。在公路工程建设期限内,凡需动用预备费时,属于公路交通部门投资的项目,需经建设单位提出,按建设项目隶属关系,报交通运输部或基建主管部门核定批准;属于其他部门投资的建设项目,按其隶属关系报有关部门核定批准。

1)价差预备费

价差预备费是指设计文件编制年至工程竣工年期间,第一部分费用的人工费、材料费、机械使用费、其他工程费、间接费等以及第二、三部分费用由于政策、价格变化可能发生上浮而预留的费用及外资贷款汇率变动部分的费用。

2)基本预备费

基本预备费是指在初步设计和概算中,难以预料的工程和费用。设计概算按5%计列;修正概算按4%计列;施工图预算按3%计列。

第二节　公路建设项目的划分

为有利于公路设计和施工组织的管理,根据构造特点、施工顺序和工程数量,将公路工程建设项目从大到小划分为:建设项目、单项工程、单位工程、分部工程和分项工程。

一、建设项目

建设项目又称基本建设项目,一般是指符合国家总体建设规划,能独立发挥生产功能或满足生活需要,其项目建议书经批准立项、可行性研究报告经批准的建设任务。如交通基础设施中的一条公路,一座独立大、中型桥梁或一座隧道等均为一个建设项目。

二、单项工程

单项工程又称为工程项目,它是建设项目的组成部分,是具有独立的设计文件、在竣工后能独立发挥设计规定的生产能力或效益的工程。公路建设的单项工程一般指一段公路、独立的桥梁工程、隧道工程。这些工程一般包括与已有公路的接线,建成后可以独立发挥交通功能。但一条路线中的桥梁或隧道,在整个路线未修通前,并不能发挥交通功能,也就不能作为一个单项工程。

三、单 位 工 程

单位工程是单项工程的组成部分，它是指单项工程中把具有单独设计、可以独立组织施工、并可单独作为成本计算对象的部分。公路建设项目一条公路中一段路线作为一个单项工程，其中各个路段的路基、路面、桥梁、隧道都可作为单位工程。

四、分 部 工 程

分部工程是单位工程的组成部分，一般是以工程部位、工程结构和施工工艺为依据，并考虑在工程建设实施过程中便于进行工程结算和经济核算的方便进行划分。如按工程部位划分为路基工程、路面工程、桥涵工程等，按工程结构和施工工艺划分为土石方工程、混凝土工程、砌筑工程等。

五、分 项 工 程

分项工程是分部工程的组成部分，是按照不同的施工方法、不同的工程部位、不同的材料、不同的质量要求和工作难易程度，将分部工程分成若干个分项工程。

各分项工程每一单位消耗的活劳动和物化劳动都是不等的，它是概、预算定额的基本计量单位，故也称为工程定额子目或工程细目。如路基土石方分为松土、软石等各类土石成分，基础砌石分为片石、块石等。有了表示活劳动和物化劳动的定额子目标准，就能根据设计资料确定建设工程造价的直接费和需要的人工、材料等数量。

在实际工作中，有了分部、分项工程的划分标准，无论是进行定额资料的测定，还是制订概、预算定额中的人工、材料、机械使用台班等消耗标准，编制建筑安装工程造价等，就有了一个统一的尺度，就能实现建设工程造价管理工作的科学化和标准化，起到规范人们从事建设工程造价管理行为的作用。

第三节　公路建设项目的建设程序

一、基本建设程序的概念

在建设项目从设想、选择、评估、决策、设计、施工到竣工验收、投入使用的整个建设过程中，各项工作必须遵循先后次序的法则。这个法则是人们在认识客观规律的基础上制订出来的，是建设项目科学决策和顺利进行的重要保证。基本建设程序反映了建设活动的客观规律性，由国家有关主管部门制定和颁布。严格遵循和坚持按建设程序办事是提高基本建设经济效果的必要保证。

1. 国内项目建设程序

在我国，按现行的规定，一般大中型和限额以上的建设项目从建设前期工作到建设、投入使用要经历如图 2-2 所示的几个阶段。

2. 国外项目建设程序

国外项目的建设程序基本与我国相似，大致可以划分为三个阶段，即项目计划阶段、执行阶段、生产阶段，见表 2-1。

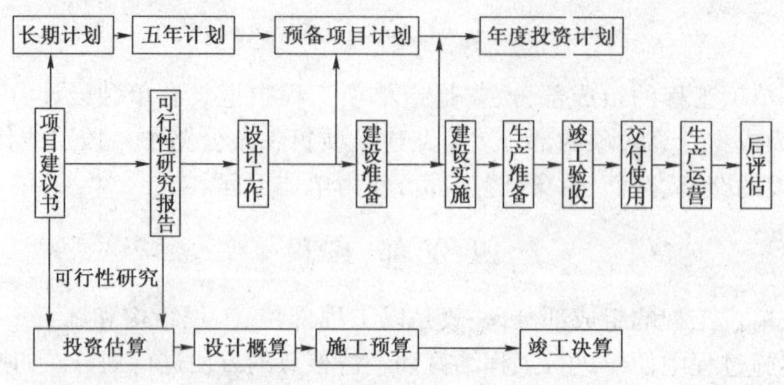

图 2-2 大中型和限额以上项目基本建设程序示意图

国外项目基本建设程序与阶段划分　　表 2-1

<table>
<tr><td>阶段</td><td colspan="5">计 划 阶 段</td><td colspan="2">执 行 阶 段</td><td colspan="2">生 产 阶 段</td></tr>
<tr><td>步骤</td><td>预选</td><td>选定</td><td colspan="2">准备</td><td>批准</td><td>动员</td><td>实施</td><td>经营</td><td>总结评价</td></tr>
<tr><td>工作活动</td><td>形成项目设想计划—国家的—部门筛选—地区的</td><td>初步可行性研究</td><td>可行性研究</td><td>初步设计技术设计</td><td>审查</td><td>详细计划准备计划组织预算人事招标</td><td>建造制造安装</td><td>进行中的生产</td><td rowspan="3">衡量结果产生新项目的设想</td></tr>
<tr><td rowspan="2">决策</td><td rowspan="2">为初可批准费用</td><td rowspan="2">为可行性研究批准费用</td><td rowspan="2">研究报告</td><td rowspan="2">提交项目建议报告</td><td rowspan="2">批准项目</td><td rowspan="2">签约</td><td>试生产</td><td>移交</td></tr>
<tr><td colspan="2">全面投产</td></tr>
<tr><td>世界银行用语</td><td>项目产生部门规划</td><td>项目选定
1</td><td colspan="2">项目准备
2</td><td>评估 3
谈判 4</td><td colspan="2">执行和监督
5</td><td colspan="2">总结评价
6</td></tr>
<tr><td>联合国工业组织用语</td><td>形成概念</td><td>确定定义和要求</td><td colspan="2">形成项目</td><td>授权</td><td colspan="2">具体活动开始</td><td>责任终止</td><td>总结评价</td></tr>
</table>

二、公路工程项目基本建设程序

公路工程项目基本建设程序是:编制项目建议书→可行性研究报告→进行初测→初步设计→进行定测→编制施工图→组织施工→进行竣工验收→交付使用。具体内容如下。

1. 项目建议书阶段

项目建议书是要求建设某一具体建设项目的建议文件,是基本建设程序中的第一个阶段,是投资决策前对拟建设项目的轮廓设想。项目建议书的主要作用是为推荐一个拟进行建设项目的初步说明,论述拟建项目的必要性、条件的可行性和获利的可能性,供有关部门选择并确定是否进行下一步的工作。项目建议书批准后,进入可行性研究报告阶段的工作。项目建议书的批准并不表明项目非上不可,项目建议书不是项目的最终决策。

项目建议书的内容包括:项目建设的必要性和依据;拟建设规模、建设地点和建设方案的初步设想;资源情况、建设条件和协作关系等的初步分析;投资估算和资金筹措的设想;建设进度设想;经济效果和社会效益的初步估计。

2. 可行性研究报告阶段

公路建设项目建议书批准后,即进入项目可行性研究阶段,对项目在技术上是否可行和经济上是否合理进行科学的分析和论证,以减少建设项目决策的盲目性。国务院于 1988 年 6 月重新制定了《公路可行性研究报告编制办法》,规定大、中型,高等级公路及重点工程建设项目(含国道、边防公路)均应进行可行性研究,小型项目可适当简化。

可行性研究报告的主要内容包括:建设项目依据、历史背景;建设地区综合运输现状和建设项目在交通运输网中的地位和作用,原有公路的技术状况及适应程度;论述建设项目所在地区的经济特征,研究建设项目与经济发展的内在联系,预测交通量、运输量的发展水平;建设项目的地理位置、地形、地质、地震、气候、水文等自然特征;筑路材料来源及运输条件;论证不同建设方案的路线起讫点和主要控制点、建设规模、标准,提出推荐性意见;评价建设项目对环境的影响;测算主要工程数量、征地拆迁数量,估算投资,提出资金筹措方案,提出勘察、设计、施工计划安排;确定运输成本及相关经济参数,进行国民经济评价、敏感性分析、财务分析;提出存在的问题及建议。

可行性研究报告是确定建设项目、编制设计文件的重要依据,要求其必须有相当的深度和准确性。可行性研究报告批准后,一般不得随意修改和变更。

3. 设计工作阶段

按照我国现行规定,公路基本建设项目一般进行两阶段设计,即初步设计和施工图设计。对于技术上复杂而又缺乏设计经验的项目,或建设项目中的个别路段、特殊大桥、互通式立体交叉、隧道等,必要时可进行三阶段设计,即初步设计、技术设计和施工图设计。

初步设计是设计工作的第一阶段,如果初步设计提出的总概算超过可行性研究报告确定的总投资估算 10% 以上,或其他主要指标需要变更时,应重新报批可行性研究报告。

技术设计应根据批准的初步设计和补充初测(或定测)资料,对重大、复杂的技术问题通过科学试验、专题研究,加深勘探调查及分析比较,解决初步设计中遗留的问题,落实技术方案,计算工程数量,提出修正的施工方案,编制、修正概算。

施工图设计应根据批准的初步设计(或技术设计)和定测资料,进一步对审定的修建原则、设计方案、技术措施加以具体和深化,最终确定工程数量,提出文字说明和适应施工需要的图表资料及施工组织计划,编制施工图预算。

可行性研究报告经批准的建设项目应通过招投标择优选择设计单位。

设计工作必须由具有相应资质等级的勘察设计单位来完成;设计文件的要求必须符合《公路工程基本建设项目设计文件编制办法》的规定。

4. 项目施工前准备阶段

为了保证施工顺利进行,项目在开工之前,应切实做好各项建设准备工作。其工作内容主要包括:征地、拆迁和场地平整;完成施工用水、电、路等工程;组织设备、材料订货;准备必要的施工图纸;组织施工招标,择优选定施工单位;报批开工报告等。

项目在报批开工前,必须由审计机关对项目的有关内容进行审计证明。审计机关主要是对项目的资金来源是否正当、落实,项目开工前的各项支出是否符合国家的有关规定,资金是否存入规定的专业银行等,进行审计;新开工项目按施工顺序需要,还必须具备至少三个月以上的工程施工图纸,否则不能开工建设。

5. 编制年度基本建设投资计划阶段

建设项目要根据批准的总概算和工期,合理地安排年度投资。年度计划投资的安排,要与长远规划的要求相适应,以保证按期建成。年度计划安排的建设内容要和当年分配的投资、材料、设备相适应。配套项目同时安排,相互衔接。

年度基本建设投资是建设项目当年实际完成的工作量的投资额,包括用当年资金完成的工作量和动用库存的材料、设备等内部资源完成的工作量;而财务拨款是当年基本建设项目实际货币支出。两者的计算标准不同,投资额是以构成工程实体为准,财务拨款是以资金拨付为准。在正常情况下,投资额与财务支出之间保持一定的比例关系,如果财务支出过大而投资额较小,说明建设单位可能尚未用到工程上的材料、设备积压过多或浪费严重。

6. 建设实施阶段

在具备开工条件并经主管部门批准后,方可开工建设,组织实施。项目开工时间是指建设项目设计文件中规定的任何一项永久性工程(无论生产性或非生产性)第一次正式破土开槽开始实施的日期;不需要开槽的工程,以建筑物组成的正式打桩作为正式开工;需要进行大量土、石方工程的,以开始进行土、石方工程作为正式开工。工程地质勘察、平整土地、旧有建筑物的拆除、临时建筑、施工用临时道路和水、电等施工不算正式开工。

施工是实现建设蓝图的物质生产活动和决定性环节,需要在较长的时间内耗费大量的资源但却不产生直接的投资效益。因此,管理的重点是工程进度、工程质量和工程成本。

7. 竣工验收阶段

竣工验收是工程建设过程的最后一环,是全面考核基本建设成果、检验设计和工程质量的重要步骤,是基本建设转入生产或使用的标志,也是保证竣工工程顺利投入生产或交付使用的一个法定手续,对促进建设项目及时投产、发挥投资效益及总结建设经验具有重要意义。

工程竣工验收是一项十分细致而又严肃的工作,必须从党和人民的利益出发,按照国家有关标准、规范、规程的要求,认真负责地对全部基本建设项目进行验收。

8. 项目后评价阶段

建设项目后评价是工程项目竣工投产、生产运营一段时间后(一般为两年),再对项目的立项决策、设计施工、竣工投产、生产运营等全过程进行系统评价的一种技术经济活动,是固定资产投资管理的一项重要内容,也是固定资产投资管理的最后一个环节。通过建设项目后评价,以达到肯定成绩、总结经验、研究问题、吸取教训、提出建议、改进工作、不断提高项目决策水平和投资效果的目的。

第四节　工程造价计价的特点

公路工程造价计价与其他商品价格计价的方法比较,具有单件性计价、多次性计价和按工程构成分部组合计价的技术经济特点。

一、计价的单件性

产品的个体差别决定了每项工程都必须单独计算造价。公路建设工程有其指定的专门用途和不同的形态和结构。如构成公路整体的路基、路面、桥梁、涵洞及沿线设施等,都是固定在一定地点的,其结构、造型必须适应工程所在地的气候、地质、水文等自然客观条件,因而形成在实物形态上的千差万别。在建设这些不同的实物形态的工程时,必须采取不同的工艺、设备和建筑材料,因而所消耗物化劳动和活劳动也必定是不同的,再加上不同地区社会发展的不同,致使构成价格和费用的各种价值要素存在差异,最终导致工程造价各不相同。

也就是说，任何两个公路建设项目的工程造价不可能是完全相同的，只能根据各个建设工程项目的具体设计资料和当地的实际情况单独计算工程造价。

二、计价的多次性

公路建设工程一般规模大、建设周期长、技术复杂，受建设所在地的自然条件影响大，消耗的人力、物力和财力巨大，并要考虑投入使用后的经济效益等因素，一旦决策失误，将造成不可挽回的巨大损失。为了有效管理工程投资，满足工程建设各阶段造价的控制需要，必须在公路建设全过程进行多次计价。公路工程多次性计价过程见图2-3。

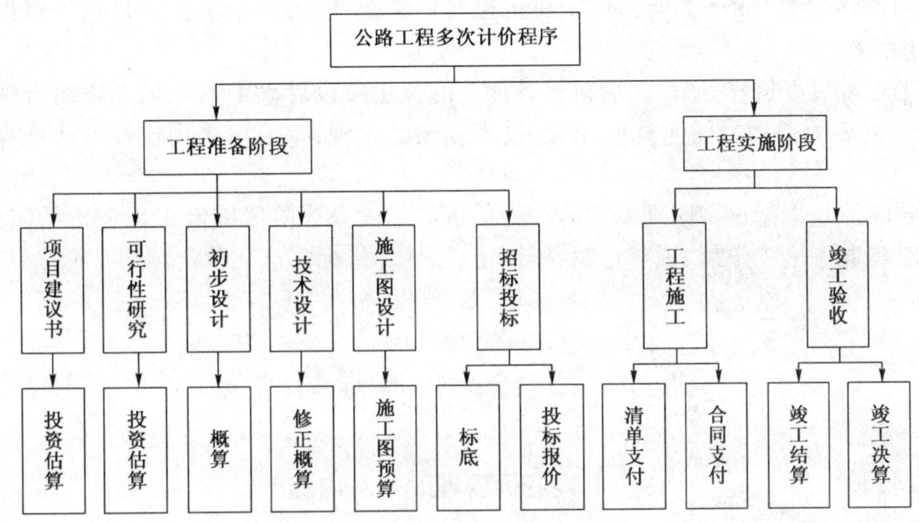

图2-3　公路工程多次计价过程图

（1）在项目建议书阶段编制项目建议书投资估算，作为项目建议书阶段进行经济评价的依据，经批准后可进入可行性研究报告阶段。

（2）在可行性研究报告阶段编制可行性研究报告投资估算，作为可行性研究阶段经济评价的依据。可行性研究报告经批准后，其投资估算是决策、筹资和控制造价的主要依据。

（3）对于两阶段设计的建设项目，在初步设计阶段编制初步设计概算，概算经批准后即可确定建设项目投资的最高限额，它是签订建设项目总承包合同的依据。

（4）对于三阶段设计的建设项目，在技术设计阶段编制技术设计修正概算，修正概算经批准后即可确定建设项目投资的最高限额，它是签订建设项目总承包合同的依据。

（5）在施工图设计阶段编制施工图预算，施工图预算经批准后，即可签订建筑安装工程承包合同、办理工程价款结算。实行招标的工程，其建筑安装工程费用是编制标底的基础。

（6）对于实行建筑安装工程及设备采购招标的建设项目，一般都要编制标底，编制标底也是一次计价。

（7）施工单位参加投标，要根据标书和现场情况编制施工预算，作为本企业的成本价；再根据市场情况编制有竞争性的投标报价。

（8）工程实施阶段，要根据合同约定和工程量清单进行工程计量支付，按实际完成工程情况结算工程款，编制竣工结算和竣工决算，确定工程建设项目的实际造价。

工程建设项目各个阶段的计价是相互衔接、由粗到细、由浅到深、由预期到实际的发展过程。前者是后者的依据，后者是前者的修正和补充。

三、按工程构成分部组合计价

建设工程规模大，工程结构复杂，不可能简单、直接地计算出整个建设工程的造价，因此，必须将整个建设工程项目分解到合理大小的工程结构部位，直至对计量和计价都相对准确的程度。

如将公路建设工程分解为路基工程、路面工程、桥梁工程等，对路基工程再分解为土方工程、石方工程，对土方工程再分解为挖方工程、填方工程，对挖方工程再分解为机械挖、人力挖，机械挖可再分解为挖掘机挖或推土机挖，如确定采用推土机推挖，就可以通过推土机推挖土方的工效定额得到推挖 $1m^3$ 土方所需推土机机械台班消耗量，再按推土机的每台班单价计算出所需的费用。

各项工程都可以这样分解，然后再将各部分的费用按设计确定的数量加以组合就可确定全部工程所需要的费用。任何规模庞大、技术复杂的工程，都可以采用这种方法计算其全部造价。

工程定额就是根据这一原理编制的。为了适应不同设计阶段编制工程造价的需要，国家有关部委已编制了施工定额、预算定额、概算定额、估算指标。这几种定额相互衔接，工程内容逐级扩大。

第五节　工程造价管理的内容

一、工程造价管理的基本内容

工程造价管理的基本内容就是合理确定和有效地控制工程造价。

1. 工程造价的合理确定

所谓工程造价的合理确定，就是在工程建设各个阶段采用科学的计算方法和切合实际的计价依据，合理确定投资估算、设计概算、施工图预算、承包合同价、结算价、竣工决算价。

(1)在项目建议书阶段，按照有关规定编制投资估算，经有关部门批准，作为拟建项目列入国家中长期计划和开展前期工作的控制造价。

(2)在可行性研究报告阶段，按照有关规定编制的投资估算，经主管部门批准，作为该项目国家计划控制造价。

(3)在初步设计阶段，按照有关规定编制的初步设计总概算，经有关部门批准，作为该项目投资控制的最高限额。

(4)在施工图设计阶段，按规定编制施工图预算，用以核实施工图阶段造价是否超过批准的初步设计概算。经承发包双方共同确认、审查通过的预算，可作为结算工程价款的依据。

(5)对以施工图预算为基础进行招标投标的工程，承包合同价也是以经济合同形式确定的建筑安装工程造价。

(6)在工程实施阶段要按照承包方实际完成的工程量，以合同价为基础，同时考虑因物价上涨所引起的造价提高，考虑到设计中难以预计的而在实施阶段实际发生的工程和费用，合理确定结算价。

(7)在竣工验收阶段，全面汇集在工程建设过程中实际花费的全部费用，编制竣工决算，如实体现该建设工程的实际造价。

2. 工程造价的有效控制

所谓工程造价的有效控制，就是在优化建设方案、设计方案的基础上，在建设程序的各个阶段，采用一定的方法和措施，把建设工程造价控制在合理的范围和核定的造价限额以内，以求合理地使用人力、物力和财力，从而取得较好的投资效益和社会效益。有效控制造价应该体现以下三个原则。

(1)以设计阶段为重点，全过程控制。工程造价控制贯穿于项目建设全过程，关键在项目的投资决策和设计阶段。在项目作出投资决策后，控制工程造价的关键就在于工程设计。据西方一些国家分析，设计费一般只相当于建设工程全寿命费用的1%以下，但正是这少于1%的费用对工程造价的影响度占75%以上。由此可见，设计质量对整个工程建设的效益是至关重要的。

长期以来，我国普遍忽视工程建设项目前期工作阶段的造价控制，而往往把控制工程造价的主要精力放在施工阶段——审核施工图预算、合理结算建安工程价款，算细账。如想有效控制工程造价，应该把控制重点转到项目建设的前期，尤其要抓住设计阶段，以求达到事半功倍的效果。

公路建设项目设计方案应在满足公路技术等级标准及使用功能的前提下，运用价值工程分析方法，对路线方案进行技术经济比较，采取限额设计、标准化设计等措施，以达到控制和降低工程造价的目的。

(2)事前预测，主动控制。把造价控制理解为目标值与实际值的比较，当实际值偏离目标值时，分析其产生偏差的原因，确定纠偏的对策，即采取在调查—分析—决策基础之上的偏离—纠偏—再偏离—再纠偏的控制方法。在工程项目建设全过程进行这样的工程造价控制当然是有意义的，但问题在于这种控制方法立足于只能发现偏离而不能使已产生的偏离消失的基础上，因此不能预防可能发生的偏离，因而只能说是被动控制。20世纪70年代初，人们将系统论和控制论研究成果用于项目管理，将"控制"立足于事先主动地采取决策措施的基础上，以尽可能地减少以至避免目标值与实际值的偏离，这是主动的、积极的控制方法，因此被称为主动控制。也就是说，工程造价控制，不仅要反映投资决策，反映设计、发包和施工，被动地控制工程造价，更要能动地影响投资决策，影响设计、发包和施工，主动地控制工程造价。

(3)工程技术与经济相结合。技术与经济相结合是控制工程造价最有效的手段。事实上，在我国工程建设领域中总是将技术与经济分离。正如许多国外专家指出，中国工程技术人员的技术水平、工作能力、知识面，跟外国同行相比，几乎不分上下，但他们缺乏经济观念，设计思想保守，设计规范、施工规范落后。国外的技术人员时刻考虑如何降低工程造价，而中国技术人员则把它看成与已无关的财会人员的职责。而财会、概(预)算人员的主要责任是根据财务制度办事，他们往往不熟悉工程知识，也较少了解工程进展中的各种关系和问题，往往单纯地从财务制度角度审核费用开支，难以有效地控制工程造价。为此，迫切需要解决以提高工程造价效益为目的，在工程建设过程中把技术与经济有机结合起来，通过技术比较、经济分析和效果评价，正确处理技术先进与经济合理两者之间的对立统一关系，力求在技术先进条件下的经济合理，在经济合理基础上的技术先进，把控制工程造价观念渗透到各项设计和施工技术措施之中。

二、建设工程造价管理的工作要素

工程造价管理围绕合理确定和有效控制工程造价这个中心，采取全过程全方位的管理方针，其具体的工作要素大致归纳如下。

(1)可行性研究阶段：对建设方案认真优选，编好、定好投资估算，考虑风险，打足投资。

(2)初步设计阶段：合理选定工程的建设标准、设计标准，贯彻国家的建设方针，推行量财设计，编好、定好概算，为项目建设打足投资。

(3)施工图设计阶段：采用新技术、新工艺、新材料，技术与经济相结合，优化设计方案，推行“限额设计”，编好施工图预算。

(4)项目建设单位：强化项目法人责任制，落实项目法人对工程造价管理的主体地位，在法人组织内建立与造价紧密结合的经济责任制。

(5)招标阶段：从优选择建设项目的承建单位、咨询(监理)单位、设计单位，搞好相应的招标。

(6)施工前期投资控制：协调好各方关系，合理处理征地、拆迁等方面的经济关系。

(7)施工阶段投资控制：严格合同管理，确保工程质量、进度和安全，按合同对造价实行静态控制、动态管理；保证资金合理、有效地使用，减少资金利息支出和损失。

(8)监理单位服务：社会咨询机构为工程造价提供全过程、全方位的咨询服务，遵守职业道德，确保服务质量。

(9)政府投资管理：强化造价管理部门的服务意识，强化造价工作基础(定额、指标、价格、工程量、造价等信息资料)，为建设工程造价的合理确定提供动态的可靠依据。

(10)参与造价管理的人员：组织造价工程师的培训工作，促进人员素质和工作水平的提高。

三、工程造价管理的组织

工程造价管理的组织，是指为了实现工程造价管理目标而进行的有效组织活动，以及与造价管理功能相关的有机群体。它是工程造价动态的组织活动过程和相对静态的造价管理部门的统一。具体来讲，主要是指国家、地方、部门和企业之间管理权限和职责范围的划分。

第六节　注册造价工程师和工程造价咨询制度

一、国外注册造价工程师基本要求

以英国为例，英国造价工程师称为预算师。预算师、高级预算师职称是由皇家测量师学会经过严格程序而授予的。整个程序大致如图 2-4 所示。

工料测量专业本科毕业生可以豁免英国皇家测量师学会组织的专业知识考试，而直接取得申请预算师专业工作能力培养和考核的资格。对于一般具有高中毕业水平的人，或学习其他专业的大学毕业生，或从事预算专业 15 年以上的人，则要通过自学，参加皇家测量师学会每年组织的专业考试。其中高中毕业生需要经过三次考试；大学其他专业毕业生需经过两次考试；有 15 年本专业工作实践经验的只需考试一次。经专业知识考试合格者，由皇家测量师学会发给专业知识考试合格证书，即相当于本专业大学同等学力毕业水准，取得申请预算师专业工作能力培养和考核的资格。

英国皇家测量师学会组织的专业知识考试，要求考生具有建筑技术、建筑管理与经济、工程量和造价计算、法律等四方面的知识。

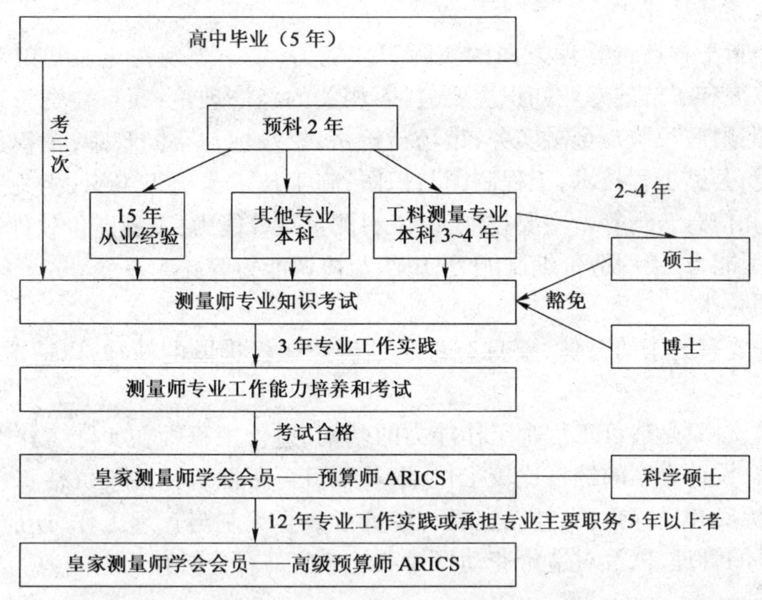

图2-4　英国预算师授予程序图

对工料测量专业本科毕业生（硕士生、博士生）以及经过专业知识考试合格的人员，还要通过皇家测量师学会组织的专业工作能力的考核，即通过3年以上的工作实践，在学会规定的各项专业能力考核科目范围内，获得某几项较丰富的工作经验，经考核合格后，即由皇家测量师学会发给合格证书并吸收为学会会员（ARICS），也就是有了预算师职称。

在取得预算师（工料估价师）职称以后，就可签署有关估算、概算、预算、结算、决算文件，也可独立开业，承揽有关业务。再从事12年本专业工作，或者在预算合同等单位中承担重要职称（如董事）5年以上者，经学会批准，即可被吸收为资深会员（FRICS），相当于获得高级预算师职称。

在英国，预算师被认为是工程建设经济师。在工程建设全过程中，按照既定工程项目，在实施的各阶段、各项活动中控制造价，使最终造价不超过规定投资额。不论受雇于政府还是企事业单位的预算师都是如此，社会地位很高。

二、我国造价工程师基本要求

在我国，造价工程师是指经全国造价工程师执业资格统一考试合格，并注册取得造价工程师注册证，从事建设工程造价活动的人员。未经注册的人员，不得以造价工程师的名义从事建设工程造价活动。

1. 造价工程师素质要求

造价工程师的工作具有很强的技术性，关系到国家和社会公众利益。因此对造价工程师的职业道德、专业技能、身体三方面素质要求较高。

1）职业道德素质要求

公路建设工程造价高达数千万、数亿，甚至数百亿，造价确定得是否准确，造价控制得是否合理，不仅关系到多方面的经济利益关系，而且关系到国民经济发展的速度和规模。这就要求造价工程师具有良好的思想修养和职业道德，绝不以权谋私。既能维护国家利益，又能以公正的态度维护相关各方合理的经济利益。

2)专业技能素质要求

专业技能是指工程造价管理方面的实际工作能力，集中表现在专业知识和技能的掌握。造价工程师应掌握和了解的专业知识主要包括：相关的经济理论；项目投资管理和融资；工程经济与企业管理；财政税收与金融实务；市场与价格；招投标与合同管理；工程造价管理；工作方法与动态研究；公路工程技术；工程制图与识图；施工技术与施工组织；相关法律、法规和政策；计算机应用和信息管理等。主要技能为：工料测量计算能力；工程造价软件运用能力；工程制图与CAD绘图能力；工程造价编制能力；组织与协调能力等。

3)身体素质要求

造价工程师要有健康的身体，要具有肯于钻研和积极进取的精神，以适应紧张而繁忙的工作。

以上各项素质，只是造价工程师工作能力的基础，造价工程师在实际工作岗位上，应能独立完成建设方案、设计方案的经济比较工作，以及项目可行性研究的投资估算、设计概算和施工图预算、招标标底和投标报价、补充定额和造价指数等编制与管理工作，还应能进行合同价结算和竣工决算的管理，以及对造价变动规律和趋势应具有分析和预测能力。

2.造价工程师技能结构

造价工程师是工程建设领域工程造价的管理者，其执业范围和担负的重要任务，要求造价工程师必须具备现代管理人员的管理知识能力结构，相应的技术技能、人文技能和观念技能。

技术技能是指能使用由经验、教育及训练上的知识、方法、技能及设备，来达到特定任务的能力。人文技能是指与人共事的能力和判断力。观念技能是指了解整个组织及自己在组织中地位的能力。不同层次的管理人员所需具备的这三种技能的结构有所不同。造价工程师应同时具备这三种技能，特别是观念技能和技术技能，但也不能忽视人文技能，忽视与人共事能力的培养，忽视激励作用。

3.造价工程师执业要求

1)执业范围

造价工程师只能在一处单位执业，造价工程师的执业范围如下：

(1)建设项目投资估算的编制、审核及项目的经济评价。

(2)工程概算、工程预算、工程结算、竣工决算、工程招标标底价和投标报价的编制、审核。

(3)工程变更和合同价款的调整和索赔费用的计算。

(4)建设项目各阶段的工程造价控制。

(5)工程经济纠纷的鉴定。

(6)工程造价计价依据的编制、审核。

(7)与工程造价有关的其他事项。

工程造价成果文件应当由造价工程师签字，加盖执业专用章和单位公章。经造价工程师签字的工程造价成果文件，应当作为办理审批、报建、拨付工程款和工程结算的依据。

2)权利与义务

(1)造价工程师依法享有下列权利：

①使用造价工程师名称；

②依法独立执行业务；

③签署工程造价文件、加盖执业专用章；

④申请设立工程造价咨询单位；

⑤对违反国家法律、法规的不正当计价行为，有权向有关部门举报。

(2)造价工程师应履行下列义务：

①遵守法律、法规，恪守职业道德；

②接受继续教育，提高业务水平；

③在执业中保守技术和经济秘密；

④不得允许他人以本人名义执业；

⑤按照有关规定提供工程造价资料。

3)执业道德准则

为了规范职业道德行为，提高行业声誉，中国建设工程造价管理协会制定了《造价工程师职业道德行为准则》([2002]第015号)，规定造价工程师在执业中应恪守以下职业道德准则：

(1)遵守国家法律、法规和政策，执行行业自律规定，珍惜职业声誉，自觉维护国家和社会公共利益。

(2)遵守"诚信、公正、敬业、进取"的原则，以高质量的服务和优秀的业绩，赢得社会和客户对造价工程师的尊重。

(3)勤奋工作，独立、客观、公正、正确地出具工程造价成果文件，使客户满意。

(4)诚实守信，尽职尽责，不得有欺诈、伪造、作假等行为。

(5)尊重同行，公平竞争，搞好同行之间的关系，不得采取不正当的手段损害、侵犯同行的权益。

(6)廉洁自律，不得索取、收受委托合同约定以外的礼金和其他财物，不得利用职务之便谋取其他不正当的利益。

(7)造价工程师与委托方有利害关系的应当回避，委托方有权要求其回避。

(8)知悉客户的技术和商务秘密，负有保密义务。

(9)接受国家和行业自律性组织对其职业道德的监督检查。

三、造价工程师执业资格考试、注册和培养

1.造价工程师执业资格考试

(1)凡中华人民共和国公民，遵纪守法并具备以下条件之一者，均可申请参加造价工程师执业资格考试。

①工程造价专业大专毕业后，从事工程造价业务工作满5年；工程或工程经济类大专毕业后，从事工程造价业务满6年。

②工程造价专业本科毕业后，从事工程造价业务工作满4年；工程或工程经济类本科毕业后，从事工程造价业务工作满5年。

③获工程造价专业第二学士学位或研究生毕业和获硕士学位后，从事工程造价业务工作满3年。

④获工程造价专业博士学位后，从事工程造价业务工作满2年。

造价工程师应该是懂工程技术、经济、管理和法律的，并有实践经验和良好职业道德的复合型人才。

(2)交通运输部公路工程造价工程师考试内容如下。

①公路工程造价管理相关知识：公路工程造价的定义及其构成；公路建设项目的划分；公

路建设项目的建设程序;工程造价计价的特点;工程造价管理的基本内容;公路造价工程师执业资格制度和工程造价咨询及其管理。

②公路工程造价确定与控制:我国建设主管部门对各项计价依据的管理规定;各相关专业的工程造价依据的表现形式和使用方法;工程造价计价依据的内容、编制原则与方法;编制补充定额、指标的条件及编制原则和方法;劳动定额、施工机械台班产量定额、材料消耗定额的测定和编制方法。

③公路工程技术与计量:公路的基本组成;公路工程设计阶段和设计原则;公路工程的施工过程、施工特点、施工组织的基本原则以及施工程序;公路施工的基本程序、方法和施工工艺流程。

④公路工程造价案例分析:考查考生综合实际操作的能力,计算或审查专业单位工程量,编制或审查专业工程投资、概算、预算、标底价、结(决)算、投标报价,编制补充定额的技能等。

2. 注册登记制度

在我国,造价工程师执业资格实行注册登记制度,以加强对造价工程师的注册管理,规范造价工程师的执业行为,提高造价管理工作质量,维护国家和社会公共利益。注册登记制度规定如下:

(1)从事工程造价业务活动的专业技术人员,只有在取得造价工程师执业资格证和造价工程师注册证以后,才具有造价工程师执业资格,才能以造价工程师的名义从事建设工程造价业务,签署的工程造价文件才具有法律效力。

(2)国务院建设行政主管部门负责全国造价工程师的注册管理工作,并对造价工程师的注册和执业实施指导和监督。各省、自治区、直辖市和国务院有关部门的建设行政主管部门负责管辖范围内的造价工程师注册管理工作,并对其注册和执业实施指导和监督。

(3)经全国统一资格考试合格的人员,应在取得造价工程师执业资格证 1 年内,到所在地区或部门注册初审机构申请注册。

(4)申请注册的人员,应具有规定的条件,提供规定的条件,提供规定的证明材料,按规定的程序办理注册登记手续。

(5)经考试合格人员逾期未申请注册,或申请注册未获批准,其资格可保留两年,两年期满再申请注册需参加规定的业务培训,并达到继续教育水准。

(6)经批准注册的造价工程师,由其单位所在地区或部门注册管理机构,核发由国务院建设行政主管部门统一印制的造价工程师注册证和造价工程师执业专用章。

(7)造价工程师因工作单位变更等原因,需按规定程序办理注册变更手续。

(8)造价工程师注册有效期为 4 年。注册有效期满而要继续执业的,应由其聘用单位于注册期满前 3 个月内按规定程序和业务培训等要求办理续期注册手续。续期注册的有效期为 4 年。

(9)本人未申请或申请未获准续期注册者,完全丧失民事行为能力、受刑事处罚,以及脱离造价工程师岗位连续达两年的,按规定程序撤销注册后,具有申请注册资格者,仍可按规定申请重新注册。

3. 造价工程师的培养

造价工程师的教育培养是达到其素质要求的基本途径之一。教育方式主要有两类:一是普通高校和高等职业技术学校的系统教育,也可称为在职前教育;一是专业继续教育,也称在职后教育。

在职前(就业前)的学校正规教育,要求在一些学校设置专业,预先使学生获得专业基础知识和基本技能。从长远来看,建立一支稳定的、结构合理的专业队伍是十分必要的。近十年我国已有一批学校设立了此类专业。

在职后的专业继续教育属于成人教育,是一种重要的专业培训方式,其作用与意义不次于前者。这种方式的很大优点是具有极大的灵活性,培训时间可长可短,专业教育内容可以选择,可以全脱产学习也可以不脱产或半脱产学习,同时学员多有一定实际经验,一般培训效果较好。

此外,造价工程师执业资格的考试和注册制度的实施,在一定意义上也是一个继续教育的过程。一个造价工程师为了履行他的职责,必须不断地接受继续教育,并在实际工作中不断总结经验,积累资料,收集信息,以不断提高专业能力和技巧,适应市场经济条件下造价管理工作的需要。

四、工程造价咨询制度

1. 咨询与工程造价咨询

1)咨询与咨询业

所谓咨询,即利用科学技术和管理人才已有的专门知识技能和经验,根据政府、企业以及个人的委托要求,提供解决有关决策、技术和管理等方面问题的优化方案的智力服务活动过程。它以智力劳动为特点,以特定问题为目标,以委托人为服务对象,按合同规定条件进行有偿的经营活动。

工程造价咨询系指面向社会接受委托,承担建设项目的可行性研究投资估算、项目经济评价、工程概算、工程结算、竣工决算、工程招标标底、投标报价的编制和审核,对工程造价进行监控以及提供有关工程造价信息资料等业务活动。

咨询业在国民经济产业分类中,和商业、金融保险业、房地产业、文教卫生、旅游业等同属第三产业。咨询业作为一个产业部门的形成,是技术进步和社会经济发展的结果。技术进步使社会分工更加细密,并不断产生新的产业部门,尤其是在后工业经济国家和基本实现工业化的国家。因为经济发展程度越高,在社会经济生活和个人生活中对各种专业知识和技能、经验的需要越广泛,而要使一个企业或个人掌握和精通经济生活和社会生活所需要的各种专业知识、技能和经验,几乎是不可能的,都要求有大量的咨询服务。为适应这种形势,能够提供不同专业咨询服务的咨询公司便应运而生,如房地产和物业咨询服务公司、工程咨询公司、资产评估公司以及工程造价咨询公司等。大量咨询公司的出现,是咨询业形成的标志。

2)咨询业的社会功能

(1)服务功能。咨询业的首要功能就是服务,即为经济发展服务,为社会发展服务和为居民生活服务。

(2)引导功能。咨询业是知识密集的智能型产业,拥有大量专业人才,有能力、也有义务为服务对象提供最权威的指导,引导服务对象按照法律法规、政府政策和发展规划、市场信息等,抓住机遇,规避风险,使社会行为和市场行为既符合企业和个人的利益,又符合宏观社会经济发展的要求。

(3)联系功能。咨询业的社会功能,在一定意义上也可以说是架起了一座联系的桥梁。它通过咨询活动把生产与流通,生产流通与消费更紧密地联系起来,同时也促进了市场需求主体和供给主体的联系,促进了企业、居民和政府的联系,从而有利于国民经济以至整个社会健康稳定地发展。

2. 我国香港地区工程造价咨询业

伴随着建筑工程规模的日趋扩大和建筑生产的高度专业化,我国香港地区各类社会服务机构迅速发展起来。这些机构承担着经济活动的微观管理和服务工作,是政府摆脱对微观经济活动直接控制和参与的保证,是承发包双方的顾问和代言人。

在这些社会咨询服务机构中,工料测量师行是直接参与工程造价管理的咨询部门。从20世纪60年代开始,香港地区的工程建设预算师已从以往的编制工程概算、预算,按施工完成的实物工程量编制期中结算和竣工决算,发展到对工程建设全过程进行成本控制;预算师从以往的服务于建筑师、工程师的被动地位,发展到与建筑师和工程师并列,并相互制约、相互影响的主动地位,在工程建设的过程中发挥出积极作用。

香港地区工料测量师行除承担本地各项业务外,还把业务扩展到世界各地,如仲量行、利比测计师事务所、威格斯产业顾问公司、威宁谢集团公司、刘绍钧产业测量师行等,在世界各地都有良好的声誉。我国南京的金陵饭店、北京的长城饭店等的招标工作,就是由香港地区有关测量师行提供服务的。

开办测量师行的人,在香港地区等地称为合伙人。他们是公司的所有者,在法律上代表公司,在经济上自负盈亏,既是管理者,又是生产者,相当于公司的董事。政府对这些合伙人有严格要求,要求注册测量师行的合伙人必须具有较高的专业知识,获得英国皇家测量师学会颁发的注册测量师证书,否则领不到营业执照,无法开业经营。如果一个人只拥有资金而没有预算师的职称,是不能成为工料测量师行的合伙人的。

工料测量师行受雇于业主,针对工程规模大小、难易程度,按总投资的0.5% ~3%收费,同时对项目造价控制负有重大责任。如果项目建设成本最后在缺乏充足正当理由情况下超支较多,业主付不起,则将要求工料测量师行对建设成本超支额及应付银行贷款利息进行赔偿。所以测量师行在接受项目造价控制委托,特别是接受工期较长、难度较大的项目造价控制委托时,都要购买专业保险,以防估价失误时因对业主进行赔偿而破产。由于工料测量师在工程建设中的主要任务就是对项目造价进行全面、系统的控制,因而他们被誉为“工程建设经济专家”和“工程建设中管理财务的经理”。

在众多的测量师行之间,测量师学会(英国皇家测量师学会香港分会和香港测量师学会)是其相互联系的纽带。这种学会在保护行业利益和推行政府决策方面起着重要作用。学会内部互相监督、互相协调、互通情报,强调职业道德和经营作风。学会对工程造价起了指导和间接管理的作用,甚至也接受工程造价纠纷仲裁申请,由测量师学会会长指派专业测量师充当仲裁员。对仲裁结果,一般都能为双方所接受。测量师学会与政府之间也保持着密切联系,政府部门很多专业人员都是学会的会员。学会除了保护行业利益之外,还体现了政府与行业之间的对话、控制与反控制的关系。在香港地区,测量师行均为民办、私营,测量师以自己的实力、专业知识、服务质量在社会上赢得声誉,以公正、中立的身份从事各种服务。

3. 我国工程造价咨询业

我国工程造价咨询业是在改革开放、建立社会主义市场经济的新形势下形成的,历史短,管理方法很不完善,经验缺乏,权威性不足,应进一步完善有关法律、法规,逐步与国际惯例接轨。

1)工程造价咨询单位资质管理

工程造价咨询单位是指取得工程造价咨询单位资质证书,具有独立法人资格的企、事业单位。工程造价咨询单位的资质系指从事工程造价咨询工作应具备的技术力量、专业技能、人员素质、技术装备、服务业绩、社会信誉、组织机构和注册资金等。对工程造价咨询单位进行资质管理是适应社会主义市场经济发展、规范其执业行为并保障他们合法经营活动的客观需要。

我国工程造价咨询单位的等级分为甲、乙、乙(临时)三级,并规定了相应的等级资质标准。其中,甲级单位可跨地区、跨部门承担各类建设项目的工程造价咨询业务;乙级单位可在本部门、本地区内承担各类中型以下建设项目的工程造价咨询业务。由各省、自治区、直辖市和国务院有关部门负责本行政区和本部门的工程造价咨询单位的资质管理工作,以及负责资质审批和发证工作,并报住房和城乡建设部备案。

甲级单位的资质每三年核定一次,乙级单位的资质每两年核定一次。各级资质管理部门根据单位提供的资质等级申请书,对其人员素质、专业技能、资金数量和实际业绩审核后给予相应的资质等级证书。对于不符合原资质等级的咨询单位予以降级,并收回原资质等级证书。工程造价咨询单位发生分立或合并、停业半年以上、宣布破产或因其他原因终止业务,企业变更名称、地址、法人代表、主要技术负责人等情况,应按规定办理手续,再向工商行政管理机关申请办理变更登记。

工程造价咨询单位的咨询收费标准应根据受委托工程的内容、深度要求等,在国家规定的收费范围内确定并在委托合同内约定。

2)工程造价咨询单位的执业原则

(1)遵守法律、法规,客观公正。

(2)不参加与委托工程有关的经营活动或任职。

(3)不转让独立承担的受委托工程造价咨询业务。

(4)受管理部门的监督检查。

(5)合法经营,照章纳税。

第七节 工程造价资料积累

工程造价资料,是指已建成竣工或在建的、有使用价值的、有代表性的工程设计概算、施工预算、工程竣工结算、竣工决算资料,单位工程施工成本以及分部、分项工程的新材料、新结构、新设备、新施工工艺的单价分析资料等。

一、工程造价资料积累的意义

资料积累是指将人们过去物质生产和经营活动过程中,有使用价值的各种实际资料和经验逐渐聚集起来,按规定的要求、口径,经过整理分析,为今后的工作服务。

工程造价资料积累是指全面系统地把在长期工程建设中的各个建设项目的大量分散的各种造价资料,加以收集、整理和分析,为新的工程建设提供造价资料信息。

积累工程造价资料是工程造价管理最重要的一项基础工作。它是工程造价宏观管理、决策的基础;是制订(修订)估算指标、概(预)算定额、各种取费标准、其他技术经济指标以及研究工程造价变化规律的基础;是编制、审查、评估项目建议书、可行性研究报告投资估算,进行设计方案比较,编制设计概算,投标报价等的重要参考;也可作为核定固定资产价值、考核投资效果的参考。

过去我国对工程造价资料的重要性认识不足，未形成资料积累制度，致使过去的工程造价资料散失严重，利用率低。现代公路建设技术日趋复杂，规模日益庞大，新材料、新的施工工艺不断被采用，自然条件和社会条件的影响也在不断显现，这些因素最终无不在工程造价上反映出来，从而使构成工程造价及其价格的水平千差万别。由于过去的资料可以为当前建设的工程服务，准确的工程造价需要在以往的资料基础上进行具体分析调整后获取。因此，建立稳定的公路工程造价资料积累制度，是加强工程造价管理的客观必然要求。它对加强公路工程造价管理，合理确定和有效控制工程造价，都具有十分重要的现实意义。积累工程造价资料的目的也在于此。

二、工程造价资料积累的内容与分类方法

根据工程建设的技术经济特点，工程造价资料的积累应贯穿于工程建设的全过程。按照基本建设程序的各个阶段的要求，工程造价要进行多次性计价，造价构成要素和项目划分，都有规范性的规定。所以工程造价资料积累的范围，一方面要包括工程建设各阶段的造价资料，反映建设工程造价的全过程；另一方面要体现建设项目组成的特点。工程造价资料积累的内容应包括“量”和“价”，还要包括对确定造价有重要影响的技术经济条件，如工程的概况、建设条件等。

1. 建设项目的造价资料

公路建设项目，一般是指一条公路或一座独立大（中）桥梁或隧道，其工程造价资料一般应包括如下内容：

（1）建设标准。如公路等级、路基路面宽度等；建设地点；标段的划分；承担设计、施工、监理的单位；建设工期等，以及对建设工程造价有主要影响的技术经济指标。

（2）主要工程数量。如路基土石方、路面、桥涵等；材料数量，如水泥、钢材、木材等；劳动力和主要施工机械台班数量的预算与实际对比资料，以及征用土地等。要求工程量计算深度与概（预）算项目划分一致，以利于进行对比分析，了解其变化情况。

（3）投资估算、概算、预算、工程结算、竣工决算以及造价指数；建设项目总造价及其建筑安装工程费、设备和工器具购置费、工程建设其他费用等造价资料。

（4）主要建筑材料的供应方式、平均运距及运输方法等资料。

（5）主要材料、施工机械台班单价及人工工资标准。

（6）建设过程中有关设计和施工的重大经验教训，以及变更设计和市场物价涨落对工程造价产生的影响。

2. 按定额项目对造价资料进行分类

按照与概（预）算定额项目划分的口径、深度一致的原则，对造价资料进行分类收集、整理和分析，以利于提高造价资料的使用价值和利用率。造价资料详细分类如下：

（1）路基土石方工程。公路建设中，路基土石方工程是公路工程建设的基础，对公路建设及其造价的影响比较大。

（2）路面工程。现代公路建设中，路面工程日益显得重要，施工生产工艺要求高，费用在不断提高，在工程造价中所占比重较大。

（3）桥涵等构造物工程。公路建设中的构造物工程，是一种技术复杂，施工生产工艺要求

高,需多工种配合施工生产的建筑产品。而在很大程度上又是主要依靠人力来完成,机械化程度不高,工程结构形式多,耗用的建筑材料的品种规格也多,工人的操作技术熟练程度仍然是构造物施工中的主要问题。

(4)隧道工程。现代公路建设中,正在兴建不少的长公路隧道,这种工程资料在过去是比较少的。故在施工过程中,就应有计划、有目的地做好此项造价资料的收集工作。要求按开挖、喷锚、衬砌等工程项目划分造价资料项目,这些资料应包括:各种围岩的开挖、喷锚、衬砌等的工程数量,耗用材料、人工和机械台班数量,施工工日,平均日、月进尺,各种不同规格型号的钻岩设备、出渣运输机械的生产效率、人员组合等,以及相应的造价资料,如总造价、单位工程价格。

(5)其他工程。如各种形式的标志牌、路面标线等,以及相应的造价资料。

(6)新材料、新工艺、新技术、新设备的施工项目。包括人工工日、主要材料数量、施工机械台班使用量、生产率和劳动组合以及相应的造价资料等。

3. 按费用项目对造价资料进行分类

按费用对过去的工程造价资料进行分类,对工程造价管理具有极其重要的现实意义。费用资料是企业进行成本核算的主要依据,也是编制、修订现场经费和间接费的重要基础资料,并可了解劳力与物资的使用情况。具体分类如下:

(1)建设项目工程造价构成要素。包括人工费、材料费、施工机械使用费、直接费等造价资料。

(2)与现场管理有关的造价资料。如现场管理机构的组织和人员配备情况,临时房屋建筑面积及其价格等。

(3)各项费用及主要材料的比重。包括相应的人工、材料、施工机械台班价格指数等资料。

(4)施工实际成本与概(预)算价格相比,其节约与超支情况。

对设计、施工全过程中有关的一些情况和对造价影响较大的一些问题,以及在使用这些造价信息资料应予注意的事项,应有必要的文字论述,以便于使用造价信息资料者能充分了解和正确使用,并发挥其应有的作用。

三、建立工程造价资料积累制度

据了解,国外十分重视对基础资料的收集与整理。在英国,对已完工程都有数据资料的积累和数据库的建设。每个皇家测量师学会会员都有责任和义务,将自己经办的已完工程的数据资料,按照规定的格式认真填报,收入学会数据库,同时也即取得利用数据库资料的权利。计算机实行全国联网,所有会员对资料共享,这些不仅为测算各类工程的造价指数提供基础,同时也为类似工程在没有设计图纸及资料的情况下,提供类似工程造价资料和信息参考。

我国工程造价管理资料的积累工作,历来缺乏足够的重视,没有统一的规定和要求。尽快建立公路工程造价资料的积累制度,是开展工程造价资料积累的一个关键问题。1991 年 11 月建设部印发了关于《建立工程造价资料积累制度的几点意见》的文件,标志着我国的工程造价资料积累制度正式开始建立,工程造价资料积累工程正式开展。

为了更好地开展工程造价资料积累工作并保证所积累资料的质量,使之具有合理性、可靠性和实用性,根据当前公路工程建设的实际情况,在进行工程造价资料积累的工作时,应遵循如下要求和方法:

(1)建立必要的行政法规,明确设计单位、施工单位和建设单位,将其所编制的投资估算、设计概算、施工图预算、招标标底、投标报价(不论是否中标)、工程结算、竣工决算和施工单位的工程实际成本等造价资料,都必须寄送一份给工程所在地的公路(交通)工程造价管理机构,并应包括工、料、机分析资料和设计、施工经验总结。

(2)工程造价资料的积累,必须符合近期和今后当地公路交通行业发展方向的建设项目,使资料具有可用性和重复使用价值。

(3)工程造价资料的积累,必须有"量"有"价","量"、"价"的取定要符合有关工程造价管理的规定,其基础资料应能满足工程造价动态管理和修订补充投资估算指标、概(预)算定额、费率标准等的需要。

(4)凡收集的工程造价资料必须是工程建设全过程的,即从投资估算到竣工决算以及施工单位的工程成本等全面的、完整的造价资料,以便于了解、掌握全过程造价管理的变化情况和最终成果,也有利于总结经验,改进工作。

(5)工程造价资料项目的划分、工程量计算规则、表现形式、设备材料目录的代号等,必须以概(预)算的有关规定为准。若合同价与竣工决算等存在差异时,应进行调整,取得一致,提高造价的可比性。

(6)建立规范化、标准化的工作制度。

(7)要注重工程造价资料的真实性和合理性,对一些虚假不实和计算错误的数据资料,应本着去伪存真的原则,进行必要的修正和调整。

(8)要积极运用计算机技术作为开展工程造价资料积累的辅助手段,开发数据库系统软件,以提高工作效率和资料的准确性。

四、工程造价资料分析和运用

工程造价资料积累的主要目的,是为了对其进行分析和使用,为工程造价宏观管理、决策提供重要的技术数据;为制订和修订各类计价依据提供技术服务;为编制、审查、评估各建设阶段工程造价文件提供有关参数。

所谓工程造价资料分析,是指根据构成造价的来源,对其进行系统的分解,能为不同工程项目之间进行细致的比较创造条件,从而可找出其差别的原因。工程造价资料分析能为当前的任何问题提供信息资料,并可采用多种形式进行这些分析工作,以适应工程造价管理工作的需要。

1. 工程建设成本分析

由于工程建设的投资不是一次性投入,而是分年逐次投入,可以采用式(2-1)把各年实际发生的工程建设成本按社会折现率折合为现值。

$$z = \sum_{k=1}^{n} T_{\mathrm{k}}(1+i)^{-\mathrm{n}} \tag{2-1}$$

式中:z——工程建设成本现值(万元或元);

T_{k}——施工期间第 k 年发生的建设成本(万元或元);

n——实际施工期年限(年);

i——社会折现率(%)。

所谓社会折现率,是指国家统一规定的将建设项目在不同时间发生的各项费用和效益的现金流量折算成现在值系数,即建设项目的投资应达到按复利计算的最低收益水平,是评价国民经济内部收益率的重要指标。它体现着社会对资金时间价值的判断与期望。世界各国的社会折现率为8% ~15%,我国规定为12%。

在上述基础上,还可以用式(2-2)计算出工程建设成本降低率。当结果为负值时,表示的是成本超支率。

$$R = \frac{P_0 - P_1}{G} \times 100 \tag{2-2}$$

式中:R——工程建设成本降低率或超支率(%);

P_0——批准概算现值(万元或元);

P_1——工程建设成本现值(万元或元);

G——批准概算(万元或元)。

2. 确定固定资产形成率

基本建设的目的是形成固定资产生产能力,这样才能交付生产使用,从而发挥投资效益。所谓固定资产,通常是指已经建设并办理了验收并投入生产或交付使用的固定资产的价值,它是由完成投资额转化而成的。固定资产形成率是反映基本建设工程经济活动所取得的物质成果的一个指标,是由投资而增加的固定资产的价值与投资额之比,又称为固定资产交付使用率。

计算固定资产的价格,应与计算完成投资额的价格一致。它与会计上按实际价格计算的交付使用的固定资产是有区别的。

固定资产形成率的计算如式(2-3):

$$C = \frac{F}{U} \times 100 \tag{2-3}$$

式中:C——固定资产形成率(%);

F——固定资产价值(万元或元);

U——实际完成投资额(总造价,万元或元)。

按现行的基本建设核算制度规定,对于拨付给外单位的基建投资、报废工程的投资等,其不包括在新增固定资产价值中,属于应该核销投资的范围,故其固定资产形成率一般都会小于1。

3. 建设总工期计算

建设总工期,是指包括设计、施工的整个时间在内的期限,其中施工工期应是从正式开工到经竣工验收交付使用后为止的时间。

建设工期的计算公式如式(2-4):

$$T = \frac{\sum t_{\mathrm{i}}}{L} \tag{2-4}$$

式中:T——设计或施工工期(月/km);

$\sum t_{\mathrm{i}}$——实际设计工期或各标段实际施工工期之和(月);

L——公路修建长度(km)。

建设工期是一个可塑性很大的参数,同时也是影响工程造价比较大的一个因素。而合理的工期是保证工程顺利建成的必要条件。故通过大量建设实践而总结积累起来的这项工期信息资料,能为同类工程标段的划分和确定合理的施工工期提供参考依据。

4. 建筑安装工程造价构成要素权重分析

所谓权重，是指构成一个工程建设项目的各类工程的造价在总造价中所占的比重，这是一种以货币为基础的加权系数，包括两个方面的内容：一是按工程项目分，如路基、路面等；一是按费用项目分，如人工费、材料费等。它是编制工程价格指数的基本依据。

任何建设工程的造价都取决于建筑所需的劳动力和材料等的费用，这些基本因素，无论哪一种的费用发生变化都会影响建设工程的造价。

根据建设实践，每一项建筑工程的劳动力和材料的构成内容都是不同的。因此，最理想的方法，就是按工程造价构成要素的权重来编制工程价格指数，进行工程造价动态管理。所以，根据工程的实际情况，做好工程和费用项目构成要素的权重分析，对工程造价资料的积累是至关重要的。

1）建筑安装工程造价构成权重分析

建筑安装工程造价构成包括：按现行概（预）算制度的规定，包括路基、路面、桥涵等八项工程，每项工程又包括多个分部工程，如路基土石方按施工工艺分，有开挖、压实和运输；按施工方法分，有人工施工和机械施工；按工作难易分，如土方有松土、普通土、硬土。

（1）以建筑安装工程造价为100%，分析路基、路面、桥涵、交叉工程、隧道、其他工程及沿线设施、临时工程、管理、养护及服务设施等各自所占的比例。计划利润和税金则应综合在各项工程内计算。

（2）以路基土石方造价为100%，分析土石方开挖、压实、运输、填前挖松压实、挖台阶、挖方路基压实和路基整修等各自所占的比例。在收集这些造价资料时，还应做好如下各项补充资料：

①土石方成分比例；

②填方压实的土石比例，土方增加洒水量，压实度和各类土方的压实系数；

③土石方的运输方法及其综合平均运输距离；

④土石方开挖的机械化程度。

（3）以路面工程造价为100%，分析行车道、硬路肩和路缘石三项各自所占的比例，以及按挖路槽、垫层、基层和面层分各自所占的比例，同时收集如下补充资料：

①分层次结构的平均厚度；

②各种混合料的平均运距；

③路槽废方远运处理情况。

（4）以桥涵工程造价为100%，分析涵洞、小桥、中桥和大桥的不同结构各自所占的比例，同时应尽可能按桥梁的上部、下部和基础分别列出其比例。

（5）以交叉工程造价为100%，分析互通式、分离式、平面、通道和人行天桥等五项各自所占的比例。如果互通式和分离式交叉工程中含有路基土石方、路面等工程造价时，应分别列出其比例。同时还应收集匝道的长度和宽度等资料。

（6）以隧道工程造价为100%，分析开挖、喷锚、衬砌、照明、通风等五项各自所占的比例，以及废渣的平均运距等。

（7）其他工程及沿线设施，按概（预）算项目的“目”和“节”分别列出其比例。

2）建筑安装工程费用权重分析

所谓费用，是指组成建筑安装工程的人工费、材料费、施工机械使用费、直接费、间接费、利润和税金等共七项。每个公路建设项目的这些费用，都是通过特殊的程序和方法进行累计计算而成的。由于建设工程客观上存在着千差万别,所以其费用的组成就相应存在很大的差异。目前市场竞争激烈,物价波动大,做好建筑安装工程费用权重的分析工作尤为重要。

因为费用的权重系数是调整工程费用的基本依据,为适应工程造价动态管理的需要,建筑安装工程费用权重分析,包括一个建设项目的建筑安装工程费用总额,以及按工程项目划分的权重资料数据。

上述几种权重系数,均应以其费用总额为 100%,分别计算出人工费、材料费等七项各自所占的比例,其中材料费,由于建筑材料规格品种多,价格涨落各不相同,因此应按水泥、钢材、木材、炸药、沥青、中粗砂、碎砾石、片块石等几种主要材料分别列出在材料费中所占的比例。这样既便于进行综合,又可提高其准确性。

5. 用于编制工程价格的调价系数和物价指数

在社会经济活动中,指数是表明某一时期经济数值变动情况的比数,是相对于某一基期的数值而言的。在公路建设工程中,通常以批准的概(预)算及采用的人工、材料等的预算价格等作为基期数值。按照前述工作程序和方法取得某建设项目各项费用的权重系数资料后,在编制工程价格指数之前计算分析工料的物价指数。现就我国公路建设的实际情况扼要分述如下。

1)物价指数的编制

物价指数主要是编制人工、材料、施工机械台班单价的相对变动情况的指数,它是研究价格动态的重要方法。

(1)工资。在社会主义制度的条件下,工资的分配是遵循按劳分配的原则,在经济发展的基础上逐步提高。现阶段工资仍然是一个固定不变数,其指数为"100%"。

目前在发达国家和第三世界许多国家里,工资是随物价上升而上升的,即货币工资随物价指数自行浮动,实行工资指数化。这种方法可以使货币工资与物价进行同步变动,从而能有效地保证职工的实际所得不下降。

(2)材料。凡是在费用权重系数中单独列出的材料,均应编制其物价指数。如某建设项目耗用 32.5 级水泥 32 565t、42.5 级水泥 11 267t、52.5 级水泥 820t,根据市场行情并计算工地的预算价格分别为 316 元/t、340 元/t、375 元/t,查原预算价格分别为 290 元/t、310 元/t、342 元/t,这样水泥的物价指数应为:

$$\text{水泥的物价指数}=\frac{32\,565\times316+11\,267\times340+820\times375}{32\,565\times290+11\,267\times310+820\times342}\times100\%=109.17\%$$

物价指数应按加权取定,其权数应以概(预)算文件资料为依据。

(3)施工机械台班单价。施工机械台班费用,分为不变费用和可变费用两部分,即设备的基本折旧和大修理等费用不可调整,可变的只是机械驾驶人员的工资和动力用油燃料费。可以根据预算文件列入施工机械使用费中的各种机械台班需要量与编制的工资和油燃料的物价指数资料,按加权方法计算出施工机械使用量的物价指数。

应当注意的是,当工地运输建筑材料的运输机械,因工资和油燃料价格上涨相应需要调整时,应分别计入所运输的材料的预算价格内,不得将其综合在施工机械使用费中。

(4)其他工程费、间接费、利润和税金。除税金外,这些费用是根据我国现行的有关规定,按费率以定额基价为基数来编制的一个固定值,其价格指数均为 100%。

2)工程价格指数的编制

工程价格指数应在做好权重系数和物价指数资料的分析工作基础上进行计算。另外,根据我国税法规定，纳税人的营业额为向对方收取的全部价款和价外费用，所以因调价而增加的费用，亦应相应增计其税金，工程价格指数的计算公式如式(2-5)：

$$CI=[\sum K_i\times f_i\times(1+R)-R]\times 100 \tag{2-5}$$

式中：CI——工程造价指数(%)；

K_i——工资、水泥、钢材等的物价指数(%)；

f_i——工资、水泥、钢材等的权重系数(%)；

R——综合税率(%)。

以上是建筑安装工程造价指数编制的有关问题，至于设备、工具器具购置费，工程建设其他费用，若因市场影响，其价格指数也发生了变化需要调整时，可以比照上述方法，分别编制其价格指数。如果还需要编制建设项目的总造价指数时，则应先分析计算建筑安装工程费，设备、工具器具购置费和工程建设其他费用三项各自所占的权重系数，然后再编制总造价指数。

6. 分项工程造价资料分析

虽然公路工程造价的构成十分复杂而烦琐，但路基、路面、桥涵等各项工程都具有一定的客观规律性。要对分项工程造价资料进行分析，首要的任务是建立分项工程造价资料分析的标准格式和工作方法及相应的资料数据库，以提高造价信息资料的使用价值。

对于路基土石方(开挖)的价格，如果把汽车等运输土石方的工作划出来，对其价格产生影响的只有土石方成分这一因素。故当土石方成分发生变化时，就可根据土石方成分的比例和各种土石方之间的比价的相应关系，建立如式(2-6)的土石方综合价格修正的相关计算公式。经修正后的造价资料就能供咨询信息使用。

$$P_x=\frac{a_0f'_0+a_1f'_1+\cdots}{a_0f_0+a_1f_1+\cdots}\times P$$

或

$$P_x=\frac{\sum a_if'_i}{\sum a_if_i}\times P \tag{2-6}$$

式中：P_x——修正后的土石方综合价格(元/m^3)；

P——原土石方综合价格(元/m^3)；

a_i——各类土石方的比价(%)；

f_i——原土石方成分比例(%)；

f'_i——修正的土石方成分比例(%)。

[例 2-1] 已知拟兴建的某公路建设项目的土方成分为：松土 10%、普通土 30%、硬土 60%。经查，可供使用的过去的造价资料的土方成分为：松土 30%、普通土 50%、硬土 20%，其土方的综合价格为 2.50 元/m^3。同时，经分析测定，普通土同松土的比价为 124%、硬土同松土的比价为 165%，试计算拟兴建公路工程土方的综合价格。在运用上述计算公式时，应设定松土的比价为 100%。

解：将数据代入公式(2-6)，得

$$P_x=\frac{1\times0.1+1.24\times0.3+1.65\times0.6}{1\times0.3+1.24\times0.5+1.65\times0.2}\times2.5=2.92(\text{元})$$

在路基土石方工程中，影响造价的另一个因素是土石方的运输距离。如果取土和弃土地点发生变化，或是另一个建设项目的土石方的运输情况不同，调整运输距离的价格修正可按式(2-7)进行：

$$P_x=\frac{1+a\times(s'-1)\times 2}{1+a\times(s-1)\times 2}\times P \tag{2-7}$$

式中：P_x——修正后的土石方汽车运输综合价格（元/m^3）；

P——原土石方汽车运输综合价格（元/m^3）；

a——每增加0.5km同第一个1km的比价（%）；

s——原土石方的平均运距（km）；

s'——修正的土石方平均运距（km）。

[例2-2] 某公路工程的土石方平均运距原为2km，每立方米（m^3）价格为8.50元，因取土地点变更的关系，增为4km，并经测定，每增加0.5km同第一个1km（含装卸工作）的比价为11%，试计算运距变更后的价格。

解：将数据代入公式（2-7），得

$$P_x=\frac{1+0.11\times(4-1)\times 2}{1+0.11\times(2-1)\times 2}\times 8.5=11.57(\text{元})$$

在合同实施过程中，有时根据合同条款的有关规定，在土石方成分或汽车运输距离发生变化时，可依照上述计算程序来完成其合同价调整。

不同工程之间的比价，根据需要可直接采用概（预）算定额的定额基价进行取定，亦可以根据过去的工程造价资料取定。各种工程之间的比价，应基本上反映各种工程的社会必要劳动量即价值量之间的比例关系。保持各类工程之间的合理比价关系，既是价值规律的客观要求，也是合理确定和有效控制工程造价的一个极其重要的问题。

总之，采用权重和比价资料可以对类似上述工程的综合价格进行修正。但实践中不断积累经验，建立计算模型，是不可忽视的。

复习思考题

1. 试述公路工程造价的定义。
2. 简述公路工程造价的构成。
3. 公路建设项目是如何划分的？
4. 为什么将分项工程作为概（预）算定额的基本计量单位？
5. 简述公路基本建设程序。
6. 公路工程造价的计价特点是什么？
7. 公路工程造价的编制方法是什么？
8. 公路工程造价管理工作的改革主要表现在哪几个方面？
9. 工程造价管理的基本内容是什么？
10. 怎样合理确定和有效控制工程造价？
11. 为什么说控制工程造价的重点在设计阶段？
12. 造价工程师的权利和义务是什么？
13. 造价工程师应具备什么样的素质？
14. 工程造价资料积累有什么意义？

第三章　投资管理体制与项目融资

【教学目标】

1. 明确固定资产及其投资管理体制的基本概念；
2. 能阐述项目法人责任制、招投标制度、工程监理制、合同管理制的作用；
3. 阐述工程项目融资的概念和特点、项目融资的阶段与步骤、项目融资的方式；
4. 阐述项目资本金制度、项目资本金的筹措渠道和资金成本的概念，能进行资金成本的计算和筹资决策分析。

【教学要求】

章节名称	能力要求	知识要点
第一节　投资管理体制	能阐述固定资产投资体制基本内容；参与投资管理基础工作	固定资产投资，固定资产投资体制，投资管理体制，投资管理体制存在的问题与改革
第二节　工程建设管理体制	能阐述工程项目管理体制	项目法人责任制；招投标制度；工程监理制；合同管理制
第三节　项目融资	正确选用项目融资方式；参与项目融资具体工作	项目融资，项目融资决策分析、结构分析、谈判、执行等，项目融资 BOT 方式，ABS、TOT、PFI 融资方式
第四节　项目资本金的筹措	能阐述项目筹资的方法和项目资本金的筹措渠道	项目资本金，项目资本金制度的实施范围，项目资本金来源，国家财政预算内投资、自筹投资、发行股票、利用外资直接投资等；银行贷款、发行债券、设备租赁和借入国外资金等筹资渠道
第五节　资金成本与资金结构	能进行资金成本的计算与筹资决策	资金成本，资金成本的性质、作用，资金成本计算、加权平均资金成本分析

【学习重点】

投资管理体制基本概念；项目融资的概念和特点、项目融资的阶段与步骤；项目融资；资金成本的概念；资金成本的计算和筹资决策分析。

第一节　投资管理体制

一、固定资产与固定资产投资体制

1. 固定资产投资概述

所谓投资是指投资主体为了达到预期收益的价值垫付行为。

投资运动过程本质上是价值运动过程。投资运动过程就是在投资的循环周期中价值的运动过程。生产经营性投资运动过程包括资金筹集、分配、运用（实施）和回收增值四个阶段，如图 3-1 所示。

①资金筹集。投资资金筹集就是把投资资金从形成方和暂时不用者手中吸收过来，聚集起来以供投资者使用的过程。

②投资分配。投资分配阶段决定投资结构,我国现阶段的投资分配机制,既靠一定的行政手段,又靠严格的经济、法律手段。随着我国经济体制改革的不断深化,企业投资建设项目,仅需要向政府提交项目申请报告,不再经过批准项目建议书、可行性研究报告和开工报告的程序,市场调节将成为投资分配的主要手段。

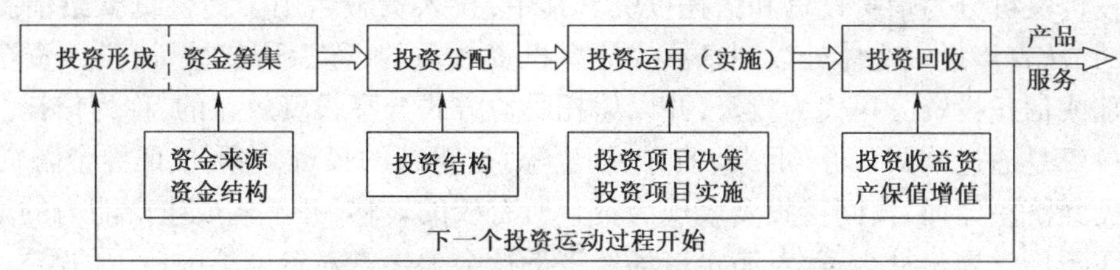

图 3-1　投资运动过程

③投资运用与实施。投资运用与实施是指投入资金转化为物质要素而形成资产的过程,是投资运动的最重要阶段。投资运用阶段又可分为投资项目决策和投资项目实施两个阶段。

一般程序是:先确定项目法人,后上项目;先项目决策,后项目实施。投资项目决策阶段主要包括项目建议书、可行性研究报告、项目评估和方案选择等。投资项目实施主要包括工程设计、工程施工、竣工验收、交付使用等。

④投资回收。投资回收是指投入资金转化为具有既定功能的资产或产品,供应市场实现价值增值,从而回收投资的过程。这是投资运动过程的最后阶段,也是下一个投资运动过程的开始阶段。

1)投资的分类

(1)按投资再生产过程中的周转方式划分,可分为固定资产投资和流动资产投资。

①固定资产投资是对社会再生产过程中能够长期为生产服务的物质资料投入资金的行为。

②用于流动资产的投资称为流动资产投资。流动资产是指在企业生产经营过程中经常改变其存在状态,在一定营业周期内变现或耗用的资产,如原材料、在产品、产成品及各种现金、存款、存货、应收及预付账款等。

由于固定资产投资额度大、周期长、管理复杂,在整个投资总额中占主导地位,因此,通常所说的"投资"主要是指固定资产投资。

(2)按照资产的领域划分,可分为生产经营性投资和非生产经营性投资。

①生产经营性投资是指直接用于物质生产或直接为物质生产服务的投资。如工业建设、农、林、水利、铁路、公路、船舶、汽车、邮电等的投资。

②非生产经营性投资是指用于满足人民物质文化生活需要的建设投资。如住宅、学校、医院以及其他生活福利设施等。非生产经营性投资既不循环周转,也不能增值,即并不完全符合图 3-1 所示的投资运动过程。这种投资项目的资金来源主要是政府投资,一般不要求有投资回报,因此并不完全具备投资的本质特征。在我国,非生产经营性的投资项目,大多是与国计民生息息相关的消费性或社会基础设施、国防设施等,这些都是建设社会主义物质文明和精神文明所不可缺少的。

(3)按投资方式划分,可分为直接投资和间接投资。

①直接投资是指投资主体将资金或资源投入到生产经营领域的投资活动。其形式有投资者直接开厂设店的独资经营,与其他投资者联合投资、合作经营等。直接投资扩大了社会生产

能力，使实物资产存量增加，能为最终产品生产和提供劳务创造物质基础，是经济增长的重要条件。

②间接投资是指投资主体将资金通过向直接投资者或金融中介出让的方式而间接地投入到生产经营领域的投资活动。间接投资可分为信用投资和证券投资。

信用投资又可分为信贷投资和信托投资。其中，投入资金运用于提供贷款给借款者进行直接投资，并从直接投资主体处以利息形式分享投资效益的，称为信贷投资；投入资金委托银行的信托部或信托投资公司代为投资，并以信托受益方式分享投资效益的，称为信托投资。

证券投资是通过购买证券（股票、债券、基金等）所进行的投资，它形成证券金融资产。

就国民经济整体而言，间接投资表现为资金所有权的转移，并不构成生产能力的增加。其基本效用在于广泛聚集社会资金，满足市场经济下社会大生产对资金集中使用的需求，促进经济建设发展。

(4)按投资主体划分，可分为政府投资、企业（公司）投资、国家授权投资主体投资和个人投资。

①政府投资主要用于关系国家安全和市场不能有效配置资源的经济和社会领域，包括加强公益性和公共基础设施建设，保护和改善生态环境，促进欠发达地区的经济和社会发展，推进科技进步和高新技术产业化。政府依靠各种财政手段筹集了大量的资金，因而具有雄厚的筹集投资要素，从而偿还投资债务和承担投资风险的能力。

政府投资的最终目标是服务于社会的整体利益，政府投资的目标具有两重性：一是公益目标，政府所代表的整体利益，主要表现在维护国家主权、保持社会稳定、提高全民族文化素质和保持生态环境、加强基础设施建设等方面。政府投资不是一种单纯的经济行为，非经营性投资是其主要投资领域。二是经济目标，社会上有些投资领域，如需要国家扶持的支柱产业、高新技术产业等重点产业及重点建设，以及具有经营性的公共基础设施建设，具有明显的经济效益，但因投资规模大、资金需要量多、投资周期长等原因，企业和个人等投资主体无力涉足或不愿投资。而这些投资又是推动社会经济发展所必不可少的。因此，那些能直接使全国或地区受益，但企业和个人无力或不愿承担的建设项目，应由政府投资主体承担。

②企业（公司）投资是整个社会投资的基础。企业（公司）从其局部利益和经营目标出发，利用自己创造的税后利润、银行贷款、折旧转化的货币资金，以及通过其他合法方式筹集的资金，对有盈利性项目进行投资，其主要动机在于追求收益的最大化。因此，那些盈利高、见效快的经营性投资项目最适合由企业（公司）投资主体来投资。

③国家授权投资主体是我国国有企业改革中出现的一类特殊投资主体。在建立社会主义市场经济体系过程中，为了保障国有资产保值增值，客观上要求政府对国有企业的管理由传统的计划经济下的行政管理向基于以产权为纽带的所有权管理转变，尽快落实能真正代表所有者的、与法人财产权相对应的出资人所有权主体，即国家授权投资机构。国家授权投资机构是介于政府和众多国有经营性企业之间的经济实体性的国有资产产权运营机构。

国家授权投资机构属于企业形式，它拥有投资主体地位，具有投资主体的一般特性，但它与一般企业投资主体相比，又有其特有的性质。第一，它是政府和众多国家投资企业之间的产权中介，有权代表国家进行投资，有权对企业中国有资产行使出资者管理职能。但它不是企业之上的企业，不直接干预下属企业的生产经营活动。它与被投资企业都具有独立的法人身份，两者的法律地位平等。第二，它是国有全资公司，其资本百分百来自政府出资，不能有政府之外的其他出资人。第三，国家授权投资机构以国有产权为主要运营对象，一般不直接生产产品或提供劳务，基本属于资产管理型公司。第四，国家授权投资机构是一类特殊的公司法人。

④个人投资是指个人或家庭利用生活消费后剩余的收入及部分贷款和某些权利（如专利权、发明权）直接进行的投资，如从事固定资产购置等直接投资、购买有价证券等间接投资。个人投资主体以追求收益最大化为目标，常选择耗资少、风险小、投资周期短、灵活性效强的项目作为投资对象。

(5)按投资来源划分，可分为国内投资和国外投资。

上述投资分类汇总如图3-2所示。

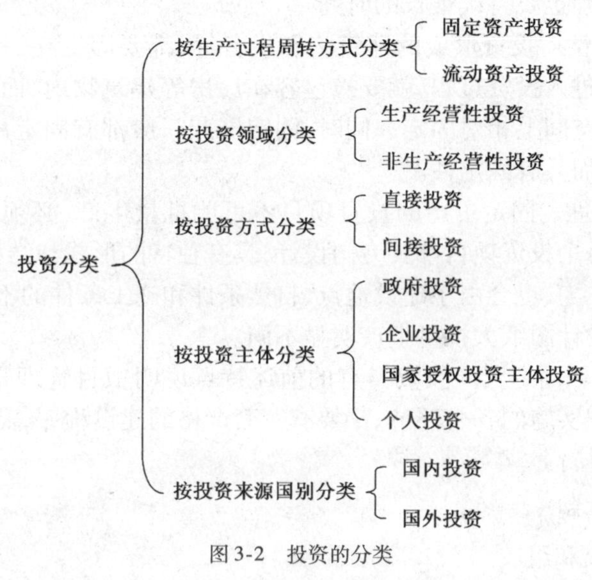

图3-2　投资的分类

2)固定资产投资

固定资产是指在社会再生产过程中可供长时间反复使用，并在其使用过程中基本上不改变实物形态的劳动资料和其他物质资料，如房屋、建筑物、机器设备、运输工具等。我国会计制度规定："固定资产是指使用期限超过一年，单位价值在规定标准以上，并且在使用过程中保持原有物质形态的资产，包括房屋及建筑物、机器设备、运输设备、工具器具等。不属于生产经营主要设备的物品，单位价值在2 000元以上，并且使用期限超过两年的，也应作为固定资产。"

固定资产的再生产，包括简单再生产和扩大再生产。

固定资产的简单再生产　是指固定资产在原有规模上的再生产，主要是通过更新改造恢复生产力的过程，如公路的大中修以及小修保养，对建筑物和机械设备等固定资产进行修补或更换在长期使用过程中已损坏或磨损了的部件、零配件，从而恢复固定资产原有的技术性能和生产效率。

固定资产规模的扩大再生产　是通过项目建设使新增的固定资产比消耗掉的固定资产数量大，是扩大生产力的过程。

基本建设投资是固定资产投资的一个组成部分。我国从1982年起使用了固定资产投资这一概念，将基本建设和更新改造两类投资都纳入固定资产投资范围内。基本建设投资主要是指对新建、扩建工程的投资，是对固定资产扩大再生产的投资。

3)固定资产投资的特点

固定资产投资作为经济社会活动的重要内容，是国民经济的重要组成部分，具有与一般生产、流通领域诸多不同的特点。全面了解并深刻认识这些特点,对于研究和掌握固定资产投资规律具有重要意义。固定资产投资的主要特点如下:

(1)一次性投入资金数额大。现代化的建筑物和机器设备,均为大型、复杂化的,需在较短时间内一次性投入大量的资金,以形成生产能力或使用效果。

(2)建设和回收期长。建设投资从资金垫支到回收投资一般要经过建设期和生产期两个阶段。建设工程项目比工业品的生产过程长,一般建设期短则一、二年,长则几年、十几年,大量资金要占用在在建工程上。投资项目竣工投产后,随着产成品的不断销售和利润的实现,逐渐地收回投资,回收过程也要持续很长的时间。

(3)产品具有固定性。投资形成的建筑物和设备等,都要固定在一定位置。设备虽然具有相对的流动性,但一进入投资过程,就要被包容在厂房等建筑物内,而各种建筑物又是与土地联成一体的,因而在空间上相对固定。同时,固定资产一般都有固定用途、固定的使用对象和固定工艺技术等,因而具有固定性。

(4)产品具有单件性。固定资产的投资项目不可能批量生产,必须按照需要和所在地的实际情况单独建设。每个投资项目都要专门设计,具有独特的形式与结构;即使是按照标准设计相同形式的厂房或住宅,也会由于建设地点、自然条件和施工条件的不同而有所差异。这与一般工业产品按同一设计图纸大批量生产明显不同。

(5)项目管理复杂。固定资产投资具有的前述特点说明项目管理是十分重要和复杂的,从选择投资项目到组织实施的各个环节,都要有一套严格的建设程序,需要若干经济技术单位按照严格的规范协调进行。

2. 固定资产投资体制

1)投资体制的定义和组成

投资体制是指组织、领导和管理社会投资活动的基本制度和主要方式、方法。它是经济体制的重要内容,主要包括:投资主体如何确立,投资决策制度如何选择,投资利益关系如何处理,投资管理权限和职责如何划分,投资调控方式如何采用以及投资管理机构如何设置等。

从不同的角度来考察投资体制,有不同的组成。

从系统论的角度来看,投资体制主要由投资决策系统、投资调控系统、投资动力系统、投资信息系统四大子系统组成,投资体制是四者的统一体。

从管理组织情况看,投资体制主要由三个要素组成:投资主体的决策层次与结构、投资运行机制、投资领域内各经济实体之间的关系。

投资决策主体的确定是投资体制的首要问题,投资决策主体是指投资活动中具有独立决策权的法人,它是筹集与运用投资资金的责、权、利紧密结合的统一体,是投资体制的核心要素,它表明投资体制的真正属性。

投资运行机制主要指投资主体筹集和具体运用投资资金的方式和方法,投资主体的层次和结构决定投资运行机制,投资主体单一必然导致投资方式和方法的单一;同样,投资主体多元化,必然会导致筹资渠道和投资运用方式的多样化。

投资活动涉及诸多经济实体,不仅有投资方(为主)、承包人、勘察设计单位,还有中介咨询机构等,这些经济实体之间的关系,对于投资的正确运用和投资效益的提高具有重要意义,因此也构成投资体制的主要组成因素。

从管理职能来看,投资体制的组成主要包括投资计划管理体制、投资资金管理体制和投资经营管理体制。

从管理对象来看,投资体制的组成主要包括投资项目管理体制、设计体制、施工管理体制等。

2)投资体制的模式

根据投资决策的集权程度不同,可以把投资体制划分为以下三种典型模式。

(1)高度集权型投资体制模式。这种模式的特点是将企业投资全部纳入国家统一计划,投资领域各单位和经济实体之间的联系非商品化。国家不仅决定关系国民经济结构和新建项目的决策,而且决定原有企业本身是否扩建和改建及其规模,甚至包揽企业固定资产更新基金的使用;企业没有固定资产扩大再生产的自主投资决策权。预算拨款是投资资金的主要来源,计划亏损以及低利企业由国家财政予以补助。

集权投资模式不要求市场发育,它排斥市场体制,随着我国社会主义市场经济体制的逐步发展和完善,集权投资模式已逐渐地退出了历史舞台。

(2)分散型投资体制模式。这是一种投资决策权完全分散化的投资模式,国家彻底放弃一切投资决策权,把它交给为数众多的企业。企业的投资经济活动不仅决定自身的生存和发展,而且关系到国民经济的全局和发展方向。这种模式模仿了西方发达的市场经济国家的投资体制,它要求市场高度发育,信息与竞争充分,在我国实行市场经济的初期,因不具备上述条件,也不适宜使用。

(3)综合型投资体制模式。这种投资模式的基本特征为:划分国家、地方和企业的投资范围,中央政府负责关系整个国民经济产业结构和社会消费结构的项目投资,地方政府负责关系到地方产业、经济结构的新建项目的决策,企业再生产方面的一切决策权全部由企业自主行使,形成了中央、地方、企业三个层次的投资主体;投资调控主要通过财政、税收、贷款利率和筹资等手段,引导和调节投资的流向。

综合型投资体制模式具有集权型投资模式所没有的优点,同时在一定程度上解决了分散型模式的弊病,是我国目前正在采用的投资体制模式。

二、固定资产投资管理体制改革

投资管理体制是投资体制的一部分,是指国家组织和管理投资的制度、方式和方法的总称,它涉及投资管理权限和职责如何划分,投资调控方式如何采用以及投资管理机构如何设置等问题。投资管理体制作为经济模式的具体表现形式,它必须与一定时期的国民经济管理体制相适应。因此,在不同的社会经济制度和宏观经济模式下,对投资管理体制的设置要求是不一样的。因此可知,投资管理体制不是一成不变的,它应随着社会生产力发展的需要和经济模式的转换适时地进行调整。

1. 我国投资管理体制的现状

新中国成立以来,我国的投资管理体制经历了与经济管理体制发展变化相适应的过程。党的十一届三中全会以前,与集中计划经济模式相适应,我国投资管理体制的主要模式是集权投资管理模式。改革开放30几年来,我国投资管理体制从宏观管理到微观运行的各个方面,从投资决策、项目管理到建设实施的各个阶段都实施了一系列改革。先后采取了以下措施:财政"拨改贷";下放项目决策管理权限;简化项目审批手续;建立项目评估审议制度,促使投资决策科学化、民主化;建立经济杠杆调控体系,在投资建设领域引入招投标制度等市场竞争机制;设立基本建议基金,成立国家专业投资公司和开征投资方向调节税等。这些措施在投资领域形成了以投资主体多元化、投资资金来源多渠道化,项目决策层次化、投资驱动利益化、投资方式多样化、投资方法科学化和在建设市场引入市场竞争机制为特征的新局面。

2. 我国投资管理体制存在的问题

尽管投资管理体制发生了巨大变化，投资管理取得了可喜的进步。但是，对照建立社会主义市场经济体制的基本要求，真正实现市场在国家宏观调控下对资源配置起基础性作用，现行的投资管理体制仍有一些不尽如人意的缺憾和弊端，尤其是一些深层次矛盾还没有得到根本解决。其主要表现在以下几个方面：

(1)投资风险约束机制尚未建立。从投资决策到建设实施全过程，严格的责任约束和法律约束办法没有真正建立起来，国有企业投资的"大锅饭"体制还没有彻底打破，国有企业内在的自我约束、自担风险、自求发展、面向市场的运行机制还没有真正建立起来。

(2)从投资主体来看，真正意义上的多元化投资主体已开始形成，但实质上企业仍未完全脱离政府部门的附属地位，尤其是国有企业仍然缺乏自我积累能力，没有摆脱行政隶属关系的制约，没有成为实际上的独立投资主体，缺乏活力，缺乏独立自主参与市场竞争的能力。

(3)从投资资金渠道来看，多渠道来源的资金格局正在形成，但在多渠道资金的使用上仍不同程度地受到政府的直接干预或控制。投资的间接和直接融资管理不力，专业银行的政策性贷款和商业性贷款比较混乱，弱化了银行的责任，扰乱了金融秩序。

(4)从投资管理来看，投资的宏观管理政出多门，政令不统一，行政手段过多，经济、法律手段乏力，新的符合社会主义市场经济体制的宏观调控体系尚未真正形成。

(5)从投资决策来看，宏观投资决策中计划手段过多，项目决策基本上还是中央与地方、部门与部门之间行政性分权，审批程序和方法有所简化，但并没有根本改变行政性的项目审批制度。

(6)从投资运行来看，由于条块分割的行政隶属体制没有彻底改变，长期资金市场尚未形成，资金市场发育十分缓慢，投资的流动性仍然很差，特别是跨地区、跨行业的投资流动十分艰难，资源仍然主要靠行政配置、计划分配，市场的作用受到限制，市场经济的资源配置的基础性作用还未充分发挥。

(7)价格体系不合理、不健全，基础设施和基础工业产品价格偏低，影响了企业和地方投资的积极性。

(8)投资法制法律不健全、不配套，缺乏规范化的市场运行机制和必要的社会法制环境，尤其缺乏面向市场经济的建设市场。

由于上述问题的存在，对我国的投资活动产生了一系列不良影响：投资总规模膨胀，总量调控困难；投资结构不合理；重复建设、盲目建设严重；投资效益低下，资金回收缓慢。这些问题和不良影响，从反面要求我国投资管理体制必须深化改革，解决投资管理体制内在的、根本性的弊端，实现投资管理体制改革的突破性进展。

3. 投资管理体制改革

改革开放以来，国家对原有的投资管理体制进行了一系列改革，打破了传统计划经济体制下高度集中投资管理模式，初步形成了投资主体多元化、资金来源多渠道、投资方式多样化、项目建设市场化的新格局。但是，现行的投资管理体制还存在不少问题，特别是企业的投资决策权没有完全落实，市场配置资源的基础性作用尚未得到充分发挥，政府投资决策的科学化、民主化水平需要进一步提高，投资宏观调控和监管的有效性需要增强。为此，国务院决定进一步深化投资管理体制改革。

1)深化投资管理体制改革的指导思想和目标

(1)深化投资管理体制改革的指导思想是:按照完善社会主义市场经济体制的要求,在国家宏观调控下,充分发挥市场配置资源的基础性作用,确立企业在投资活动中的主体地位,规范政府投资行为,保护投资者的合法权益,营造有利于各类投资主体公平、有序竞争的市场环境,促进生产要素的合理流动和有效配置,优化投资结构,提高投资效益,推动经济协调发展和社会全面进步。

(2)深化投资管理体制改革的目标是:改革政府对企业投资的管理制度,按照"谁投资、谁决策、谁收益、谁承担风险"的原则,落实企业投资自主权;合理界定政府投资职能,提高投资决策的科学化、民主化水平,建立投资决策责任追究制度;进一步拓宽项目融资渠道,发展多种融资方式;培育规范的投资中介服务组织,加强行业自律,促进公平竞争;健全投资宏观调控体系,改进调控方式,完善调控手段;加快投资领域的立法进程;加强投资监管,维护规范的投资和建设市场秩序。通过深化改革和扩大开放,最终建立起市场引导投资、企业自主决策、银行独立审贷、融资方式多样、中介服务规范、宏观调控有效的新型投资管理体制。

2)深化投资管理体制改革的内容

(1)转变政府管理职能,确立企业的投资主体地位。

①改革项目审批制度,落实企业投资自主权。彻底改革现行不分投资主体、不分资金来源、不分项目性质,一律按投资规模大小分别由各级政府及有关部门审批企业投资的管理办法。对于企业不使用政府投资建设的项目,一律不再实行审批制,区别不同情况实行核准和备案制。其中,政府仅对重大项目和限制类项目从维护社会公共利益角度进行核准,其他项目无论规模大小,均改为备案制,项目的市场前景、经济效益、资金来源和产品技术方案等均由企业自主决策、自担风险,并依法办理环境保护、土地使用、资源利用、安全生产、城市规划等许可手续和减免税确认手续。对于企业使用政府补助、转贷、贴息投资建设的项目,政府只审批资金申请报告。各地区、各部门要相应改进管理办法,规范管理行为,不得以任何名义截留下放给企业的投资决策权利。

②规范政府核准制。要严格限定实行政府核准制的范围,并根据变化的情况适时调整。《政府核准的投资项目目录》(以下简称《目录》)由国务院投资主管部门会同有关部门研究提出,报国务院批准后实施。未经国务院批准,各地区、各部门不得擅自增减《目录》规定的范围。

企业投资建设实行核准的项目,仅需向政府提交项目申请报告,不再经过批准项目建议书、可行性研究报告和开工报告的程序。政府对企业提交的项目申请报告,主要从维护经济安全、合理开发利用资源、保护生态环境、优化重大布局、保障公共利益、防止出现垄断等方面进行核准。对于外商投资项目,政府还要从市场准入、资本项目管理等方面进行核准。政府有关部门要制订严格、规范的核准制度,明确核准的范围、内容、申报程序和办理时限,并向社会公布,提高办事效率,增强透明度。

③健全备案制。对于《目录》以外的企业投资项目,实行备案制,除国家另有规定外,由企业按照属地原则向地方政府投资主管部门备案。备案制的具体实施办法由省级人民政府自行制订。国务院投资主管部门要对备案工作加强指导和监督,防止以备案的名义变相审批。

④扩大大型企业集团的投资决策权。基本建立现代企业制度的特大型企业集团,投资建设《目录》内的项目,可以按项目单独申报核准,也可编制中长期发展建设规划,规划经国务院或国务院投资主管部门批准后,规划中属于《目录》内的项目不再另行申报核准,只需办理备

案手续。企业集团要及时向国务院有关部门报告规划执行情况和项目建设情况。

⑤鼓励社会投资。放宽社会资本的投资领域,允许社会资本进入法律法规未禁入的基础设施、公用事业及其他行业和领域。逐步理顺公共产品价格,通过注入资本金、贷款贴息、税收优惠等措施,鼓励和引导社会资本以独资、合资、合作、联营、项目融资等方式,参与经营性的公益事业、基础设施项目建设。对于涉及国家垄断资源开发利用、需要统一规划布局的项目,政府在确定建设规划后,可向社会公开招标选定项目业主。

⑥进一步拓宽企业投资项目的融资渠道。允许各类企业以股权融资方式筹集投资资金,逐步建立起多种募集方式相互补充的多层次资本市场。经国务院投资主管部门和证券监管机构批准,选择一些收益稳定的基础设施项目进行试点,通过公开发行股票、可转换债券等方式筹集建设资金。在严格防范风险的前提下,改革企业债券发行管理制度,扩大企业债券发行规模,增加企业债券品种。按照市场化原则改进和完善银行的固定资产贷款审批和相应的风险管理制度,运用银团贷款、融资租赁、项目融资、财务顾问等多种业务方式,支持项目建设。允许各种所有制企业按照有关规定申请使用国外贷款。制定相关法规,组织建立中小企业融资和信用担保体系,鼓励银行和各类合格担保机构对项目融资的担保方式进行研究创新,采取多种形式增强担保机构的资本实力,推动设立中小企业投资公司,建立和完善创业投资机制。规范发展各类投资基金,鼓励和促进保险资金间接投资基础设施和重点建设工程项目。

⑦规范企业投资行为。各类企业都应严格遵守国土资源、环境保护、安全生产、城市规划等法律法规,严格执行产业政策和行业准入标准,不得投资建设国家禁止发展的项目;应诚信守法,维护公共利益,确保工程质量,提高投资效益。国有和国有控股企业,应按照国有资产管理体制改革和现代企业制度的要求,建立和完善国有资产出资人制度、投资风险约束机制、科学民主的投资决策制度和重大投资责任追究制度。严格执行投资项目的法人责任制、资本金制、招标投标制、工程监理制和合同管理制。

(2)完善政府投资体制,规范政府投资行为。

①合理界定政府投资范围。政府投资主要用于关系国家安全和市场不能有效配置资源的经济和社会领域,包括加强公益性和公共基础设施建设,保护和改善生态环境,促进欠发达地区的经济和社会发展,推进科技进步和高新技术产业化。中央政府投资除本级政权等建设外,主要安排跨地区、跨流域以及对经济和社会发展全局有重大影响的项目。

②健全政府投资项目决策机制。进一步完善和坚持科学的决策规则和程序,提高政府投资项目决策的科学化、民主化水平;政府投资项目一般都要经过符合资质要求的咨询中介机构的评估论证;特别重大的项目还应实行专家评议制度;逐步实行政府投资项目公示制度,广泛听取各方面的意见和建议。

③规范政府投资资金管理。编制政府投资的中长期规划和年度计划,统筹安排、合理使用各类政府投资资金,包括预算内投资、各类专项建设基金、统借国外贷款等。政府投资资金按项目安排,根据资金来源、项目性质和调控需要,可分别采取直接投资、资本金注入、投资补助、转贷和贷款贴息等方式。要针对不同的资金类型和资金运用方式,确定相应的管理办法,逐步实现政府投资的决策程序和资金管理的科学化、制度化和规范化。

④简化和规范政府投资项目审批程序,合理划分审批权限。按照项目性质、资金来源和事权划分,合理确定中央政府与地方政府之间、国务院投资主管部门与有关部门之间的项目审批权限。对于政府投资项目,采用直接投资和资本金注入方式的,从投资决策角度只审批项目建议书和可行性研究报告,不再审批开工报告;采用投资补助、转贷和贷款贴息方式的,只审批资

金申请报告。

⑤加强政府投资项目管理,改进建设实施方式。规范政府投资项目的建设标准,并根据情况变化及时修订完善。对非经营性政府项目加快推行“代建制”,即通过招标等方式,选择专业化的项目单位负责建设实施,严格控制项目投资、质量和工期,竣工验收后移交给使用单位。增强投资风险意识,建立完善政府投资项目的风险管理机制。

⑥引入市场机制,充分发挥政府投资的效益。各级政府要创造条件,利用特许经营、投资补助等多种方式,吸引社会资本参与有合理回报和一定投资回收能力的公益事业和公共基础设施项目建设。对于具有垄断性的项目,试行特许经营,通过业主招标制度,开展公平竞争,保护公众利益。已经建成的政府投资项目,具备条件的经过批准可以依法转让产权或经营权,以回收的资金滚动投资于社会公益等各类基础设施建设。

(3)加强和改善投资的宏观调控。

①完善投资宏观调控体系。国家发展和改革委员会要在国务院领导下,会同有关部门,按照职责分工,调控全社会的资金活动,保持合理投资规模,优化投资结构,提高投资效益,促进国民经济持续、快速、协调、健康发展和社会全面进步。

②改进投资宏观调控方式。综合运用经济的、法律的和必要的行政手段,对全社会投资进行以间接调控方式为主的有效调控。建立投资信息发布制度,及时发布政府对投资的调控目标、主要调控政策、重点行业投资状况和发展趋势等信息,引导全社会进行投资活动。建立科学的行业准入制度,规范重点行业的环保标准、安全标准、能耗水耗标准和产品技术、质量标准,防止低水平重复建设。

③协调投资宏观调控手段。根据国民经济和社会发展要求以及宏观调控的需要,合理确定政府投资规模,保持国家对全社会投资的积极引导和有效控制。灵活运用投资补助、贴息、价格、利率、税收等多种手段,引导社会投资,优化投资的产业结构和地区结构。适时制订和调整信贷政策,引导中长期贷款的总量和投向。严格和规范土地使用制度,充分发挥土地供应对社会投资的调控和引导作用。

④加强和改进投资信息统计工作。改革和完善投资统计制度,进一步及时、准确、全面地反映全社会固定资产存量和投资运行态势,并建立各类信息共享机制,为投资的宏观调控提供科学依据。建立投资风险预警和防范体系,加强对宏观经济和投资运行的监测分析。

(4)加强和改进投资的监督管理。

①建立和完善政府投资监管体系。建立政府投资责任追究制度,工程咨询、投资项目决策、设计、施工、监理部门和单位,都应有相应的责任约束。对不遵守法律法规,给国家造成重大损失的,要依法追究有关责任人的行政和法律责任。完善政府投资制衡机制,投资主管部门、财政主管部门以及有关部门,要依据职能分工,对政府投资的管理进行相互监督。审计机关要依法全面履行职责,进一步加强对政府投资项目的审计监督,提高政府投资管理水平和投资效益。完善重大项目稽查制度,建立政府投资项目后评价制度,对政府投资项目进行全过程监管。建立政府投资项目的社会监督机制,鼓励公众和新闻媒体对政府投资项目进行监督。

②建立健全协同配合的企业投资监管体系。国土资源、环境保护、城市规划、质量监督、银行监管、外汇管理、工商管理、安全生产监管部门,要依法加强对企业投资活动的监管,凡不符合法律法规和国家政策规定的,不得办理相关许可手续。在建设过程中,不遵守有关法律法规的,有关部门要责令其及时改正,并依法严肃处理。建立企业投资诚信制度,对于在项目申报和建设过程中,提供虚假信息、违反法律规范的,要予以惩处,并公开披露,在一定时间内限制

其投资建设活动。

③加强对投资中介服务机构的监督。各类投资中介服务机构均须与政府部门脱钩,坚持诚信原则,加强自我约束,为投资者提供高素质、多样化的中介服务。鼓励各种投资中介服务机构采取合伙制、股份制等多种形式改组改造。健全和完善投资中介服务机构的行业协会,确立法律法规、政府监督、行业自律的行业管理体制。打破地区封锁和行业垄断,建立公开、公平、公正的投资中介服务市场,强化投资中介服务机构的法律责任。

④完善法律法规,依法监督管理。建立、健全与投资有关的法律法规,依法保护投资者的合法权益;维护投资主体公平、有序竞争,维护投资要素合理流动、市场发挥配置资源的基础性作用的市场环境;规范各类投资主体的投资行为和政府的投资管理活动。认真贯彻实施有关法律法规,严格财经纪律,堵塞管理漏洞,降低建设成本,提高投资效益。加强执法检查,培育和维护规范的建设市场秩序。

(5)宏观、中观、微观投资管理相结合,建立、健全多层次的投资管理体制。

①宏观投资管理是整个国民经济的投资管理,其管理主体是国家。国家除对整个国民经济的投资进行统筹规划外,主要从事有关国计民生的大型项目、面向全国跨地区和非盈利项目的投资。

宏观投资管理的主要任务是:根据国民经济发展的需要,做好宏观投资资金的筹措工作;做好计划工作,提高宏观投资经济效益;根据国民经济有计划、按比例发展的经济规律的要求,合理地确定投资的规模和方向。

宏观投资管理的原则是:投资规模必须与国力相适应,固定资产投资增长的幅度不宜超过国民收入的增长幅度;投资结构的确定,必须适应国民经济发展规律的要求,确保国民经济顺利发展;管理活动必须依法进行;建立科学的投资效果考核指标,使投资管理权责结合。

②中观投资管理是指地区和行业的投资管理。加强中观投资管理,弥补宏观管理与微观管理之间的脱节现象。良好的中观投资管理可以避免国家统得过死的弊病,又可以减少企业、集体、个人投资的盲目性。实行地区投资管理和行业投资管理是我国继续推行经济体制改革、完善投资机制的必然要求。

中观投资管理的方法:通过建立和健全经济情报信息系统给决策者以信息指导,对社会需求趋势作出科学的预测,使投资决策者避免出现投资方向上的重大失误;通过各种经济杠杆,参与投资收入的分配,调节投资者实得利益的多寡,以此来引导企业的投资方向。

③微观投资管理是指企业、事业单位、机关团体、个人投资的管理。随着我国投资主体的多元化发展,企事业单位、个人投资的比重日益上升,如果不加强管理,必然造成一哄而上的盲目建设和重复建设。

微观投资管理包含了国家对政府投资项目的管理和投资者对自己投资的管理两个方面。国家对企业和个人的投资通过正确的产业政策,通过各种经济杠杆,把分散的资金引导到符合社会需要的建设项目上来。投资者对自己投资的管理,即工程项目的管理,应做好工程项目的计划、组织和监督工作。

固定资产投资的微观决策也称为工程项目评价,即对建设项目建设的必要性、技术可行性、经济合理性进行全面、系统的分析,作出定量和定性的评价,以便选出最佳投资方案。微观投资决策的方法有两种,即静态分析方法和动态分析方法。

静态分析方法 是指在选择方案时从静止的状态出发,不考虑时间因素对投资效果的影响。静态分析方法具体又可分为:投资回收、追回投资回收期法,循环比较法,折算费用法和决策树法等。

动态分析方法 是指用运动的观点分析、选择最佳投资方案,在分析时考虑时间因素影响的一种决策方法。该方法认为资金具有增值性,即随着再生产过程的不断进行,资金不仅要保存,而且要增加自己的价值。同时,资金的占用、借贷或使用都要付出一定的代价。这是动态分析方法决策的基础,动态分析方法具体又可分为终值法、现值法、净现值比较法、年等值比较法、收益率比较法等。

第二节 工程建设管理体制

按照国家有关规定,在工程建设中应该严格执行项目法人责任制、招投标制、工程监理制和合同管理制等主要制度。这些制度相互关联、互相支持,共同构成了建设工程管理制度体系。

一、项目法人责任制

为建立投资约束机制,规范项目法人的行为,明确其责、权、利,提高建设水平和投资效益,国家计委于1996年发布的《关于实行建设项目法人责任制的暂行规定》规定:国有单位经营性基本建设大中型项目在建设阶段必须设立项目法人。项目法人责任制度,是指按《公司法》的规定,以设立有限责任公司(包括国有独资公司)和股份有限公司的形式,设立项目法人,由项目法人对项目的策划、决策、资金筹措、建设实施、生产经营、债务偿还和资产的保值增值,实行全过程负责的制度。

1. 项目法人的设立

项目建议书被批准后,应由项目的投资方派代表组成项目法人筹备组,具体负责项目法人筹建工作。在申报项目可行性研究报告时,需同时提出项目法人的组建方案,否则,可行性研究报告不被批准。在项目可行性研究报告被批准后,正式设立项目法人,确保项目资本金按时到位,及时办理公司设立登记。重点工程的公司章程报国家计委备案;其他项目的公司章程按隶属关系分别报有关部门和地方计委。

由原有企业负责建设的大中型基建项目,需设立子公司的,要重新设立项目法人;只设立公司或分厂的,原企业法人即是项目法人,原企业法人应向分公司或分厂派遣专职管理人员,并实行专项考核。

2. 项目法人的组织形式和职责

(1)组织形式。国有独资公司设立董事会,由投资方负责组建。国有控股或参股的有限责任公司、股份有限公司设立股东会、董事会、监事会。各类建设项目的董事在建设期间应至少有一名常驻现场管理。董事会应建立例会制度,讨论项目的重大事宜,对资金支出进行严格管理,以决议形式予以确认。

(2)董事会的职权。建设项目的董事会具有的职权包括:负责筹措建设资金;审核、上报项目初步设计和概算文件;审核、上报年度投资计划,落实年度资金;提出项目开工报告;研究解决建设过程中出现的重大问题;负责提出项目竣工验收申请报告;审定偿还债务计划和生产经营方针,并负责按时偿还债务;聘任或解聘项目总经理,并根据总经理的提名聘任或解聘其他高级管理人员。

(3)项目总经理的职权。项目总经理具体行使的职权包括:组织编制项目初步设计文件,对项目工艺流程、设备选型、建设标准、总图布置提出意见,提交董事会审查;组织工程设计、施工监理、施工队伍和设备材料采购的招标工作,编制和确定招标方案、标底和评标标准,评选和确定投标、中标单位,实行国际招标的项目,按现行规定办理;编制并组织实施项目年度投资计划、用款计划、建设进度计划;编制项目财务预、决算;编制并组织实施归还贷款和其他债务计划;组织工程建设实施,负责控制工程投资、工期和质量;在项目建设过程中,在批准的概算范围内对单项工程的设计进行局部调整,凡是引起生产性质、能力、产品品种和标准变化的设计调整以及概算调整,需经董事会决定并报原审批单位批准;根据董事会授权,处理项目实施中的重大紧急事件,并及时向董事会报告;负责生产准备工作和培训有关人员;负责组织项目试生产和单项工程预验收;拟定生产经营计划、企业内部机构设置、劳动定员定额方案及工资福利方案;组织项目后评价,提出项目后评价报告;按时向有关部门报送项目建设、生产信息和统计资料;提请董事会聘任或解聘项目高级管理人员。

3. 考核与奖罚

(1)项目董事会负责对总经理进行定期考核,各投资方负责对董事会成员进行定期考核。

(2)国务院各有关部门、各地计委负责对有关项目进行考核。考核的主要内容包括:国家发布的固定资产投资与建设的法律、法规的执行情况;国家年度投资计划和批准设计文件的执行情况;概算控制、资金使用和工程组织管理情况;建设工期、施工安全和工程质量控制情况;生产能力和国有资产形成及投资效益情况;土地、环境保护和国有资源利用情况;精神文明建设情况;其他需要考核的事项。

(3)建立对董事长、总经理任职和离职的审计制度。

(4)凡应实行项目法人责任制而没有实行的建设项目,投资计划管理部门不准批准开工,也不予安排投资计划。

二、招投标制度

为把市场竞争机制引入投资管理体制改革,党的十四届五中全会不仅明确提出工程建设要全面推行项目法人责任制,而且还明确要求工程建设实行招投标制度。国家计委于 1997 年 8 月印发了大中型项目实行招投标制度的有关规定;1999 年,全国人大又通过了《中华人民共和国招投标法》。2002 年 7 月 15 日起施行的《公路工程施工招标投标管理办法》,要求大中型建设项目的主体工程设计、建筑安装、监理和主要设备、材料、工程总承包以及招标代理机构,必须通过招投标确定。招投标不受地区、部门、行业的限制,任何地区、部门和单位不得进行保护。招投标应遵循公平、公开、公正、择优和诚实守信的原则。招投标必须严格按照程序进行。

三、工程监理制度

所谓工程监理,就是监理执行者依据建设行业法规和技术标准,综合运用法律、经济、行政和技术手段,对工程建设参与者的行为及其责、权、利进行必要的协调与约束,保障工程建设井然有序、顺利地进行,达到工程建设的好、快、省,取得最佳投资效益的目的。

建设监理的基本框架分两个层次、一个体系。两个层次是指政府建设监督和社会建设监理,一个体系是指通过合同管理和信息管理形成建设工程的投资、进度、质量的协调控制体系。

从工作性质、内容及作用来看,目前我国推行的工程监理制度与国外为业主提供的项目管理咨询相似,但又有较大区别。发达国家的项目管理咨询服务,包括设计准备阶段、设计阶段、施工阶段、投产前准备阶段和保修阶段。每个阶段都要进行成本控制、进度控制、质量控制、合同管理、信息管理和组织协调共六个方面的工作。

我国的工程监理，按最初的设想，也包括建设前期的投资决策咨询、设计阶段、招投标阶段和施工阶段。监理的主要内容是控制工程建设的投资、进度(工期)和质量，进行工程建设合同管理，协调有关单位间的关系。但实践中，由于种种原因，目前工程监理主要在施工阶段，而且重在施工质量控制。为此，今后应参照国外工程监理的做法，加大工程监理的力度，拓展工程监理的范围。遵照《建筑法》，将政府投资的工程建设项目列为强制监理的工程范围。另外，还应加强监理工程师培训、注册、执业管理，提高监理队伍的素质和监理水平。

四、合同管理制度

合同是约束和规范合同双方行为的重要依据和手段。从1991年起，建设部和国家工商局相继联合颁发了《建设工程勘察合同示范文本》、《建设工程施工合同示范文本》、《工程建设监理合同示范文本》、《建筑装饰施工合同示范文本》，但现行的合同文本均为推荐使用文本。目前，我国正组织力量参照FIDIC合同条件，对《建设工程施工合同示范文本》进行修订，充分论证后，将该文本在部分政府工程中推行使用。

此外，还应参照FIDIC合同条件，针对不同的工程规模、性质、承发包方式等，指定不同的合同通用条款和专用条款。形成标准合同文本系列，供在不同的政府工程中强制推行使用。另外，我国《合同法》已获人大通过并于1999年10月1日起施行，这必将推进我国建设工程合同管理更加规范地向前发展。

第三节　项 目 融 资

一、项目融资的概念和特点

1.项目融资的概念

融资，即为项目投资而进行的资金筹措行为。项目融资通常有广义与狭义两种理解。狭义地讲，项目融资就是通过项目来融资，也可以说是以项目的资产、收益作抵押来融资。具体来讲，项目融资就是在向一个经济实体提供贷款时，贷款方首先查看该经济实体的现金流量和收益，将其视为偿还债务的资金来源，并将该经济实体的资产视为这笔贷款的担保物，若对这两点感到满意，则贷款方同意贷款。而从广义上理解，一切为了建设一个新项目，收购一个现有项目或对已有项目进行债务重组所进行的融资活动都可以被称为项目融资。这时的项目融资既包括上述狭义理解意义上的项目融资，也包括传统的项目筹资。

下面举例来说明狭义的项目融资与传统贷款的区别。

[**例3-1**]　假设某集团公司已经拥有A、B两个生产企业。为了增建生产企业C，拟从金融市场上筹集资金，那么可采取两种方式：

第一种，借来的款项用于建设新的生产企业C，而归还贷款的款项来源于整个集团公司的收益，如果C建设失败，该集团公司将原来A、B两个生产企业的收益作为偿债的担保。这时，贷款方对该集团公司有完全追索权。

第二种，借来的款项用于建设新的生产企业C，用于偿债的资金仅限于C建成后生产经营所获得的收益。如果C建设失败，贷款方只能从清理生产企业C的资产中收回一部分贷款，除此之外,不能要求该集团公司从别的资金来源归还贷款,这时,贷款方对该集团公司无追索权;或者在签订贷款协议时,只要求该集团公司把特定的一部分资产作为贷款担保,这时,贷款方对该集团公司有有限追索权。

上述的第一种方式就是传统的贷款方式,而第二种就是项目融资。因此项目融资有时还称无担保或者有限担保贷款,也就是说,项目融资是将归还贷款资金来源限定在特定项目的收益和资产范围之内的融资方式。项目融资与传统贷款的区别如图 3-3 所示。

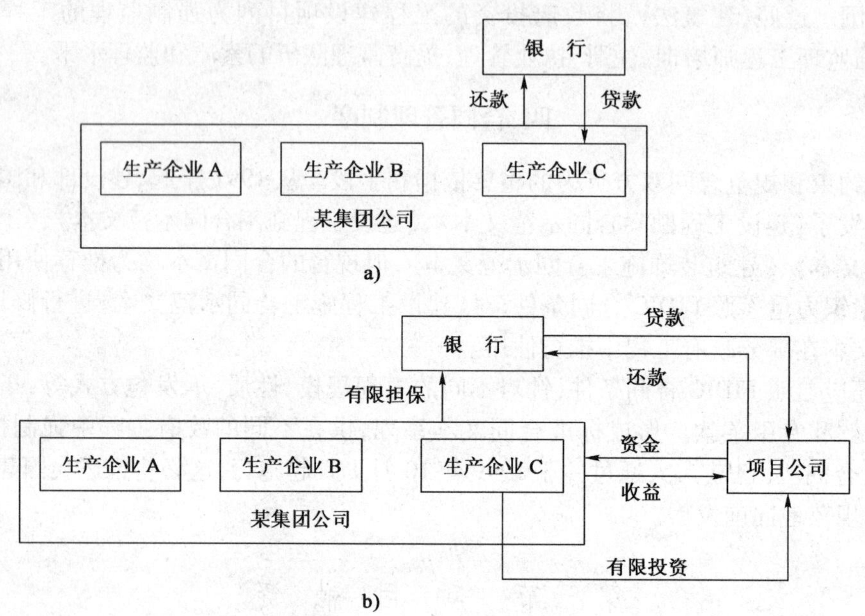

图 3-3　项目融资与传统贷款的区别

a)传统贷款;b)项目融资

2. 项目融资的特点

从项目融资与传统贷款方式的比较中,可以看出项目融资具有以下一些基本特点。

1)项目导向特点

资金来源主要是依赖于项目的现金流量和资产,而不是依赖于项目的投资者或发起人的资信来安排融资。这样,有些投资者很难借到的资金可利用项目来实现,有些投资者很难得到的担保条件可通过组织项目融资来实现。进一步,由于项目导向,项目融资的贷款期限可以根据项目的具体需要和项目的经济生命来安排设计,可以做到比一般商业贷款期限长。近几年的实例表明,这样的项目贷款期限可以长达 20 年之久。

2)有限追索的特点

追索是指在借款人未按期偿还债务时,贷款人要求借款人用除抵押资产之外的其他资产偿还债务的权力。在某种意义上,贷款人对项目借款人的追索形式和程度是区分融资是属于项目融资还是属于传统形式融资的重要标志。作为有限追索的项目融资,贷款人可以在贷款的某个特定阶段对项目借款人实行追索,或在一个规定的范围内对项目借款人实行追索;除此之外,无论项目出现任何问题,贷款人均不能追索到项目借款人除该项目资产、现金流量以及所承担的义务之外的任何形式的资产。有限追索项目融资的特例是无追索项目融资。

3)风险分担的特点

为实现项目融资的有限追索,对于与项目有关的各种风险要素,需要以某种形式在项目投资者(借款人)、与项目开发有直接或间接利益关系的其他参与者和贷款人之间进行分担。一个成功的项目融资结构,应该是在项目中没有任何一方单独承担起全部项目债务的风险责任,这一点构成了项目融资的第三个特点。项目主办人通过融资,将原来应由自己承担的还债义务,部分地转移到该项目身上,也就是将原来由借款人承担的风险部分地转移给贷款人,由借贷双方共担项目风险。

4)非公司负债型融资的特点

根据项目融资风险分担的原则,贷款人对于项目的债务追索权主要被限制在项目公司的资产和现金流量中,借款人所承担的是有限责任,因而有条件使融资被安排成为一种不需要进入借款人资产负债表的贷款形式。通过对投资结构和融资结构的设计,可以帮助借款人将贷款安排成为非公司负债型融资。

5)信用结构多样化的特点

在项目融资中,用于支持贷款的信用结构的安排是灵活和多样化的。

6)融资成本较高的特点

项目融资涉及面广,结构复杂,需要做好大量有关风险分担、税收结构、资产抵押等一系列技术性的工作,筹资文件比一般公司融资往往要多出几倍,需要几十个甚至上百个法律文件才能解决问题。因此,与传统的融资方式比较,项目融资存在的一个主要问题,是相对筹资成本较高,组织融资所需要的时间较长。

二、项目融资的阶段与步骤

从项目的投资决策算起,到选择采用项目融资的方式为项目的投资筹集资金,一直到最后完成该项目融资,大致上可以分为五个阶段:投资决策分析、融资决策分析、融资结构分析、融资谈判和项目融资的执行,如图3-4所示。

1.投资决策分析

从严格意义上讲,投资决策分析阶段也可以不属于项目融资所包括的范围。对于任何一个投资项目,都需要经过相当周密的投资决策分析。然而一旦作出投资决策,接下来的一个重要工作,即确定项目的投资结构,则是与将要选择的融资结构和资金来源有着密切的关系。同时在很多情况下,项目投资决策也是与项目能否融资以及如何融资紧密联系在一起的。

投资者在决定项目投资结构时需要考虑的因素很多,主要包括项目的产权形式、产品分配方式、决策程序、债务责任、现金流量控制、税务结构和会计处理等方面的内容。投资结构的选择将影响项目融资的结构和资金来源的选择;反过来,项目融资结构的设计在多数情况下也将会对投资结构的安排作出调整。

2.融资决策分析

在融资决策分析阶段,项目投资者将决定采用何种融资方式为项目开发筹集资金。是否采用项目融资,取决于投资者对债务责任分担上的要求、贷款资金数量上的要求、时间上的要求、融资费用上的要求,以及诸如债务会计处理等方面要求的综合评价。如果决定采用项目融资作为筹资手段,投资者就需要选择和任命融资顾问,开始研究和设计项目的融资结构。在项目的投资者自己也无法明确判断采取何种融资方式为好的情况下,投资者可以聘请融资顾问对项目的融资能力以及可能的融资方案作出分析和比较,在获得一定的信息反馈后,再作出项目的融资方案决策。

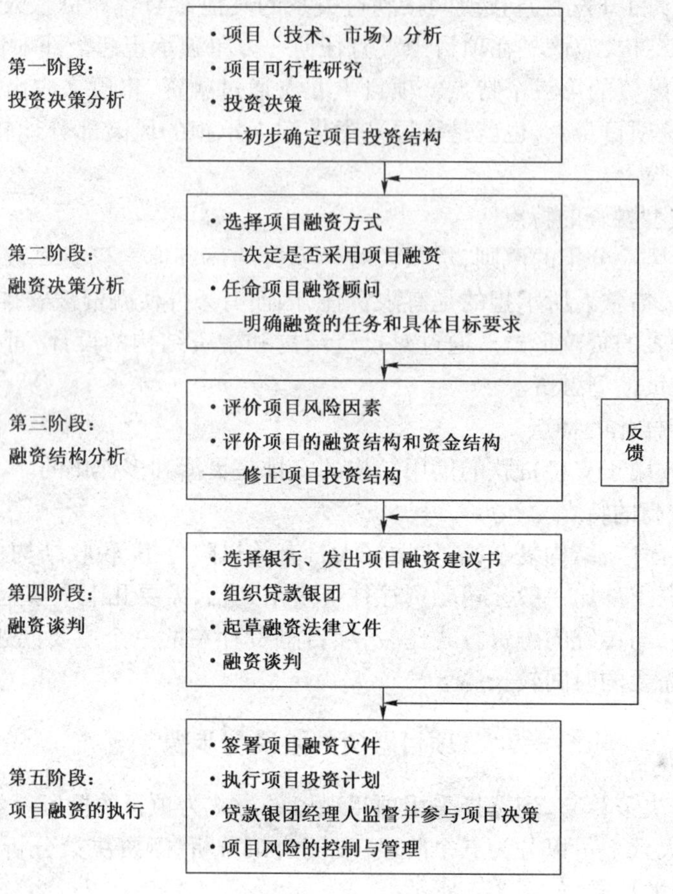

图3-4　项目融资的阶段与步骤

3. 融资结构分析

设计项目融资结构的一个重要步骤是完成对项目风险的分析和评估。对于银行和其他债权人而言，项目融资的安全性来自两个方面：一方面来自项目本身的经济强度；另一方面来自项目之外的各种直接或间接的担保。这些担保可以是由项目的投资者提供的，也可以是由与项目有直接或间接利益关系的其他方面提供的。因此，能否采用以及如何设计项目融资结构的关键，就是要求项目融资顾问和项目投资者一起对与项目有关的风险因素进行全面的分析和判断，确定项目的债务承受能力和风险，设计出切实可行的融资方案。

4. 融资谈判

在初步确定了项目融资的方案之后，融资顾问将有选择地向商业银行或其他一些金融机构发出参加项目融资的建议书，组织贷款银团，着手起草项目融资的有关协议。这一阶段往往会反复多次，此时，融资顾问、法律顾问和税务顾问的作用是十分重要的。强有力的融资顾问和法律顾问可以帮助加强项目投资者的谈判地位，保护投资者的利益，并在谈判陷入僵局时，及时、灵活地找出适当的变通办法，绕过难点解决问题。

5. 项目融资的执行

在正式签署项目融资的法律文件之后，融资的组织安排工作就结束了，项目融资将进入其执行阶段。在传统的融资方式中，一旦进入贷款的执行阶段，借贷双方的关系就变得相对简单明了,借款人只要求按照贷款协议的规定提款和偿还贷款的利息和本金。

在项目融资中,贷款银团通过其经理人将会经常性地监督项目的进展,根据融资文件的规定,参与部分项目的决策程序,管理和控制项目的贷款资金投入和部分现金流量。除此之外,银团经理人也会参与一部分项目生产经营决策,在项目的重大决策问题上(例如,新增资本支出、减产、停产和资产处理)有一定的发言权。由于项目融资的债务偿还与该项目的金融环境和市场环境密切相关,所以帮助项目投资者加强对项目风险的控制和管理,也成为银团经理人在项目正常运行阶段的一项重要工作。

三、项目融资的方式

项目融资可以采用很多方式,经过近几年的发展,除了 BOT 方式逐渐成熟与丰富之外,还同时诞生了 ABS、TOT、PFI 几种不同的融资方式,并且伴随着不同的融资方式有不同的融资结构和融资过程。

1. BOT 方式

BOT 即英文 Build(建设)、Operate(经营)和 Transfer(移交)三个单词的缩写,代表着一个完整的项目融资的概念。

1)BOT 方式的特点

BOT 方式通常由项目东道国政府或其所属机构与项目公司签署协议,把项目建设及经营的特许权授予项目公司。项目公司在项目经营特许期内,利用项目收益偿还投资及运营支出,并获得利润;特许期满后,项目移交给东道国政府或其下属机构。其主要优点如下:

(1)扩大资金来源,政府能在资金缺乏的情况下利用外部资金建设一些基础设施项目。

(2)提高项目管理的效率,增加国有企业人员对外交往的经验及提高管理水平。

2)BOT 方式的融资结构与过程

对于为全社会提供产品和劳务的公共工程,例如交通和能源项目,BOT 方式是最适宜的项目融资方式。图 3-5 描述了 BOT 融资结构的一般形式,其融资过程简述如下:

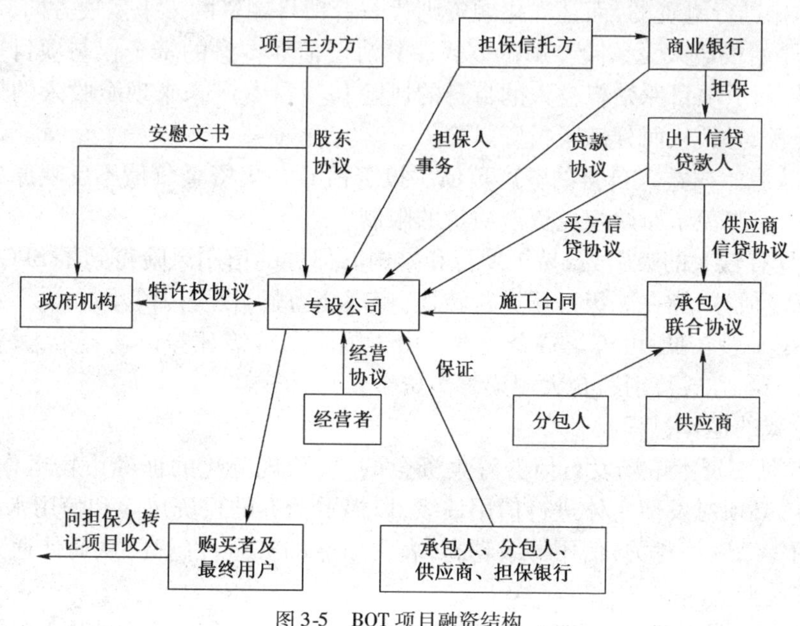

图 3-5 BOT 项目融资结构

(1)项目主办方注册一家专设公司。专设公司负责与政府机构签订特许协议,股东向政府机构出具安慰文书。

(2)专设公司与承包人签订建设施工合同,接受保证金,同时接受分包人或供应商保证金的转让,与经营者签订经营协议。

(3)专设公司同商业银行签订贷款协议,与出口信用贷款人签订买方信贷协议。商业银行提供出口信用贷款担保,并接受项目担保。

(4)专设公司向担保信托方转让收入,例如销售合同收入,道路、隧道、桥梁的通过费等。

在 BOT 方式中,东道国政府是最重要的参与者和支持者。首先,BOT 项目必须得到政府的批准,并与项目公司签订详尽的特许权协议。协议将详细规定政府与项目公司各自的权利和义务。其次,东道国政府往往提供部分资金、信誉、履约等方面的支持。政府部门也可持有项目公司的股份。吸引外资的 BOT 项目若离开东道国政府的强力支持,则很难使外国私营公司冒着巨大风险投资于东道国基础设施建设项目。

2. ABS 方式

ABS 方式是一种以资产为支持发行债券的融资方式。目前,资本市场的项目证券化融资迅速增长,ABS 方式虽然只有几年的发展历史,但已被证明是一种十分有效的项目融资方式,并且越来越显示出极大的开发价值和广阔的应用前景。

1)ABS 方式的涵义及特点

ABS(Asset Backed Securitization)是资产支持的证券化之意。具体来讲,它是以目标项目所拥有的资产为基础,以该项目资产的未来收益为保证,通过在国际资本市场上发行债券筹集资金的一种项目融资方式。ABS 方式的目的在于,通过其特有的提交信用等级方式,使原来信用等级较低的项目照样可以进入高等级证券市场,利用该市场信用等级高、债券安全性和流动性高、债券利率低的特点,大幅度降低发行债券筹集资金的成本。ABS 融资方式的特点主要表现在以下几个方面:

(1)通过证券市场发行债券筹集资金。无论是产品的支付、融资租赁,还是 BOT 方式,都不是通过证券化进行融资的,而证券化融资则代表着项目融资的未来发展方向。

(2)项目原始权益人无风险。ABS 方式使其清偿债券本息的资金仅与项目资产的未来现金收入有关,隔断了项目原始权益人的自身的风险和项目资产未来现金收入的风险。债券是由众多的投资者购买,从而分散了投资风险。

(3)不反映原始权益人自身的资产负债。投资债券募集资金负债不反映原始权益人自身的资产负债,从而避免了原始权益资产质量的限制。

(4)债券具有较大的吸引力,易于发行和推销。债券的信用风险得到了 SPC 的信用担保,是高等级投资级债券,能在二级市场进行转让,变现能力强,投资风险小。

(5)利息率一般较低,可筹集资金成本。由于国际高等级证券市场容量大,资金来源渠道多样化,因此,ABS 方式特别适合大规模筹集资金。

2)ABS 方式的运作过程

由于 ABS 是在资本市场发行债券筹集资金的,按照规范化的证券市场运作方式,在证券市场发行债券,必须对发债主体进行信用评级,以揭示债券的投资风险和信用水平。债券的筹集成本和信用等级密切相关,信用等级越高,表明债券的安全性越高,从而使通过发行债券筹集资金的成本越低。

利用证券市场筹集资金,一般都希望进入高等级投资证券市场。但对于不能获得权威性资信评估机构较高级别信用等级的企业或机构，则无法进入高等级投资证券市场。而ABS运作的独到之处就在于，通过信用增级计划，使得没有获得信用等级或信用等级较低的机构，照样可以进入高等级投资证券市场通过资产的证券化来筹集资金。

ABS融资方式的具体运作过程主要包括以下几个方面：

(1)组建SPC。即组建一个特别用途的公司SPC(Special - Purpose - Corporation)。该机构可以是一个信托投资公司、信用担保公司、投资保险公司或其他独立法人，应能够获得国际权威资信评估机构较高级别的信用等级(AAA或AA级)。由于SPC是进行ABS融资的载体，成功组建SPC则是ABS能够成功运作的基本条件和关键因素。

(2)SPC与项目结合。即SPC寻找可以进行资产证券化融资的对象。一般来讲，投资项目依附的资产只要在未来一定时期内能带来现金收入，就可以进行ABS融资。它们可以是航空、港口及铁路的未来运费收入，也可以是收费公路及其他公用设施收费收入，税收及其他财政收入等。拥有这种未来现金流量所有权的企业(项目公司)则成为原始权益人。这些未来现金流量所代表的资产，是ABS融资的物质基础。在进行ABS融资时，一般应选择未来现金流量稳定、可靠、风险较小的项目资产。

一般情况下，这些代表未来现金收入的资产，本身具有很高的投资价值，但由于各种投资条件的限制，它们自己无法获得权威资信评估机构授予的较高级别的资信登记，因此，无法通过证券化的途径在资本市场筹集资金。而SPC与这些项目的结合，就是以合同、协议等方式，将原始权益人所拥有的项目资产在未来现金收入的权利转让给SPC，转让的目的在于将原始权益人本身的风险割断。这样，SPC进行ABS方式融资时，其融资风险仅与项目资产未来现金收入有关，而与建设项目的原始权益人本身的风险无关。在实际操作中，为了确保这种风险完全隔断，SPC一般要求原始权益人或有关机构提供充分的担保。

(3)利用信用增级手段使该组资产获得预期的信用等级。调整项目资产现有的财务结构，使项目融资债券达到投资级水平，达到SPC关于承包ABS债券的条件要求。SPC通过提供专业化的信用担保进行信用升级。信用增级的渠道有利用信用证、开设现金担保账户、直接进行金融担保。

(4)SPC发行债券阶段。SPC直接在资本市场上发行债券募集资金，或者经过SPC通过信用担保，由其他机构组织债券发行，并将通过发行债券筹集的资金用于项目建设。

(5)SPC的偿债阶段。由于项目原始收益人已将项目资产的未来现金收入权利让渡给SPC，因此，SPC就能利用项目资产的现金流入量，清偿它在国际高等级投资证券市场上所发行债券的本息。

3)BOT与ABS的区别

BOT和ABS融资方式都适用于基础设施建设，但两者在运作中的特点及对经济的影响等方面存在着很大的差异，其主要区别如下：

(1)运作繁简程度与融资成本的差异。BOT方式的操作复杂，难度大。采用BOT方式必须经过确定项目、项目准备、招标、谈判、文件合同签署、建设、运营、维护、移交等阶段，涉及政府特许以及外汇担保等诸多环节，牵扯的范围广，不易实施；其融资成本也因中间环节多而增高。ABS融资方式的运作则相对简单，它只涉及原始权益人、特别用途公司SPC、投资者、证券承销商等几个主体，无需政府的特许及外汇担保，是一种主要通过民间的非政府的途径运作的融资方式。它既实现了操作的简单化，又降低了融资成本。

(2)项目所有权、运营权的差异。BOT项目的所有权、运营权在特许期内属于项目公司，特许期届满，所有权将移交给政府。因此，通过外资 BOT 进行基础设施项目融资，可以带来国外先进的技术和管理，但会使外商掌握项目控制权。ABS 方式中，在债券的发行期内，项目资产的所有权属于 SBC，而项目的运营决策权属于原始收益人。原始收益人有义务把项目的资金收入支付给 SPC，待债券到期，用资产产生的收入还本付息后，资产所有权又复归原始权益人。因此，利用 ABS 进行基础设施国际项目融资，可以使东道国保持对项目运营的控制，但却不能得到国外先进的技术和管理经验。

(3)投资风险的差异。BOT 项目投资人一般都为企业或金融机构，其投资是不能随便放弃或转让的，每一个投资者承担的风险相对较大。而 ABS 项目的投资者是国际资本市场上的债券购买者，数量众多，这就极大地分散了投资风险，同时，这种债券可在二级市场流通，并经过信用增级降低了投资风险，这对投资者有很强的吸引力。

(4)适用范围的差异。BOT 方式是非政府资本介入基础这个领域，其实质是 BOT 项目的特许期内的民营化，因此，某些关系国计民生的要害部门是不能采用 BOT 方式的。ABS 则不然，在债券的发行期间，项目的资产所有权虽然归 SPC 所有，但项目的经营决策权依然归原始收益人所有。因此，采用 ABS 方式不必担心重要项目被外商控制，比如，不能采用 BOT 方式的重要铁路干线、大规模发电厂等重大基础设施项目，都可以考虑采用 ABS 方式。相比而言，在基础设施领域，ABS 方式使用范围要比 BOT 方式广泛。

3. TOT 方式

TOT(Transfer-Operate-Transfer)，即移交—经营—移交，是项目融资的一种新兴方式。它是指通过出售现在投产项目在一定期限内的现金流量，从而获得资金来建设新项目的一种融资方式。具体说来，是东道国把已经投产运行的项目在一定期限内移交给外资经营，以项目在该期限内的现金流量为标的，一次性地从外商那里融得一笔资金，用于建设新的项目；外资经营期满后，再把原来项目移交回东道国。

1)TOT 的运作程序

TOT 的运作程序相对比较简单，一般包括以下步骤：

(1)东道国项目发起人设立 SPC，发起人把完工项目的所有权和新建项目的所有权均转让给 SPC，以确保有专门机构对两个项目的管理、移交、建造负有全责，并对出现的问题加以协调。SPC 通常是政府设立或政府参与设立的具有特许权的机构。

(2)SPC 与外商洽谈以达成移交投产运行项目在未来一定期限内全部或部分经营权的协议，并取得资金。

(3)东道国利用获得资金来建设新项目。

(4)新项目投入运行。

(5)移交经营项目期满后，收回移交的项目。

2)TOT 方式的特点

TOT 方式具有以下适应目前我国基础设施建设现状的特点：

(1)有利于引进先进的管理方式。在 TOT 项目融资方式中，由于经营期较长，外商受到利益驱动，常常会将先进的技术、管理引入到投产项目中，并进行必要的维修，从而有助于投产项目的高效运行，使基础设施的经营逐步走向市场化、国际化。

(2)项目引资成功的可能性增加。在 TOT 融资方式下，由于具有大量风险的建设阶段和试生产阶段已完成，明显地降低了项目的风险，外商面临的风险大幅度减少。基于较低的风险，其预期收益率会合理下调，要价会降低。另一方面，由于涉及环节较少，评估、谈判等方面的从属费用也势必有较大幅度下降。而东道国面临风险虽比 BOT 方式有所增加,但却与自筹资金和向外贷款方式中的风险完全相当。在这种背景下,引资成功的可能性将会大大增加。

(3)使建设项目的建设和营运时间提前。采用 TOT 融资方式,由于不涉及所有权问题,加之风险小,政府无需对外商作过多承诺,通过引资而在东道国引起的政治争论的可能性降低,减小了引资的阻力。而且 TOT 融资方式仅涉及风险较小的生产运行阶段,用于评估、谈判的时间较 BOT 来说大大缩短,从而使拟建项目能及早建设,及早投入运营,加快了东道国基础设施建设的步伐。

(4)融资对象更为广泛。采用 BOT 方式,融资对象多为外国大银行、大建筑公司或能源公司等;而采用 TOT 融资方式,其他金融机构、基金组织和私人资本等都有机会参与投资。这样,扩大了投资者的范围,也加剧了投资者之间的竞争。

(5)具有很强的可操作性。TOT 融资方式将开放基础设施建设市场与开放基础设施经营市场、基础设施装备市场分割开来,使得问题尽量简单化,并且只涉及基础设施项目经营内基础设施的永久控制问题,不会威胁国家的安全。

3)TOT 方式与 BOT 方式的比较

与 BOT 方式相比,TOT 不依赖新项目,而是依赖所获特许经营权项目的一定时期的未来收益。而政府从旧项目经营权出让,获得新项目投资资金。TOT 着眼于一定范围内的所有项目,分析现金流入、流出的时间,要筹资的项目和可以出售未来的项目资金安排在项目间是交叉的。融资成功与否取决于已经建设好的项目,与需要筹资项目分割开来,融资人对新项目无发言权,无直接关系,政府具有完全的控制权。

4. PFI 方式

PFI(Private Finance Initiative)即"私人主动融资",是指由私营企业进行项目的建设与运营,从政府或接受服务方收取费用的方式回收成本。该方式是政府和私人部门合作,由私营部门承担政府部门公共物品的生产或提供公共服务,政府购买私营部门提供的产品或服务,给予私营部门以收费特许权,或政府与私营部门以合伙方式共同营运等方式,来实现政府公共物品产出中的资源配置最优化,效率和产出最大化。

1)PFI 方式的涵义

PFI 方式是传递某种公共项目的服务,而不是提供某个具体的构筑物。正如政府运用财政开支,生产公共物品并占有具体的建筑或某些具体的资产一样,政府需要的是它能够提供具体的社会服务功能,而并不希望也没有必要去拥有或管理具体的财产,这些工作完全可以由私人部门或非官方部门去承担。政府只是要求这部门,按照规定提供必要的社会公共物品和完成公共服务的职能。私人部门负责完成项目的设计、建设、融资和运营,并且通过提供服务来获得政府或公众的付费,实现收入和完成利润目标。

2)PFI 的典型模式

PFI 模式最早出现在英国。在英国的实践中,通常有以下三种典型的类型。

(1)在经济上自立的项目。以这种方式实施的 PFI 项目,私人部门提供服务时,政府不向其提供财政的支持,但是在政府的政策支持下,私人部门是通过项目的服务向最终使用者来回收成本和实现利润。期间,公共部门不承担项目建设的费用和项目运营的费用,但是私人部门可以在政府的特许下,通过适当地调整对使用者的收费来补偿成本的增加。在这种模式下,公共部门对项目的作用是有限的,也许仅仅是承担项目最初的计划或按照法定程序帮助项目公司开展前期工作和按照法律进行管理。

(2)向公共部门出售服务的项目。这种项目与方式(1)的不同点在于:私人部门提供项目服务所产生的成本,完全的或主要的是通过私人部门服务提供者向公共部门收费来补偿的,这样的项目不包括私人融资兴建的监狱、医院和交通路线等。

(3)合资经营。这种形式的项目中,公共部门和私人部门共同出资、分担成本和共享收益。但是,为了使项目成为一个真正的 PFI 项目,项目的控制权必须是由私人部门来掌握,公共部门只是一个合伙人的角色。

3)PFI 的特点

PFI 是一种旨在促进私人部门参与基础设施项目建设和政府其他公共服务,促进政府由传统的公共物品生产者,转变为公共物品的购买者的一种新的公共物品产出方式。

在政策的设计上,与私有化不同,公共部门要么作为服务的主要购买者,要么充当实施的基本的法定授权控制者,这是政府部门必须坚持的基本原则;同时,与买断经营也有所不同,买断经营方式中的私人部门受政府的制约较小,是比较完全的市场行为;私人部门既是资本财产的所有者又是服务的提供者。

PFI 模式的主要优点如下:

(1)PFI 有非常广泛的适用范围,不仅包括基础设施项目,在学校、医院、监狱等公共项目也有广泛的应用。

(2)推广 PFI 方式,能够广泛吸引经济领域的私营部门或非官方投资者,参与公共物品的产出,这不仅大大地缓解了政府公共项目建设的资金压力,同时提高了政府公共物品的产出;不仅大大地缓解了政府公共项目建设的资金压力,同时也提高了政府公共物品的产出水平。

(3)吸引私人部门的知识、技术和管理方法,提高公共项目的效率和降低产出成本,使社会资源配置更加合理化,同时也使政府摆脱了长期困扰的政府项目低效率的压力,使政府有更多的精力和财力用于社会发展更加急需的项目建设。

(4)PFI 方式最大的优势在于,它是政府公共项目投融资和建设管理方式的重要的制度创新。在英国几年的实践中,被认为是政府获得高质量、高效率的公共设施的重要工具。

第四节　项目资本金的筹措

一、项目筹资的基本要求

1. 合理确定资金需要量,力求提高筹资效果

无论通过什么渠道、采取什么方式筹集资金,都应首先确定资金的需要量。这就是说要求筹资要有一个“度”的问题。资金不足会影响项目的生产经营和发展;资金过剩不仅是一种浪费,也会影响资金使用的效果。

在实际工作中,必须采取科学的方法预测未来资金的需要量,以防止筹资不足或筹资过剩,提高资金的使用效果。

2. 认真选择资金来源,力求降低资金成本

项目筹集资金可以采用的渠道和方式多种多样,不同渠道和方式筹资的难易程度、资金成本和风险各不一样。任何渠道和方式的筹资都要付出一定的代价,包括资金占用费(利息等)和资金筹集费(发行费等),因而在筹资中,必须选择最经济方便的渠道和方式,以使综合的资

金成本最低。

3. 适时取得资金,保证资金投放的需要

筹集资金也有时间上的安排,这取决于投资的时间。合理安排筹资与投资,使其在时间上相互衔接,避免因取得资金过早而造成投放前的闲置或取得资金滞后而耽误投资的有利时机。

4. 适当维持自有资金比例,正确安排举债经营

举债经营即项目通过借债开展生产经营活动。举债经营可以给项目带来一定的好处,因为借款利息可在所得税前列入成本费用,对项目净利润影响较小,能够提高自有资金使用效果。但负债的多少必须与自有资金和偿债能力的要求相适应。如负债过多,会发生较大的财务风险,甚至会由于丧失偿债能力而面临破产。因此,项目法人既要利用举债经营的积极作用,又要避免可能产生的债务风险。

二、项目资本金制度

《国务院关于固定投资项目试行资本金制度的通知》(以下简称《通知》)(国发[1996]35号)规定:各种经营性固定资产投资项目必须实行资本金制度。所谓投资项目资本金,是指在投资项目总投资中,由投资者认缴的出资额,对投资项目来说属于非债务性资金,项目法人也不承担这部分资金的任何利息和债务。投资者可按其出资的比例依法享有所有者权益,也可以转让其出资,但不得以任何方式抽回。

1. 项目资本金制度的实施范围

从《通知》发布开始,各种经营性固定资产投资项目,包括国有单位的基本建设、技术改造、房地产项目和集体投资项目,都必须首先落实资本金才能进行建设。主要用财政预算内资金投资建设的公益性项目,可不实行资本金制度。

实行资本资制度的投资项目,在可行性研究报告中要就资本金筹措情况作出详细说明,包括出资方、出资方式、资本金来源及数额、资本金认缴进度等有关内容。上报可行性研究报告时,需附有各出资方承诺出资的文件;以实物、工业产权、非专利技术、土地使用权做出资的,还需附有资产评估证明等有关资料。

计算资本金基数的总投资,是指投资项目的固定资产投资与铺底流动资金之和。投资项目资金占总投资的比例,应根据不同行业和项目的经济效益等因素确定,具体规定如下:

(1)交通运输、煤炭项目,资本金比例为35%以上。

(2)钢铁、邮电、化肥项目,资本金比例为25%以上。

(3)电力、机电、建材、化工、石油加工、有色、轻工、纺织、商贸及其他行业的项目,资本金比例为20%以上。

投资项目资本金的具体比例,由项目审批单位根据投资项目的经济效益以及银行贷款意愿和评估意见等情况,在审批可行性研究报告时予以核定。经国务院批准,对个别情况特殊的国家重点建设项目,可以适当降低资本比例。

2. 项目资本金来源

项目资本金可以用货币出资,也可以用实物、工业产权、非专利技术、土地使用权作价出资,但必须经过有资格的资产评估机构依照法律、法规评估作价,不得高估或低估。以工业产权、非专利技术作价出资的比例不得超过投资项目资本金总额的20%,但国家对采用高新技术成果有特别规定的除外。

投资者以货币方式缴纳的资本金，其资金来源有以下几种方式：

(1)各级人民政府的财政预算内资金、国家批准的各种专项建设基金、经营性基本建设基金回收的本息、土地批租收入、国有企业产权转让收入、地方人民政府国家有关规定收取的各种规费及其他预算外资金。

(2)国家授权的投资机构及企业法人的所有者权益、企业折旧资金以及投资者按照国家规定从资金市场上筹措的资金。

(3)社会个人合法的所有资金。

(4)国家规定的其他可以用作投资项目资本金的资金。

对某些投资回报率稳定、收益可靠的基础设施、基础产业投资项目，以及经济效益好的竞争性投资项目，经国务院批准，可以试行通过可转换债券或组建股份制公司发行股票方式筹措资本金。

为扶持不发达地区的经济发展，国家主要通过在投资项目资本金中适当增加国家投资比重，在信贷资金中适当增加政策性贷款比重以及适当延长政策性贷款的还款期等措施增加其投融资能力。

三、项目资本金的筹措渠道

从总体上看，项目资金来源可以分为投入资金和借入资金，前者形成项目的资本金，后者形成项目的负债。项目资本金是指投资项目总投资中必须包含一定比例的、由出资方实缴的资金，这部分资金对项目的法人而言属非负债金。除了主要由中央和地方政府用财政预算投资建设的公益性项目等部分特殊项目外，大部分投资项目都应实行资本金制度。项目资本金的形成，可以是现金、实物、无形资产，但无形资产的比重要符合国家有关规定。根据出资方式的不同，项目资本金分为国家出资、法人出资和个人出资。

根据国家法律、法规规定，建设项目可通过争取国家财政预算内投资、自筹投资、发行股票和利用外资直接投资等多种方式来筹集资本金。

1. 国家预算内投资

国家预算内投资简称“国家投资”，是指以国家财政预算资金为来源，并列入国家计划的固定资产投资。目前包括：国家预算、地方财政、主管部门和国家专业投资拨给或委托银行贷给建设单位的基本建设拨款及中央基本建设基金，拨给企业单位的更新改造拨款，以及中央财政安排的专项拨款中用于基本建设的资金。

国家预算内投资目前虽然占全社会固定资产总投资的比重较低，但它是能源、交通、原材料以及国防科研、文教卫生、行政事业建设项目投资的主要来源，对于整个投资结构的调整起着主导性的作用。

2. 自筹投资

自筹投资指建设单位报告期收到的用于进行固定资产投资的上级主管部门、地方和单位、城乡个人的自筹资金组成。目前，自筹投资占全社会固定资产投资总额的一半，已成为筹集建设项目资金的主要渠道。

建设项目自筹资金来源必须正当，应上缴财政的各项资金和国家有指定用途的专款，以及银行贷款、信托投资、流动资金不可用于自筹投资；自筹投资必须纳入国家计划，并控制在国家确定的投资总额规模以内；自筹投资要符合一定时期国家确定的投资使用方向，投资结构趋向应合理,以提高自筹投资的经济效益。

3. 发行股票

股票是股份公司发给股东作为已投资入股的证书和索取股息的凭证,是可作为买卖对象或质押品的有价证券。

1)股票的种类

按股东承担风险和享有权益的大小,股票可分为普通股和优先股两类。

(1)优先股。指在公司利润分配方面较普通股有优先权的股份。优先股的股东按一定的比例取得固定股息;企业倒闭时,能优先得到剩下的可分配给股东的部分财产。

(2)普通股。指在公司利润分配方面享有普通权利的股份。普通股股东除能分得股息外,还可在公司盈利较多时再分享红利。所以普通股获利水平与公司盈亏息息相关。股票持有人有选举该公司董事、监事的机会,有参与公司管理的权利,股东大会的选举权根据普通股持有额计票。

2)发行股票筹资的优点

(1)以股票筹资是一种有弹性的融资方式。由于股息或红利不像利息那样按期支付,当公司经营不佳或现金短缺时,董事会有权决定不发股息或红利,因而公司融资风险低。

(2)股票无到期日。其投资属永久性投资,公司不需为偿还资金而担心。

(3)发行股票筹集资金可降低公司负债比率,提高公司财务信用,增加公司今后的融资能力。

3)发行股票筹资的缺点

(1)资金成本高。购买股票承担的风险比购买债券高,投资者只有在股票的投资报酬高于债券的利息收入时,才愿意投资于股票。另外债券利息可在税前扣除,而股息和红利须在税后利润中支付,这样就使股票筹资的资金成本大大高于债券筹资的资金成本。

(2)增发普通股需给新股东投票权和控制权,降低原有股东的控制权。

4. 吸收国外资本直接投资

吸引国外资本直接投资主要包括与外商合资经营、合作经营、合作开发及外商独资经营等形式,国外资本直接投资方式的特点是:不发生债权债务关系,但要让出一部分管理权,并且要支付一部分利润。

1)合资经营(股权式经营)

合资经营是外国公司、企业或个人经我国政府批准,同我国的公司、企业在我国境内举办合营企业。合资经营企业由合营各方出资认股组成,各方出资多寡,由双方协商确定,但外方出资不得低于一定比例。合资企业各方的出资方式可以是现金、实物,也可以是工业产权和专有技术,但不能超出其出资额的一定比例,合营各方按照其出资比例对企业实施控制权、分享收益和承担风险。

2)合作经营(契约式经营)

合作经营方式是一种无股权的契约式经济组织,是由我方提供土地、厂房、劳动力,由国外合作方提供资金、技术或设备,共同兴办的企业。合作经营企业双方的权利、责任、义务由双方协商并用协议或合同加以规定。

3)合作开发

合作开发主要指对海上石油和其他资源的合作勘探开发,合作方式与合作经营类似。合作勘探开发,双方应按合同规定分享产品或利润。

4)外资独营

外资独营是由外国投资者独自投资和经营的企业形式。按我国规定,外国投资者可以在经济特区、开发区及其他经我国政府批准的地区开办独资企业,企业的产、供、销由外国投资者自行规定。外资独营企业的一切活动应遵守我国的法律、法规和我国政府的有关规定,并照章纳税。纳税后的利润,可通过中国银行按外汇管理条例汇往国外。

四、负债筹资渠道

项目的负债是指项目承担的能够以货币计量且需要以资产或者劳务偿还的债务。它是项目筹资的重要方式,一般包括银行贷款、发行债券、设备租赁和借入国外资金等筹资渠道。

1. 银行贷款

项目银行贷款是银行利用信贷资金所发放的投资性贷款。20 世纪 80 年代以来,随着投资管理体制、财政体制和金融体制改革的推进,银行信贷资金有了较快发展,成为建设项目投资资金的重要组成部分。

2. 发行债券

债券是借款单位为筹集资金而发行的一种信用凭证,它证明持券人有权按期取得固定利息并到期收回本金。我国发行的债券又分为国家债券、地方政府债券、企业债券和金融债券。

1)债券筹资的优点

(1)支出固定。不论企业将来盈利如何,它只需付给持券人固定的债券利息。

(2)企业控制权不变。债券持有者无权参与企业管理,因此公司原有投资者控制权不因发行债券而受到影响。

(3)少纳所得税。合理的债券利息可计入成本,实际上等于政府为企业负担了部分债券利息。

(4)可以提高自有资金利润率。如果企业投资报酬率大于利息率,由于财务杠杆的作用,发行债券可提高股东投资报酬率。

2)债券筹资的缺点

(1)固定利息支出会使企业承受一定的风险。特别是在企业盈利波动较大时,按期偿还本息较为困难。

(2)发行债券会提高企业负债比率,增加企业风险,降低企业的财务信誉。

(3)债券合约的条款,常常对企业的经营管理有较多的限制,如限制企业在偿还期内再向别人借款,未按时支付到期债券利息不得发行新债券,限制分发股息等,所以企业发行债券在一定程度上约束了企业从外部筹资的扩展能力。

当企业预测未来市场销售情况良好、盈利稳定、预计未来物价上涨较快、企业负债比率不高时,可以考虑以发行债券的方式进行筹资。

3. 设备租赁

设备租赁是指出租人和承租人之间订立契约,由出租人应承担人的要求购买其所需的设备,在一定时期内供其使用,并按期收取租金。租赁期间设备的产权属出租人,承租人只有使用权,且不得中途解约。租赁期满后,承租人可以从以下的处理方法中选择:将所租设备退还出租人,延长租期,作价购进所租设备,要求出租人更新设备,另订租约。

设备租赁可分为以下几种方式。

1)融资租赁

融资租赁是设备租赁的重要形式,它实际上属于前面所介绍的狭义项目融资的范畴。它将贷款、贸易与出租三者有机地结合在一起。其出租过程为:先由承租人选定制造厂家,并就设备的型号、技术、价格、交货期等与制造厂家商定;再与租赁公司就租金、租期、租金支付方式等达成协议,签订租赁合同;然后由租赁公司通过向银行借款等方式筹措资金,按照承租人与制造厂家商定的条件将设备买下;最后根据合同出租给承租人。

融资租赁是一种融资与融物相结合的筹资方式。它不需要像其他筹资方式那样,等筹集到足够的货币资本后再去购买长期资产。同时,融资租赁还有利于及时引进设备,加速技术改造。但融资租赁的成本相对较高,一般情况下,融资租赁的资金成本率比其他筹资方式(如债券和银行贷款)的资金成本率要高。

2)经营出租

经营出租即出租人将自己经营的出租设备进行反复出租,直至设备报废或淘汰为止的租赁业务。

3)服务出租

服务出租主要用于车辆的租赁,即租赁公司向用户出租车辆时,还提供保养、维修、检车、事故处理等业务。

4.借用国外资金

借用国外资金大致可分为以下几种途径。

1)外国政府贷款

外国政府贷款指外国政府通过财政预算每年拨出一定款项,直接向我国政府提供的贷款。这种贷款的特点是利率低(年利率一般为2%~3%),期限较长(平均为20~30年),但数额有限。所以这种贷款比较适合用于建设周期长、金额较大的工程建设项目(如发电站、港口、公路及能源开发等项目)。

2)国际金融组织贷款

国际金融组织贷款主要是指国际货币基金组织、世界银行、国际农业发展基金会、亚洲开发银行等组织提供的贷款。近年来,我国利用大量世界银行贷款进行项目建设,这类贷款由我国财政部负责谈判并签订协议。

各种大型项目由世界银行直接贷款,各中小工业项目由中国投资银行负责转贷,各中小农业项目由中国农业银行负责转贷。

3)国外商业银行贷款

国外商业银行贷款包括国外开发银行、投资银行、长期信用银行以及开发金融公司对我国提供的贷款。建设项目投资贷款主要是向国外银行筹措中长期资金,一般通过中国银行、国际信托投资公司和中国投资银行办理。这种贷款的特点是可以较快筹集大额资金,借得资金可由借款人自由支配,但利息和费用负担较重。

4)在国外金融市场上发行债券

在国外金融市场上发行债券,其债券的偿付期限较长,一般在7年以上,发行金额一次在1亿美元以上,筹得的款项可以自由运用。但债券发行手续比较烦琐,且发行费用较高,同时还要求发行人有较高的信誉,精通国际金融业务。所以这种筹资方式适用于资金运用要求自由且投资回报率较高的项目。

5）吸收外国银行、企业和个人存款

吸收国外的存款主要是通过我国的金融机构（主要是中国银行），特别是设在经济特区、开发区和海外的金融机构，广泛吸收包括私人客户外汇存款、同业银行存款、企业外汇存款在内的各类外汇存款。这类存款的特点是分散、流动性大，但成本低、风险小。若安排得当，不失为利用外资的一种好方式。

6）利用出口信贷

出口信贷是西方国家政府为鼓励资本和商品输出而设置的专门信贷。这种贷款的特点是利息率较低，期限一般为10～15年，借方所借款项只能用于购买出口信贷国的设备。出口信贷可根据贷款对象的不同分为买方信贷与卖方信贷。买方信贷是指发放出口信贷的银行将贷款直接贷给国外进口者（即买方）；卖方信贷是指发放出口信贷的银行将资金贷给本国的出口者（即卖方），以便卖方将产品赊卖给国外进口者（即买方），而不致发生资金周转困难。

第五节　资金成本与资金结构

一、资金成本的概念

1. 资金成本的含义

资金成本是指企业为筹集和使用资金而付出的代价。企业筹集和使用任何资金都要付出代价。

资金按其来源分为自有资金和长期借入资金两种。

资金成本为由资金筹集成本和资金使用成本两部分组成，是资金使用人为获取资金而付出的代价。

1）资金筹集成本

资金筹集成本是指在资金筹措过程中支付的各项费用。主要包括向银行借款的手续费；发行股票、债券而支付的各项代理发行费用，如印刷费、手续费、公证费、担保费、广告费等。资金筹集成本一般属于一次性费用，筹资次数越多，资金筹集成本也就越大。

2）资金使用成本

资金使用成本又称资金的占用费，它主要包括支付给股东的各种股利、向债权人支付的贷款利息以及支付给其他债权人的各种利息费用等。资金使用成本一般与所筹集资金的多少以及所筹集资金使用时间的长短有关，具有经常性、定期性支付的特征，是资金成本的主要内容。

资金筹集成本与资金使用成本是有区别的，前者是在筹措资金时一次性支付的，且在使用资金过程中不再发生，因此可作为筹资金额一项扣除，而后者是在资金使用过程中发生的。

2. 资金成本的性质

资金成本是一个重要的经济范畴，它是在商品经济社会由于资金所有权与资金使用权相分离而产生的。

（1）资金成本是资金使用者向资金所有者和中介机构支付的占用费和筹资费，作为资金的所有者，它决不会将资金无偿让渡给资金使用者去使用；而作为资金的使用者，也不能无偿地占用他人的资金。因此，企业筹集资金以后，暂时地取得了这些资金的使用价值，就要为资金所有者暂时地丧失其使用价值而付出代价，即承担资金成本。

(2)资金成本与资金的时间价值既有联系,又有区别。资金的时间价值反映了资金随着其运动时间的不断延续而不断增值,是一种时间函数,而资金成本除可以看作是时间函数外,还表现为资金占用额的函数。

(3)资金成本具有一般产品成本的基本属性。资金成本是企业的耗费,企业要为占用资金而付出代价、支付费用,而且这些代价或费用最终也要作为收益的扣除额来得到补偿。但是资金成本中只有一部分具有产品成本的性质,即这一部分耗费计入产品成本,而另一部分作为利润的分配,可直接表现为生产性耗费。

3. 资金成本的作用

资金成本是企业财务管理的一个重要概念,国际上将其列为一项"财务标准"。企业都希望以最小的资金成本获得所需的资金数额,分析资金成本有助于企业选择筹资方案,确定筹资结构以及最大限度地提高筹资效益。

资金成本主要有以下几点作用:

(1)资金成本是选择资金来源与筹资方式的重要依据。企业筹集资金的方式多种多样,不同的筹资方式,资金成本也不尽相同。资金成本的高低可以作为比较各种筹资方式优缺点的一项依据,从而挑选最小的资金成本作为选择筹资方式的重要依据。但不能把资金成本作为选择筹资的唯一依据。

(2)资金成本是企业进行资金结构决策的基本依据。企业的资金结构一般是由借入资金与自有资金组合而成,这种组合有多种方案,如何寻求两者之间的最佳组合,一般可通过计算综合资金成本作为企业决策的依据。因此,综合资金成本的高低是评价各个筹资组合方案,作为资金结构决策的基本依据。

(3)资金成本是比较追加筹资方案的重要依据。企业为了扩大生产经营规模,增加所需资金,选择追加筹资方案时,往往以比较资金成本作为依据。

(4)资金成本是评价投资项目可行性的重要指标。在评价投资方案是否可行的标准上,一般是以项目本身的投资收益率与其资金成本进行比较,如果投资项目的预期投资收益率高于其资金成本,则是可行的;反之,如果预期投资收益率低于其资金成本,则是不可行的。

国际上通常将资金成本视为投资项目的"最低收益率"和是否采用投资项目的"取舍率",同时将其作为选择投资方案的主要标准。

(5)资金成本是衡量企业经营业绩的重要标准。资金成本是企业从事生产经营活动必须挣得的最低收益率。企业无论以什么方式取得的资金,都要实现这一最低收益率,才能补偿企业因筹资而支付的所有费用。如果将企业的实际资金成本与相应的利润率进行比较,可以评价企业的经营业绩。若利润率高于资金成本,可以认为经营良好;反之,企业经营欠佳,应该加强和改善生产经营管理,进一步提高经济效益。

二、资金成本的计算

1. 资金成本计算的一般公式

资金成本可用绝对数表示,也可用相对数表示。为便于分析比较,资金成本一般用相对数表示,称之为资金成本率。其计算公式为:

$$K = \frac{D}{P - F} \quad 或 \quad K = \frac{D}{P(1 - f)} \tag{3-1}$$

式中：K——资金成本率（一般通称为资金成本）；

D——使用费；

P——筹集资金总额；

F——筹资费；

f——筹资费费率（即筹资费占筹集资金总额的比率）。

资金成本是选择资金来源、拟定筹资方案的主要依据，也是评价投资项目可行性的主要经济指标。

2. 各种资金来源的资金成本

1）优先股成本

公司发行优先股股票筹资，需支付的筹资费有注册费、代销费等，其股息也要定期支付，但它是公司用税后利润来支付的，不会减少公司应上缴的所得税。优先股资金成本率可按式(3-2)计算。

$$K_P = \frac{D_P}{P_0(1-f)} \quad 或 \quad K_P = \frac{P_0 \cdot i}{P_0(1-f)} = \frac{i}{1-f} \tag{3-2}$$

式中：K_P——优先股成本率；

D_P——优先股每年股息；

P_0——优先股票面值；

i——股息率；

f——筹资费费率。

［例3-2］ 某公司发行优先股股票，票面额按正常市价计算为200万元，筹资费率为4%，股息年利率为14%，则其资金成本率为：

$$K_P = \frac{200 \times 14\%}{200 \times (1-4\%)} = \frac{14\%}{1-4\%} = 14.58\%$$

2）普通股成本

确定普通股资金成本的方法有股利增长模型法和资本资产定价模型法。

(1)股利增长模型法。普通股的股利往往不是固定的，通常有逐年上升的趋势。如果假定每年股利增长率为 g，第一年的股利为 D_1，则第二年为 $D_1(1+g)$，第三年为 $D_1(1+g)^2$，…，第 n 年为 $D_1(1+g)^{n-1}$。因此，计算普通股成本率的公式为：

$$K_C = \frac{D_P}{P_0(1-f)} + g = \frac{i}{1-f} + g \tag{3-3}$$

式中：K_C——普通股成本率；

D_P——每年固定股利总额；

P_0——普通股票总面值或市场发行总额；

i——固定股利率；

其他符号意义同前。

［例3-3］ 某公司发行普通股票，股票面额按正常市价计算为300万元，筹资费费率为4%。第一年的股利率为10%，以后每年增长5%，则其资金成本率为：

$$K_c = \frac{300 \times 10\%}{300 \times (1-4\%)} + 5\% = 15.4\%$$

(2)资本资产定价模型法。这是一种投资者用股票的期望收益来确定资金成本的方法。

在这个方法中,普通股成本的计算公式是:

$$K_S = R_F + \beta(R_m - R_F) \tag{3-4}$$

式中:K_S——普通股成本;

R_F——无风险报酬率;

β——股票的贝他系数;

R_m——平均风险股票必要报酬率。

[例3-4] 某期间市场无风险报酬率为10%,平均风险股票必要报酬率为14%,某公司普通股的贝他系数为1.2,则股票的成本为:

$$K_S = 10\% + 1.2 \times (14\% - 10\%) = 14.8\%$$

3)债券成本

企业发行债券后,所支付的债券利息列入企业的费用开支,因而使企业少缴一部分所得税。两者抵消后,实际上企业支付的债券利息仅为:债券利息×(1-所得税税率)。因此,债券成本率可以按下式计算:

$$K_B = \frac{I(1-T)}{B_0(1-f)} \quad 或 \quad K_B = i \cdot \frac{(1-T)}{(1-f)} \tag{3-5}$$

式中:K_B——债券成本率;

I——债券年利息总额;

B_0——债券的票面价值;

T——所得税税率;

i——债券年利息利率;

其他符号意义同前。

[例3-5] 某公司发行长期债券400万元,筹资费费率为2%,债券利息率为12%,税率为33%,则其成本率为:

$$K_B = \frac{12\% \times (1-33\%)}{(1-2\%)} = 8.2\%$$

如果债券是溢价或折价发行,则应按实际发行价格作为债券筹资额计算资金成本。

[例3-6] 某公司发行长期债券400万元,实际发行价格为500万元,筹资费费率为2%,债券利息率为12%,税率为33%,则其成本率为:

$$K_B = \frac{400 \times 12\% \times (1-33\%)}{500 \times (1-2\%)} = 6.56\%$$

4)银行借款

向银行借款,企业所支付的利息和费用一般可做企业的费用开支,相应减少部分利润,会使企业少缴一部分所得税,因而使企业的实际支出相应减少。

对每年年末支付利息、贷款期末一次全部还本的借款,其借款成本率为:

$$K_g = \frac{I(1-T)}{G-F} = i \cdot \frac{(1-T)}{(1-f)} \tag{3-6}$$

式中:K_g——借款成本率;

I——贷款年利息;

G——贷款总额;

F——贷款费用;

i——贷款年利率;

其他符号意义同前。

5）租赁成本

企业租入某项资产，获得其使用权，要定期支付租金，并且租金列入企业成本，可以减少应付所得税。因此，其租金成本率为：

$$K_L = \frac{E}{P_L} \times (1 - T) \tag{3-7}$$

式中：K_L——租赁成本率；

P_L——租赁资产价值；

E——年租金额；

其他符号意义同前。

6）保留盈余成本

保留盈余又称为留存收益，其所有权属于股东，是企业资金的一种重要来源。企业保留盈余，等于股东对企业进行追加投资。股东对这部分投资与以前缴给企业的股本一样，也要求有一定的报酬，所以保留盈余也有资金成本。它的资金成本是股东失去向外投资的机会成本，因此与普通股成本的计算基本相同，只是不考虑筹资费用。计算公式为：

$$K_R = \frac{D_1}{P_0} + g = i + g \tag{3-8}$$

式中：K_R——保留盈余成本率；

其他符号意义同前。

3. 加权平均资金成本

项目从不同来源取得的资金，其成本各不相同。由于种种条件的制约，项目不可能只从某种资金成本较低的来源筹集资金，而是各种筹资方式的有机结合。为了进行筹资和投资决策，需要计算全部资金来源的平均资金成本率。它通常是用加权平均来计算的，其计算公式如下：

$$K = \sum_{i=1}^{n} \omega_i \cdot K_i \tag{3-9}$$

式中：K——平均资金成本率；

ω_i——第 i 种资金来源占全部资产的比重；

K_i——第 i 种资金来源的资金成本率。

在实际计算平均资金成本时，可分为三个步骤进行：第一步，先计算个别资金成本；第二步，计算各资金来源在全部资产的比重；第三步，利用上述公式计算出综合资金成本。

［**例 3-7**］　某公司账面反映的长期资金共 500 万元，其中长期借款 100 万元，应付长期债券 50 万元，普通股 250 万元，保留盈余 100 万元，其资金成本分别为 6.7%、9.17%、11.26%、11%，问该公司的加权平均资金成本是多少？

解：该公司的加权平均资金成本为：

$$K = \sum_{i=1}^{n} \omega_i \cdot K_i = 6.7\% \times \frac{100}{500} + 9.17\% \times \frac{50}{500} + 11.26\% \times \frac{250}{500} + 11\% \times \frac{100}{500} = 10.09\%$$

三、筹 资 决 策

最佳的筹资方案是指既使企业达到最佳资本结构、筹资成本最低，又使企业所面临的筹资风险最小的筹资方案。在进行筹资决策时，应同时考虑资金成本与筹资风险对项目的影响。

1. 筹资风险

企业的风险来自经营和筹资两个方面。经营风险指企业因经营上的原因而导致利润变动的风险。假如企业有负债,须按期还本付息。但由于企业资金利润率不确定,导致资金利润率可能高于或低于借款利息率,从而造成企业自有资金利润率的升高或降低,使企业自有资金的风险增加。这种因借款而增加的风险,即因资金筹集决策而产生的风险,称为筹资风险。

借入资金后,企业的自有资金利润率可按式(3-10)计算。

$$i = [i_j + (i_j - i_0) \cdot r](1 - T) \tag{3-10}$$

式中:i——自有资金利润率(税后利润与自有资金之比);

i_j——息前税前资金利润率(支付利息和缴纳所得税以前的利润与资金总额之比);

i_0——借入资金利息率;

T——所得税税率;

r——负债比例(借入资金与自有资金之比)。

从式(3-10)可以看出,如果企业的息前税前资金利润率越高,借入资金利息率越低,负债比率越大,则企业自有资金利润率就越高。

2. 财务杠杆

利用借入资金提高自有资金利润率,是一种有效的财务手段。人们通常把借入资金的影响称为财务杠杆,其含义为自有资金收益率随息前税前盈余变动而变动的程度,可用式(3-11)表示。

$$\mathrm{DFL} = \frac{\triangle \mathrm{RCL}/\mathrm{RCL}}{\triangle \mathrm{EBIT}/\mathrm{EBIT}} \text{ 或 } \mathrm{DFL} = \frac{\mathrm{EBIT}}{\mathrm{EBIT} - I} \tag{3-11}$$

式中:DFL——财务杠杆系数;

RCL——自有资金收益率;

EBIT——息前税前盈余;

I——借入资金的利息。

公式(3-11)说明,在息前税前盈余相同的情况下,负债比率越高,财务杠杆系数越大,筹资风险越大。若企业整体资金利润率大于利息率,企业的自有资金收益率也就越大。

在进行筹资决策时,企业可通过合理安排资本结构,适度负债,利用财务杠杆利益抵消风险增大带来的不利影响。

3. 利用资金成本进行筹资方案的选择

在市场经济条件下,只有在投资项目的资金利润率高于其资金成本率时,项目才具有投资的价值。因此,在进行筹资方案选择时,应将不同方案的平均资金成本率进行比较,在满足企业生产经营对资金需要的前提下,力求资金成本达到最低水平。下面通过一个例子来说明如何利用资金成本进行筹资方案的选择。

[**例 3-8**] 某企业计划年初的资金结构如表 3-1 所示。普通股股票每股面值为 200 元,今年期望股息为 20 元,预计以后每年股息增加 5%。该企业所得税税率假定为 33%。

某企业资金结构表 表 3-1

各种资金来源	金额(万元)
B 长期债券,年利率 9%	600
P 优先股,年股息率 7%	200
C 普通股,年股息率 10%,年增长率 5%	600
R 保留盈余	200
合计	1 600

现在,该企业拟增资 400 万元,有两个备选方案。

甲方案:发行长期债券 400 万元,年利率为 10%,筹资费率为 3%。同时,普通股股息增加到 25 元,以后每年还可增加 6%。

乙方案:发行长期债券 200 万元,年利率为 10%,筹资费率为 3%,另发行普通股 200 万元,筹资费率为 5%,普通股股息增加到 25 元,以后每年增加 5%。

试在两方案中选择一较优方案进行筹资。

解:要想在两种方案中选择较优方案,应比较甲、乙方案的平均资金成本率,再进行选择。

第一步,计算采用甲方案后,企业的综合资金成本率 $K_{甲}$。

各种资金来源的比重和资金成本率分别如下。

原有长期债券:

$$\omega_{B_1} = \frac{600}{2000} = 30\%, K_{B_1} = \frac{9\% \times (1 - 33\%)}{1 - 0} = 6.03\%$$

新增长期债券:

$$\omega_{B_2} = \frac{400}{2000} = 20\%, K_{B_2} = \frac{10\% \times (1 - 33\%)}{1 - 3\%} = 6.91\%$$

优先股:

$$\omega_P = \frac{200}{2000} = 10\%, K_P = 7\%$$

普通股:

$$\omega_C = \frac{600}{2000} = 30\%, K_C = \frac{25}{100} + 6\% = 18.5\%$$

保留盈余:

$$\omega_R = \frac{200}{2000} = 10\%, K_R = \frac{25}{100} + 6\% = 18.5\%$$

综合资金成本率:

$$\begin{aligned} K_{甲} &= 30\% \times 6.03\% + 20\% \times 6.91\% + 10\% \times 7\% + \\ &\quad 30\% \times 18.5\% + 10\% \times 18.5\% \\ &= 11.29\% \end{aligned}$$

第二步,计算采用乙方案后,企业的综合资金成本率 $K_{乙}$。

各种资金来源的比重和资金成本率分别如下。

原有长期债券:

$$\omega_{B_1} = \frac{600}{2000} = 30\%, K_{B_1} = \frac{9\% \times (1 - 33\%)}{1 - 0} = 6.03\%$$

新增长期债券:

$$\omega_{B_2} = \frac{200}{2000} = 10\%, K_{B_2} = \frac{10\% \times (1-33\%)}{1-4\%} = 6.98\%$$

优先股：

$$\omega_P = \frac{200}{2000} = 10\%, K_P = 7\%$$

普通股：

$$\omega_C = \frac{600}{2000} = 30\%, K_C = \frac{25}{100} + 5\% = 17.5\%$$

新增普通股：

$$\omega_C = \frac{200}{2000} = 10\%, K_C = \frac{25}{200 \times (1-5\%)} + 5\% = 18.16\%$$

保留盈余：

$$\omega_R = \frac{200}{2000} = 10\%, K_R = \frac{25}{100} + 5\% = 17.5\%$$

综合资金成本率：

$$\begin{aligned} K_{乙} &= 30\% \times 6.03\% + 10\% \times 6.98\% + 10\% \times 7\% + \\ &\quad 30\% \times 17.5\% + 10\% \times 18.16\% + 10\% \times 17.5\% \\ &= 12.02\% \end{aligned}$$

第三步，分析判断。

从以上计算中可以看出，综合资金成本率 $K_{乙} > K_{甲}$，所以应选择甲方案筹资。

复习思考题

1. 何谓投资？投资运动过程包括哪几个阶段？

2. 试从不同的角度简述投资的种类。

3. 固定资产的投资特点有哪些？

4. 我国投资管理体制具有哪几个层次？我国投资管理体制改革的主要内容有哪些？

5. 我国工程建设管理体制的主要内容有哪些？

6. 试从狭义及广义两个角度定义项目融资。

7. 项目融资与传统贷款相比较，项目融资具有哪些基本特点？

8. 项目融资大致分哪几个阶段？

9. 简述项目 BOT 融资方式及主要优点。

10. 建设项目的筹资方式有哪些？

11. 发行股票的筹资方式有哪些优缺点？发行债券的筹资方式有哪些优缺点？

12. 分别解释资金成本、资金筹集成本、资金使用成本的概念。资金筹集成本与资金使用成本在支付上有何区别？

13. 有关资金成本的计算公式有哪些？它们分别适用于哪一类筹资方式的资金成本计算？

14. 如何确定最佳的筹资方案？

第四章　公路工程建设项目管理

【教学目标】

1. 明确项目的基本概念;
2. 能阐述项目组织的设计与项目组织管理模式和工程项目计划的类型与作用;
3. 理解项目控制程序与方法、工程建设监理的基本概念和工程项目风险管理的内容与方法。

【教学要求】

章节名称	能力要求	知识要点
第一节　项目管理概述	明确项目的概念和项目划分	项目,项目特征、建设项目、施工项目、基本建设项目、更新改造项目、生产性建设项目、非生产性建设项目等,基本建设项目规模划分标准
第二节　项目组织	能阐述项目组织基本内容,能进行项目组织设计	组织,项目管理组织职能、构成因素、目标、工作内容、结构设计等;配置项目工作岗位及人员、岗位职责标准、项目组织工作流程及考核标准
第三节　项目组织管理模式	能阐明各类项目组织模式的优缺点	直线制、职能制、矩阵式等组织模式;总分包、平行承包、联合体承包、合作体承包、EPC 承包、CM 承包、Partnering 等工程项目组织管理模式
第四节　工程项目计划	能阐明工程项目计划的作用	按照工程建设程序分类的计划,按照项目控制目标分类的计划,按照资源范围分类的计划,项目进度控制计划、工程项目成本(投资)计划
第五节　项目控制程序与方法	理解按程序与方法控制项目的能力	项目目标控制,目标控制程序,主动、被动、事前、事后等控制方法;组织、技术、经济、合同等控制措施;网络计划法、香蕉曲线控制图、S 形曲线控制法、项目责任控制图、直方图控制法、控制图控制方法
第六节　工程项目风险管理	理解风险管理理论,能参与风险管理工作	风险管理,纯风险和投机风险、政治风险、社会风险、经济风险、自然风险、技术风险、基本风险和特殊风险等;建设工程风险的特点,风险识别、评价、对策决策、对策实施、检查等;风险管理目标、项目与风险管理的关系,风险识别的特点、原则、方法;风险概率、后果、回避、控制、自留、转移等
第七节　工程建设监理	熟悉工程监理工作的主要内容	工程建设监理制度,工程监理的服务性、科学性、独立性、公正性,监理合同、监理工程师、监理人员、建立监理组织等;监理规划、监理实施细则、工作规范,设计阶段投资控制、施工招标阶段投资控制、施工阶段投资控制,监理工作总结

【学习重点】

项目组织与项目组织管理模式;项目控制程序与方法;工程项目风险管理。

第一节　项目管理概述

一、项目管理的基本概念

1. 项目

1)项目的概念

项目是指在一定的约束条件下,具有专门组织、特定目标的一次性任务。

项目的含义包括了很多内容,最常见的有:

开发项目——资源开发项目、小区开发项目、新产品开发项目等;

建设项目——公路工程、铁路工程、港口工程、机场工程、水电工程等;

科研项目——基础科学研究项目、应用科学研究项目、科技攻关项目等。

其他还有环保规划项目、投资项目等。

2)项目的特征

(1)只有单件性和一次性。每个项目都有自己的最终成果和产生过程,都有自己的目标、内容和生产过程,具有单件性,管理过程的一次性,为管理带来了较大的风险。为了避免项目失误,必须依靠科学的管理手段和方法,对项目实施有效控制,以保证项目一次性成功。

(2)具有一定的约束条件。任何项目都有自己的约束条件,项目只有满足约束条件才能成功,因而约束条件是项目目标完成的前提。一般项目的约束条件为限定的时间、限定的质量和限定的投资,通常称为项目的三大目标。由于项目的不同,有些项目的约束条件也不尽相同,如工程项目还必须有明确的空间要求等。合理、科学地制订项目的约束条件,对保证项目的完成是十分必要的。

(3)具有生命周期。项目的单件性和过程的一次性决定了每个项目都具有自己的生命周期,任何项目都有其产生时间、发展时间和约束时间,在不同时期都有其特定的任务。掌握项目的生命周期,就能有效地对项目实施科学的管理。成功的项目管理是对项目全过程的管理,是对整个项目生命周期的管理。

2. 建设项目

1)建设项目的概念

建设项目也称为基本建设项目,指按一个总体设计进行建设的单项工程所构成的总体。

在我国,通常把建设一个企业、事业单位或一个独立工程项目作为一个建设项目。凡属于一个总体设计中分期分批进行建设的主体工程和附属配套工程、综合利用工程、供水供电工程全体作为一个建设项目。不能把不属于一个总体设计的工程,按各种方式归算为一个建设项目;也不能把同一个总体设计内的工程,按地区或施工单位分为几个建设项目。

2)建设项目的特征

建设项目除具有一般项目的特征外,还具有以下特征:

(1)投资额巨大,建设周期长。

(2)建设项目中的单项工程可以形成生产能力或使用价值。

(3)建设项目可以实行统一管理,在经济上实行统一核算。

(4)建设项目可以进一步划分为单项工程、单位工程、分部工程和分项工程。

3)建设项目管理

建设项目管理是项目管理的一个重要分支,是指在建设项目的生命周期内,用系统工程的理论、观点和方法对建设项目进行计划、组织、指挥、协调和控制的管理活动。

建设项目管理者由参与建设活动的各方组成,包括业主单位、监理单位、设计单位和施工单位等,不同阶段建设项目管理的管理者不同(表4-1)。

建设项目管理者与阶段对应表　　表4-1

建设阶段 / 项目管理者	建设项目立项前期	建设项目设计	建设项目施工
项目业主	√	√	√
建设监理			√
设计单位		√	√
施工单位			√

全过程项目管理是对从编制项目建议书至项目竣工验收交付使用的全过程进行管理,一般由项目业主进行管理。

设计阶段建设项目管理称为设计项目管理,主要由设计单位进行项目设计管理;施工项目管理发生在建设项目的施工阶段,主要由施工单位对项目实施管理;受业主委托,建设监理单位对建设项目施工实施监督管理。

由于建设项目的管理阶段不同,参与管理的管理者不同,管理的内容不同,所以建设项目管理在总体上有相同之处,在不同的阶段上却有不同之处,在从事建设项目管理时要引起注意。

3. 施工项目

1)施工项目的概念

施工项目是指施工企业施工生产的建筑产品对象,它可能是一个建设项目的施工,也可能是其中一个单项工程或单位工程的施工。

施工项目管理就是建筑安装施工企业对一个建筑安装产品的施工过程及目标进行计划、组织、指挥、协调和控制。

2)施工项目的特点

(1)它是建设项目或其中的单项工程、单位工程的施工任务。

(2)它以建筑安装施工企业为管理主体。

(3)它的任务范围是由工程承包合同界定的。

(4)它的产品具有单件性、固定性、体积庞大、生产周期长的特点。

只有单位工程、单项工程和建设项目的施工才称得上是施工项目,分部、分项工程不是完整的产品,因此不能称为施工项目。

二、建设项目分类

为了加强基本建设项目管理,正确反映建设项目的内容及规模,建设项目可按不同的标准分类。

1. 按建设性质分类

建设项目按其建设性质不同,可划分成基本建设项目和更新改造项目两大类。

1)基本建设项目

基本建设项目是指投资建设用于以扩大生产能力或增加工程效益为主要目的的新建、扩建工程及有关工作。具体内容如下:

(1) 新建项目。指以技术、经济和社会发展为目的,从无到有的建设项目。现有企业、事业和行政单位一般不应有新建项目,如新增加的固定资产价值超过原有全部固定资产价值(原值)3倍以上时,才可算新建项目。

(2)扩建项目。指企业为扩大生产能力或新增效益而增建的生产车间或工程项目,以及事业和行政单位增建的业务用房等。

(3)迁建项目。指现有企业、事业单位为改变生产布局或出于环境保护等其他特殊要求,搬迁到其他地点的建设项目。

(4)恢复项目。指原固定资产因自然灾害或人为灾害等原因已全部或部分报废,又投资重新建设的项目。

2)更新改造项目

更新改造项目是指建设资金用于对企业、事业单位原有设施进行技术改造或固定资产更新的项目,以及相应配套的辅助性生产、生活福利等工程的项目。更新改造项目包括挖潜工程、节能工程、安全工程、环境工程。

更新改造措施应按照专款专用、少搞土建、不搞外延的原则进行。

2. 按投资作用分类

基本建设项目按其投资在国民经济各部门中的作用,分为生产性建设项目和非生产性建设项目。

1)生产性建设项目

生产性建设项目是指直接用于物质生产或直接为物质生产服务的建设项目,主要包括:

(1)工业建设项目。指工业、国防和能源建设。

(2)农业建设项目。指农、林、牧、渔、水利建设。

(3)基础设施项目。指交通、邮电、通信建设,地质普查、勘探建设、建筑业建设等。

(4)商业建设项目。指商业、饮食、营销、仓储、综合技术服务事业的建设。

2)非生产性建设项目

非生产性建设项目(消费性建设)包括满足人民物质和文化、福利需要的建设和非物质生产部门的建设,主要包括:

(1)办公用房。指各级国家党政机关、社会团体、企业管理机关的办公用房。

(2)居住建筑。指住宅、公寓、别墅。

(3)公共建筑。指科学、教育、文化艺术、广播电视、卫生、博览、体育、社会福利事业、公用事业、咨询服务、宗教、金融、保险等建设。

(4)其他建设。不属于上述各类的其他非生产性建设。

3. 按项目规模分类

按照国家规定的标准,基本建设项目划分为大型、中型、小型三类。

1)基本建设项目规模划分标准

(1)按投资总额划分的基本建设项目,属于工业生产性项目中的能源、交通、原材料部门的工程项目,投资额达到5 000 万元以上为大中型项目;其他部门和非工业建设项目,投资额达到3 000 万元以上为大中型建设项目。

(2)按生产能力或使用效益划分的建设项目,以国家对各行业的具体规定作为标准。

(3)更新改造项目只按投资额标准划分为限额以上(能源、交通、原材料工业项目为≥5 000万元,其他项目为≥3 000 万元)和限额以下项目。

2)非大中型项目

在国家统一下达的计划工作中,不作为大中型项目安排的建设项目如下:

(1)分散零星的江河治理、国营农场、植树造林、草原建设等;原有水库加固,并结合加高大坝、扩大溢洪道和增修灌区配套工程的项目,除国家指定者外,不作为大中型项目。

(2)分段治理,施工期长,年度安排有较大伸缩性的航道整治、疏浚工程。

(3)科研、文教、卫生、广播、体育、出版、计量、标准、设计等事业的建设(包括工业、交通和其他部门所属的同类事业单位),新建工程按大中型标准划分,改、扩建工程除国家指定者外,一律不作为大中型项目。

(4)城市的排水管网、污水处理、道路、立交桥梁、防洪、环保等工程;城市的一般民用建筑,包括统建和集资建设的住宅群、办公和生活用房建设。

(5)名胜古迹、风景点、旅游区的恢复、修建工程。

(6)施工队伍以及地质勘探单位等独立的后方基地建设(包括工矿企业的农副业基地建设)。

(7)采取各种形式利用外资或国外资金兴建的旅游饭店、旅馆、贸易大楼、展览馆、科教馆等。

第二节　项　目　组　织

一、组织的基本原理

1. 组织的概念

所谓组织,就是为了某一特定的目标,使全体参加者经分工与协作,按不同层次的权利和责任约定而构成的一种人的组合体。

组织有两种含义:一是指组织机构,即按一定的领导体制、部门设置、层次划分、职责分工等构成的有机整体,其目的是处理人和人、人和事、人和物的关系;二是指组织行为,即通过一定权利和影响力,为达到一定目标,对所需要资源进行合理配置,目的是处理人和人、人和事、人和物的行为。

2. 项目管理组织的职能

项目管理组织职能是项目的基本职能,包括以下几方面:

(1)计划。为实现所设定的目标而制订出所要做的事情的安排,并对资源进行配置。

(2)组织。为实现所设定的目标,必须建立必要的权力机构、组织层次和组织体系,并规定职责范围和协作关系。

(3)控制。采用一定方法、手段使组织按一定的目标和要求运行。

(4)指挥。上级对下级进行领导、监督和激励。

(5)协调。使各层次、体系之间步调一致,共同实现所设定的目标。

3. 组织构成因素

组织构成一般是上小下大的形式，由管理层次、管理跨度、管理部门、管理职责四大因素组成，各因素密切相关、相互制约。在组织结构设计时，必须考虑各因素间的平衡衔接。

1）合理的管理层次

管理层次是指从最高管理者到具体工作人员的等级层次的数量。

管理层次通常分为决策层、协调层和执行层、操作层。决策层的任务是确定管理组织的目标和大政方针，它必须精干、高效；协调层主要是参谋、咨询职能，其人员应有较高的业务工作能力；执行层是直接调动和组织人力、财力、物力等具体活动内容，其人员应有熟练的作业技能。这三个层次的职能和要求不同，标志着不同的职责和权限，同时也反映出组织系统中的人数变化规律。它有如一个三角形，从上至下权责递减，人数递增。

管理层次不宜过多，否则是一种浪费，也会使信息传递慢、指令走样、协调困难。

2）合理的管理跨度

管理跨度是指一名上级管理人员所直接管理的下级人数。这是由于每一个人的能力和精力都是有限的，所以一个上级领导人能直接、有效地指挥下级的数目是有一定限度的。

管理跨度大小取决于需要协调的工作量。下级数目按算术级数增长的话，其直接的领导者需要协调的关系数目则按几何级数增长。

管理跨度的大小弹性较大，影响因素很多。它与管理人员性格、才能、个人精力、授权程度以及被管理者的素质关系很大。此外，还与职能的难易程度、工作地点远近、工作的相似程度、工作制度和程序等客观因素有关。确定适当的管理跨度，需积累经验，并在实践中进行必要的调整。

3）合理的部门划分

组织中各部门的合理划分对发挥组织效应是十分重要的。如果部门划分不合理，会造成控制、协调的困难，也会造成人浮于事，浪费人力、物力、财力。部门的划分要根据组织目标与工作内容确定，形成既有相互分工又有相互配合的组织系统。

4）合理的职能确定

组织设计中确定各部门的职能，应使纵向的领导、检查、指挥灵活，使指令传递快、信息反馈及时。要使各部门能够有职有责、尽职尽责，横向各部门之间就需相互联系、协调一致。

二、建立项目组织的步骤

项目在建立组织班子时，不论项目规模及任务范围，都应遵循以下步骤。

1. 确定组织目标

项目目标是项目组织设立的前提，也是组织的行为目标。应根据确定的项目总体目标，明确划分为分解目标。

2. 确定项目工作内容

根据项目目标和规定任务，明确列出项目具体工作内容，按项目的规模、性质、工程复杂程度和单位人员数量、自身技术与组织管理水平等对各项工作进行归并与组织。

对实施阶段全过程的项目管理，工作划分可按设计阶段和施工阶段分别归并和组合。

3. 组织结构设计

1）确定组织结构形式

由于项目规模、性质和建设阶段等的不同，可以选择不同的组织结构形式以适应项目工作的需要。结构形式的选择应考虑有利于项目合同管理,有利于目标控制,有利于决策指挥,有利于信息沟通。

2)合理确定管理层次

管理组织结构可分设三个层次:一是决策层,由项目经理和其助手组成,要根据工程项目的活动特点与内容进行科学化、程序化决策;二是中间控制层(协调层和执行层),由专业工程师和子项目工程师组成,具体负责规划的落实、目标控制及合同实施管理,属承上启下管理层次;三是作业层(操作层),由现场人员组成,负责具体的操作工作。

4. 配置工作岗位及人员

人员配置要体现"职能要落实,人员要精干"的原则,任务以满负荷工作为原则。

5. 制订岗位职责标准与考核要求

岗位人员职责标准和考核要求要按规定的工作任务目标的要求来确定,使各类人员有职有责、尽职尽责。

6. 制订工作流程与考核标准

为使管理工作科学、有序进行,应按管理工作的客观规律性制订工作流程。规范化地开展管理工作,并应确定考核标准,对管理人员的工作进行定期考核,包括考核内容、考核标准及考核时间。

第三节　项目组织管理模式

一、项目组织机构形式

项目组织形式应根据工程项目的特点、工程项目的承包模式、业务委托的任务以及单位自身情况而确定。常用的组织形式有直线制、职能制及矩阵式几种。

1. 直线制项目组织

直线制项目组织如图4-1所示。

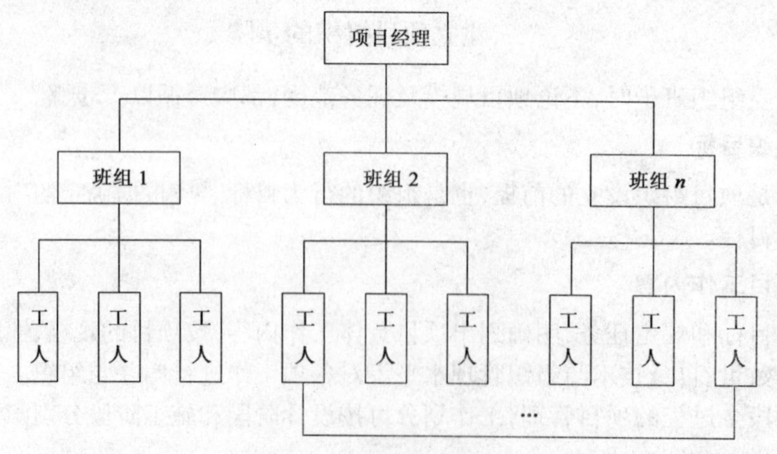

图4-1　直线制项目组织图

直线制项目组织中的各种职位均按直线排列,项目经理直接进行单线垂直领导,人员相对稳定,接受任务快,信息传递简单迅速,人事关系容易协调。这种组织形式的主要优点是机构简单、权力集中、命令统一、职责分明、决策迅速、隶属关系明确。缺点是实行没有职能机构的"个人管理",这就要求决策者懂得各种行业,懂得多种知识技能,成为"全能"式人物;专业分工差,横向联系困难。该组织适用于中小型项目。

2. 职能制项目组织

职能制项目组织如图 4-2 所示。

职能制项目组织,在项目经理下设的一些职能机构,分别从职能角度对基层进行业务管理。这些职能机构可以在项目经理授权范围内,就其主要管理的业务范围,向下下达命令和指示。此种形式适用于项目地理位置上相对集中的项目。

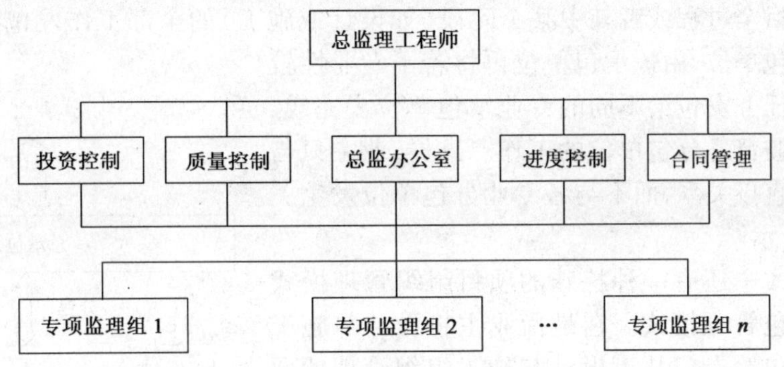

图 4-2　职能制项目组织图

职能制项目组织机构的主要优点是强调管理业务的专业化,注意发挥各类专家在项目管理中的作用。由于管理人员工作单一,易于提高工作质量,同时可以减轻领导者的负担。缺点是机构没有处理好管理层次和管理部门之间的关系,形成多头领导,下级执行者接受多人指令,容易造成职责不清。

3. 矩阵式项目组织

矩阵式项目组织如图 4-3 所示。

矩阵式组织是将项目组织机构与职能部门按矩阵方式组成的组织机构。矩阵中每个成员都受项目经理和职能部门的双重领导,项目经理、职能部门经理对项目成员都有权控制和使用。职能部门负责人在安排人员时,要保证项目的职能服务,根据项目不同的职能需要配置人员。该组织适用于大型复杂的项目,或多个同时进行的项目。

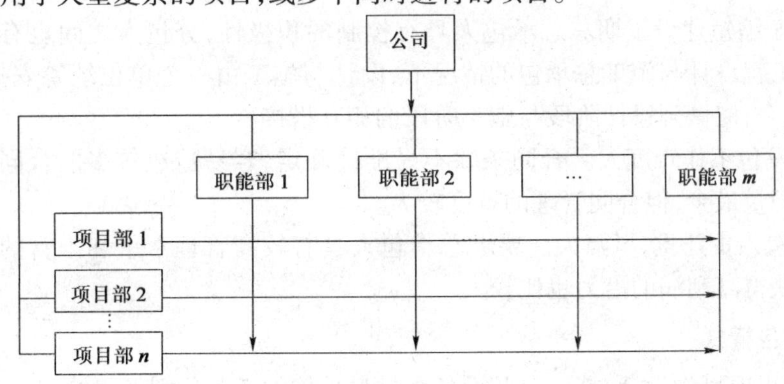

图 4-3　矩阵式组织图

矩阵式项目组织机构形式的优点是具有较大的动机性和灵活性。它体现了集权与分权的最优组合,有利于调动各种人员的积极性,使得项目管理工作顺利进行。缺点是矩阵式组织机构经常变动,稳定性差,业务人员工作调动频繁。此外,组织中任何一个成员都受两个领导指挥,如果处理不当,会造成矛盾,产生扯皮现象。

二、工程项目组织的管理模式

在工程项目实施过程中,往往不止一个承包单位,由于承包单位之间以及承包单位与业主之间的关系不同,因而形成了不同的工程项目组织管理模式。

1. 总分包模式

将工程项目全过程或者其中某个阶段(如设计或施工)的全部工作发包给一家资质条件符合要求的承包单位,由该承包单位再将若干专业性较强的部分工程任务发包给不同的专业承包单位去完成,并统一协调和监督各分包单位的工作。这样,业主只与总包单位发生直接关系,而不与各专业分包单位发生关系,如图 4-4 所示。

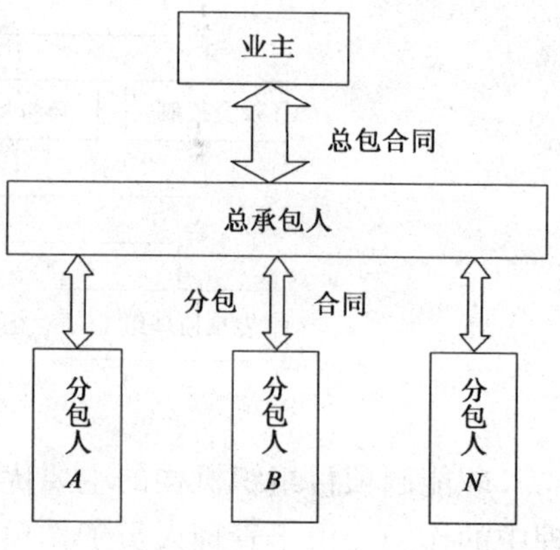

图 4-4　总分包合同结构

总分包模式中还有一种特殊的项目组织管理模式——项目总承包管理模式。它是指业主将设计与施工的主要部分发包给专门从事设计与施工组织管理的项目管理公司。该公司自己既没有设计力量,也没有施工队伍,而是将其所承接的设计和施工任务全部承包给其他设计单位和施工单位,项目管理公司专心致力于工程项目管理工作。

总分包模式的特点如下:

(1)有利于项目的组织管理。业主只与总承包人签订合同,合同结构简单,有利于合同管理。业主的组织管理和协调工作量小,可发挥总承包人多层次协调的积极性。

(2)有利于控制工程造价。总包合同价格可以较早确定,业主可以承担较少风险。

(3)有利于控制工程质量。由于总承包人与分包人之间通过分包合同建立了责、权、利关系,在承包人内部,工程质量既有分包人的自控,又有总包人的监督管理,从而增加了工程质量监控环节。

(4)有利于缩短建设工期。总承包人具有控制的积极性,分包人之间也有相互制约的作用。此外,在工程设计与施工总承包的情况下,设计与施工由一个单位统筹安排,使两个阶段能够有机地融合,能做到设计阶段与施工阶段的相互搭接。

(5)招标发包工作难度大。合同条款不易准确确定,容易造成较多的合同纠纷。对业主而言,尽管合同量最少,但合同管理的难度较大。

(6)总承包人责任重,风险大。要求总承包人具有较高管理水平和丰富的实践经验。与高风险对应,获得高利润的潜力也比较大。

2. 平行承包模式

业主将工程项目的设计、施工以及设备和材料采购的任务分别发包给多个设计单位、施工单位和设备材料供应厂商,并分别与各承包人签订合同。这时,各承包人之间的关系是平行的,如图4-5所示。

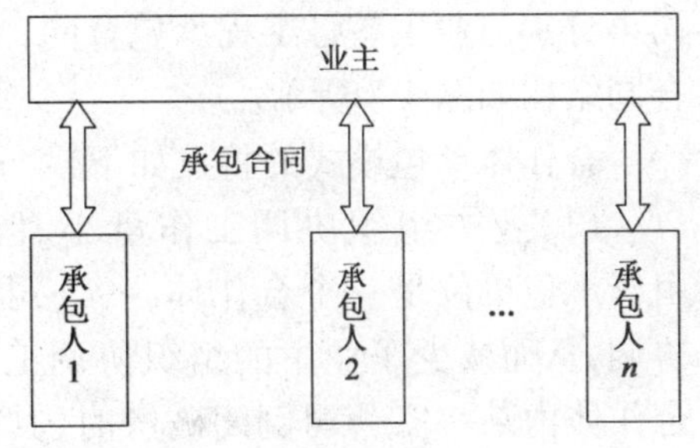

图4-5　平行承包合同结构

平行承包模式的特点如下:

(1)有利于业主择优选择承包人。合同内容比较单一、合同价值小、风险小,对不具备总承包管理能力的中小承包人较为有利,使他们有可能参与竞标。业主可以在更大范围内进行选择,为择优选择承包人创造了条件。

(2)有利于控制工程质量。整个工程经过分解分别发包给承包人,合同约束与相互制约使每一部分能够较好地实现质量要求。如主体工程与装修工程分别由两个施工单位承包,当主体工程不合格时,装修单位不会同意在不合格的主体工程上进行装修,承包人之间相互制约,加强了工程质量的控制。

(3)有利于缩短建设工期。设计和施工任务经过分解分别发包,设计与施工阶段有可能形成搭接关系,从而缩短整个项目的建设工期。

(4)组织管理的协调工作量大。合同数量多,使项目系统内结合部位数量增加,要求业主及其委托的监理单位具有较强的组织协调能力。

(5)工程造价控制难度大。一是总合同价不易短期确定,从而影响工程造价控制的实施;二是工程招标任务量大,需控制多项合同价格,增加了工程造价控制的难度。

相对于总承包模式而言,平行承包模式不利于发挥技术水平高、综合管理能力强的承包人的综合优势。

3. 联合体承包模式

当工程项目规模巨大或技术复杂,以及承包市场竞争激烈,由一家公司总承包有困难时,可以由几家公司联合起来成立联合体(Joint Venture,简称JV),去竞争承揽工程建设任务,以发挥各公司的特长和优势。联合体通常由一家或几家公司发起,经过协调确定各自投入联合体的资金份额、机械设备等固定资产及人员数量等,签署联合体章程,建立联合体组织机构,产生联合体代表,以联合体的名义与业主签订工程承包合同。其合同机构如图4-6所示。

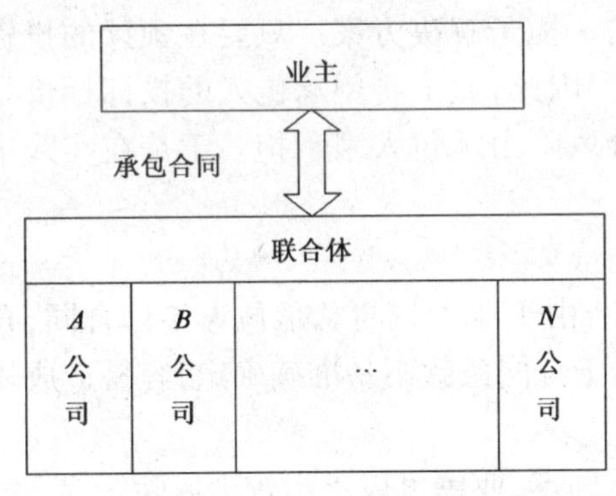

图4-6　联合体承包合同结构

联合体承包的特点如下:

(1)对业主而言,与总分包模式相同,合同结构简单,组织协调工作量小,而且有利于工程造价和建设工期的控制。

(2)对联合体而言,可以集中各成员单位在资金、技术和管理等方面的优势,克服单一公司力不能及的困难,不仅增强了竞争力,同时也增强了抗风险能力。

4. 合作体承包模式

当工程项目包含工程类型多、数量大,或专业配套需要时,一家公司无力实行总承包,而业主又希望承包方有一个统一的协调组织时,就可能产生几家公司自愿结成合作伙伴,形成一个合作体,以合作体的名义与业主签订工程承包意向合同(也称基本合同)。达成协议后,各公司再分别与业主签订工程承包合同,并在合作体的统一计划、指挥的协调下完成承包任务。其合同结构如图4-7所示。

合作体承包模式的特点如下:

(1)业主组织协调工作量小,但风险较大。由于承包单位是一个合作体,各公司之间能相互协调,从而减少了业主的组织协调工作量。但当合作体内某一家公司倒闭破产时,其他成员单位及合作机构不承担项目合同的经济责任,这一风险将由业主承担。

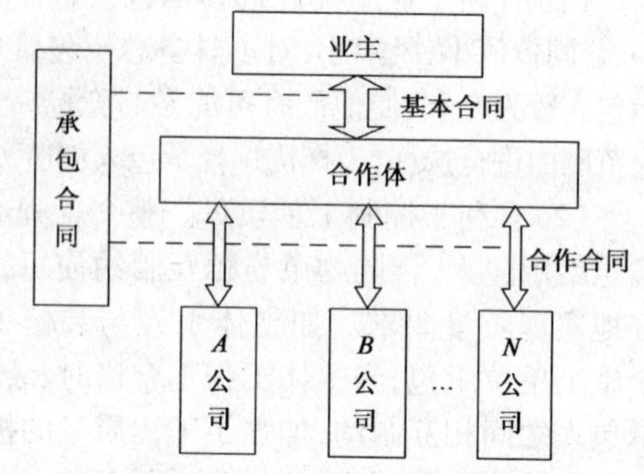

图4-7 合作体承包合同结构

(2)各承包人之间既有合作的愿望,又不愿意组成联合体。参加合作体的各成员单位都没有与建设任务相适应的力量,都想利用合作体增强总体实力。他们之间既有合作的愿望,但又出于自主性的要求,或彼此之间信任度不够,不采取联合体的捆绑式经营方式。

5. EPC 承包模式

EPC承包也可称为项目总承包,是指一家总承包人或承包人联合体对整个工程的设计(Engineering)、材料设备采购(Procurement)、工程施工(Construction)实行全面、全过程的"交钥匙"承包。

由于工程项目本身具有实施时间长、合同各方关系复杂及一次性等特点,使得业主需要获得全面服务,业主更多的是要求承包人提供工程项目的一揽子解决方案。只要在预计的投资金额和投产时间内,能使业主盈利,该项目就是可行的。因此,业主希望承包人的投标标价是固定不变的包干总价,并将工程实施过程中的绝大部分风险由承包人来承担。于是在实践中就逐渐出现了EPC承包模式。

EPC模式的特点如下:

(1)业主的组织协调工作量少,但合同管理难度大。由于业主只与总承包人签订合同,合同数量少,使得业主的组织管理和协调工作量小。但由于合同条款不易准确确定,容易造成较多的合同纠纷,因而合同管理的难度一般较大。

(2)有利于控制工程造价。总包合同价格可以较早确定,业主可以承担较少风险。

(3)有利于缩短建设工期。由于设计与施工由一个单位统筹安排,使两个阶段能够有机地融合,一般均能做到设计阶段与施工阶段的相互搭接。

(4)总承包人责任重、风险大。承包人需要具有较高的管理水平和丰富的实践经验。

6. CM 承包模式

CM承包模式是美国人Charles B. Thomsen 于1986年首选提出并开始实施的,其全称为Fast-Track-Construction Management。它是由业主委托一家CM单位承担项目管理工作,该CM单位以承包人的身份进行施工管理,并在一定程度上影响工程设计活动,组织快速路径(Fast-Track)的生产方式,使工程项目实现有条件的"边设计、边施工。"

1)CM承包模式的特点

(1)采用快速路径法施工。在工程设计尚未结束之前,当部分的施工图设计已经完成时,就开始进行该部分工程的施工招标,从而使这部分工程的施工提前到工程项目的设计阶段。

(2)CM 单位有代理型(Agency)和非代理型(Non-Agency)两种。代理型的 CM 单位不负责工程分包的发包,与分包人的合同由业主直接签订。而非代理型的 CM 单位直接与分包人签订分包合同。

(3)CM 合同采用成本加酬金方式。代理型和非代理型的 CM 合同是有区别的。由于代理型合同是业主与分包人直接签订,所以采用简单的成本加酬金合同形式。而非代理型合同则采用保证最大工程费用加酬金的合同形式。这就是因为 CM 合同总价是在 CM 合同签订之后,随着 CM 单位与各分包人签约而逐步形成的。只有采用保证最大工程费用,业主才能控制工程总费用。

2)实施 CM 承包模式的价值

CM 承包模式特别适用于那些实施周期长、工期要求紧迫的大型复杂建设工程。采用 CM 承包模式的基本指导思想是缩短工程项目的建设周期,但其价值远不止于此,它在工程质量、进度和造价控制方面都有很大的价值。

(1)工程质量控制方面的价值。

①设计与施工结合,有利于提高工程质量。

②严格的工程质量控制程序,为控制工程质量提供了保证。

(2)工程进度方面的价值。

①由于采取分阶段发包,集中管理,实现了有条件的"边设计,边施工",使设计与施工能够充分地搭接,有利于缩短建设工期。

②尽管工程建设总承包也是在工程设计前期或设计早期进行发包,但由于 CM 承包模式的招标不需要编制项目功能描述书,因而缩短了招标准备工作时间。

③CM 单位在工程项目设计早期即可参与项目的实施,并对工程设计提出合理化建议,使设计方案的施工可行性和合理性在设计阶段就得到考虑和证实,从而可以减少施工阶段因修改设计而造成的实际进度拖后。

④CM 承包模式将项目的进度安排看作一个完整的系统工程,在项目实施早期即编制供货期间的设备采购计划,并提前安排设备招标、提前组织设备采购,从而可以避免因设备供应工作的组织和管理不当而造成的工期延期。

⑤CM 单位一般都拥有一套先进的计算机进度控制系统,充分利用现代化管理方法和手段,对工程项目进行有效的进度安排和控制。

(3)工程造价控制方面的价值。

①与施工总承包相比,采用 CM 承包模式,其合同价更具合理性。每次分包都通过招标展开竞争,每个分包合同价格都通过谈判进行详细的讨论,从而使各个分包价格汇总后形成的合同总价更具有合理性。

②CM 单位不赚取总包与分包之间的差价。CM 单位在进行分包谈判时,会努力降低分包合同价。经谈判而降低合同价的节约部分全部归业主所有,CM 单位可获得部分奖励,这样有利于降低工程费用。

③应用价值工程方法挖掘节约投资的潜力。CM 单位早在工程设计阶段就可凭借其在施工成本控制方面的实践经验,应用价值工程方法对工程设计提出合理化建议。同时在很大程度上减少了设计变更,从而减少了分包人因设计变更而提出的索赔。

④大大减少了业主在工程造价控制方面的风险。当采用非代理型 CM 承包模式时,CM 单位将对工程费用的控制承担更直接的经济责任。如果实际工程费用超过最大工程

费，超出部分将由 CM 单位承担；如果实际工程费用低于最大工程费，节约部分全部归业主所有。

⑤采用现代化管理方法和手段控制工程费用。与普通承包人相比，CM 单位不是单“为自己控制成本”，还要承担“为业主控制工程费用”的任务。CM 单位要制订和实施完整的工程费用计划和控制工作流程，并不断向业主报告工程费用情况。在国外，许多成功的 CM 承包人都拥有一套先进的计算机费用控制系统，进行费用计划值与实际值的动态跟踪比较，发现实际费用超过计划值时，及时采取纠偏措施。

7. Partnering 模式

Partnering 模式于 20 世纪 80 年代中期首先在美国出现，到 20 世纪 90 年代后中期，其应用范围逐步扩大到英国、澳大利亚、新加坡等国家和我国香港地区。近年来日益受到建设工程管理界的重视。

我国大陆有的学者将 Partnering 译为伙伴关系，台湾学者则将其译为合作管理。

1）Partnering 模式的主要特征

（1）出于自愿。Partnering 协议需要工程项目建设参与各方共同签署，包括业主、总包人、主要分包人、设计单位、咨询单位、主要的材料设备供应单位等。Partnering 模式的参与各方要充分认识到，这种模式的出发点是实现工程项目建设的共同目标以使各方都能获益。只有在认识上达到统一，才能在行动上采取合作和信任的态度，才能愿意共同承担风险和有关费用，共同解决问题和争议。

（2）高层管理参与。Partnering 模式的实施需要突破传统的观念和组织界限，因而工程项目建设各方高层管理者的参与以及在高层管理者之间达成共识，对于该模式的顺利实施是非常重要的。由于 Partnering 模式需要参与各方分担风险、共享资源，因此，高层管理的认同、支持和决策是关键因素。

（3）Partnering 协议不是法律意义上的合同。工程合同签订后，工程建设参与各方经过讨论协商后才会签署 Partnering 协议。该协议并不改变参与各方在有关合同中规定的权利和义务。Partnering 协议主要用来确定参与各方在工程建设中的共同目标、任务分工和行为规范，它是工作小组的纲领性文件。当然，该协议的某些内容也不是一成不变的，当对协议有意见时，可以召开会议经过讨论对协议内容进行修改。

（4）信息的开放性。Partnering 模式强调资源共享，信息作为一种重要的资源，对于参与各方必须公开。参与各方要保持及时、经常和开诚布公的沟通，在相互信任的基础上，要保证工程投资、进度、质量等方面的信息能被参与各方及时、便利地获取。

2）Partnering 模式的组成要素

（1）长期协议。通过与业主达成长期协议、进行长期合作，承包人能够更加准确地了解业主的需求；同时能保证承包人不断地获取工程任务书。从而使承包人将主要精力放在工程项目的具体实施上，充分发挥其积极性和创造性。这样既有利于工程投资、进度、质量的控制，同时也降低了承包人的经营成本。

（2）资源共享、风险共担。工程建设参与各方共享有形资源（如人力、机械设备等）和无形资源（如信息、知识等）。同时，参与各方共同分担工程的风险和采用 Partnering 模式所产生的相应费用。

（3）相互信任。相互信任是确定工程建设参与各方共同目标和建立良好合作关系的前提，是 Partnering 模式的基础和关键。只有相互信任，参与各方之间才能构成相互合作关系，才能够实现参与各方的资源和效益共享。

(4)共同的目标。工程建设参与各方都要充分认识到,只有工程建设项目实施结果本身是成功的,才能实现他们各自的目标和利益,从而取得双赢或多赢的结果。

(5)合作。工程建设参与各方要有合作精神,并在相互之间建立良好的合作关系。Partnering 模式需要突破传统的组织界限,建立一个由工程建设参与各方人员共同组成的小组。同时,要明确各方的职责,建立相互之间的信息流程和指令关系,并建立一套规范的操作程序。

值得指出的是,Partnering 模式不是一种独立存在的模式,它通常需要与工程项目其他组织模式中的某一种结合使用,如总分包模式、平行承包模式、CM 承包模式等。

三、项目经理的任务与任职条件

项目经理是企业法人代表在项目上的全权委托代理人。在企业内部,项目经理是项目实施全过程全部工作的总负责人,对外可以作为企业法人的代表在授权范围内负责并处理各项事务,因此,项目经理是项目实施的最高责任者和组织者。

1. 项目经理的任务

(1)确定项目组织机构并配置相应人员,组织项目管理班子。

(2)制订各项规章制度和岗位责任制,组织项目有序地开展工作。

(3)制订项目的总目标和阶段性目标,进行目标分解,制订总体控制计划,并实施控制,保证项目目标的实现。

(4)及时、准确地作出项目管理决策,严格管理,保证合同的顺利执行。

(5)协调项目组织的内部及外部各方面的关系,并代表企业法人在授权范围内进行有关签证。

(6)建立完善的内部及外部信息管理系统,确保信息畅通无阻,保证工作高效率进行。

2. 项目经理应具备的基本条件

项目经理作为项目管理的核心,应具有丰富的知识。

首先,项目经理应有较深的专业知识,如公路工程项目经理需要具备公路工程技术专业知识,以便在处理与专业有关的事件时得心应手。

第二,项目经理应具备管理知识,尤其应掌握现代化管理方法,如项目管理、系统工程、网络技术、价值工程等。

第三,项目经理应具有一定的经济知识,如工程经济、造价管理、工程概(预)算等方面的知识,以便处理项目实施过程中有关的经济与财务问题。

第四,项目经理应具有一定的法律知识,如经济法、合同法的知识。

项目经理作为项目管理的组织者和指挥者,应具有良好的组织才能和优秀的个人素质,并具有决策应变能力、组织指挥能力、交际能力、谈判能力等。项目经理还应掌握行为科学与管理心理学中一些领导艺术和方法,协调好各方面的关系。

3. 项目经理的选拔与培训

由于对项目经理人才的素质、资历、知识结构和知识水平等要求较高,因此,项目经理要有计划地培养,以满足项目管理的需要。从长远看,应当把项目管理人员,包括项目管理,作为一个专业,在学校中进行有计划的培养;也可以从实际工作中抽调人员到大学进行有计划的在职培训;或者从熟悉专业知识,懂得管理经济知识,有较强组织能力和社会活动能力的工程师、经济师或工程技术管理人员中，经过基本素质考核后，作为项目经理预备人才进行培训并提供锻炼的机会，使之逐步成为中小型项目经理。大中型项目经理，在上岗前要在有经验的项目经理带领下，接受项目副经理、助理或见习经理的岗位锻炼。

第四节　工程项目计划

一、项目计划的基本内容

计划作为项目管理的一项职能，它贯穿于工程项目生命期的全过程。从项目定义开始，每一个阶段，都要进行项目计划工作。随着阶段推进，计划由浅入深、从粗到细，不断地具体和完善，以满足项目实施的基本要求。

1. 按照建设程序分类的计划内容

按照建设程序分类的计划有如下内容：

(1)工程项目的目标设计阶段。它包括总的项目规模、生产能力、建设期和运行期的预计，总投资及其相应的资金来源的安排等。尽管它是一个大的轮廓，但它是一个初步计划。

(2)可行性研究阶段计划。可行性研究本身是对计划的论证。它包括项目建设计划、投资计划、筹资方案等。这里不仅有总投资的估算，而且有各个子项投资估算。不仅有总工期安排，而且有主要活动和重大事件的时间安排(以横道图形式)；还有费用—时间计划、现金流量计划等。对可行性研究的批准实质上是对一套计划的认可。

(3)设计阶段计划。在项目批准后，设计和计划是平行进行的。在初步设计、扩大初步设计、施工图设计各阶段，计划随着技术设计而不断深入、细化。每一步设计之后就有一个相应的计划，它作为项目设计过程中阶段决策的依据。同时结构分解不断细化，项目组织形式也逐渐完备，这样就形成了一个多层次的控制和保证体系。

(4)项目实施阶段计划。项目施工前由施工单位制订的实施计划，随着情况的不断变化，每一个阶段(一个月、一周)都必须研究修改、调整；另一方面，由于计划作得较粗，在实施中必须不断地采用滚动的方法详细地安排近期计划。

2. 按照项目控制目标分类的计划内容

按照项目控制目标分类的计划有如下内容：

(1)工期计划。包括项目结构多层次单元的持续时间的确定，以及各个工程活动开始和结束时间的安排，时差的分析。

(2)成本(投资)计划。包括各层次项目单元的计划成本；项目“时间—计划成本”曲线和项目成本模型；项目现金流量(包括支付计划和收入计划)；项目资金筹措(贷款)计划。

(3)质量标准计划。包括力学与物理性能；寿命期内使用性能的稳定性；适用于安装机械设备的操作与维修；具有规定的生产能力或效率的产品的经济性；保证使用维修过程的安全性；外观及环境的协调性。

3. 按照资源范围分类的计划内容

按照资源范围分类的计划有如下内容：

(1)劳动力的使用计划、招聘计划、培训计划。

(2)机械使用计划、采购计划、租赁计划、维修计划。

(3)物资供应计划、采购订货计划、运输计划等。

4. 其他计划

其他计划包括现场平面布置、后勤管理计划(如临时设施、水电供应、道路和通信等)、项目的运营准备计划等。

二、项目进度控制计划

工程项目的进度控制计划体系应该包括下列各种计划。

1. 工程项目前期的工作计划

工程项目前期工作计划是指对可行性研究及初步设计的工作进度安排,通过这个计划,使建设前期的各项工作相互衔接,时间得到控制。前期工作计划由建设单位在预测的基础上进行编制。计划表格如表4-2所示。

工程项目前期工作进度计划表 表4-2

项目名称	建设性质	建设规模	可行性研究		项目评估	
			进度要求	负责单位负责人	进度要求	负责单位负责人

2. 工程项目建设总体进度计划

工程项目建设总体进度计划指初步设计被批准后、编制上报年度计划以前,根据工程项目从开始建设准备(设计、施工)至竣工投产(动用)全过程的统一部署,以安排各单项工程和单位工程的建设进度,合理分配年度投资,组织各方面的协作,它由以下几个部分组成。

(1)文字部分。包括:工程项目的概况和特点;安排建设总进度的原则和依据;投资资金来源和年度安排情况;技术设计、施工图设计、设备交付和施工力量进场时间的安排;道路、供电、供水等方面的协作配合,进度的衔接;计划中存在的主要问题及采取的措施;需要上级及有关部门解决的重大问题等。

(2)工程项目一览表。该表把初步设计中确定的建设内容,按照单项工程、单位工程归类并编号,明确其建设内容和投资额,以便各部门按统一的口径明确工程项目的控制投资并进行管理。工程项目一览表的格式如表4-3所示。

工程项目一览表 表4-3

工程编号	单项工程或单位工程名称	工程内容	概算金额(元)						备注
			合计	建筑工程费	安装工程费	设备购置费	工器具购置费	其他费用	

(3)工程项目总进度计划。工程项目总进度计划是根据初步设计中确定的建设工期和工艺流程,具体安排单项工程和单位工程的进度,一般用横道图编制。其格式如表4-4所示。

工程项目总进度计划表 表4-4

工程编号	单项工程或单位工程名称	工程数量		××××年				××××年				…
		单位	数量	一季	二季	三季	四季	一季	二季	三季	四季	…

(4)投资计划年度分配表。该表根据工程项目总进度计划，安排各个年度的投资，以便预测各个年度的投资规模，筹集建设资金或与银行签订借款合同，规定年度用款计划。其格式如表4-5所示。

投资计划年度分配表

表4-5

工程编号	单项工程名称	投资额	投资分配(元)				
			××××年	××××年	××××年	××××年	××××年
	合计： 其中，建安工程投资 设备投资 工器具投资 其他投资						

(5)工程项目进度平衡表。工程项目进度平衡表用以明确各种设计文件交付日期，主要设备交货日期，施工单位进场日期和竣工日期，水、电、道路接通日期等，以保证建设中各个环节相互衔接，确保工程项目按期投产。其格式如表4-6所示。

工程项目进度平衡表

表4-6

工程编号	单项工程或单位工程名称	开工日期	竣工日期	要求设计进度				要求设备进度			要求施工进度			道路、水、电接通日期				
				交付日期			设计单位	数量	交货日期	供应单位	进场日期	竣工日期	施工单位	道路通行日期	供电		供水	
				技术设计	施工图	设备清单									数量	日期	数量	日期

在此基础上，分别编制综合进度控制计划、设计工作进度计划、采购工作进度计划、施工进度计划、验收和投资进度计划等。

3. 工程项目年度计划

工程项目年度计划依据工程项目总进度计划由建设单位进行编制。该计划根据项目总体进度要求，与当年可能获得的资金、设备、材料、施工力量相适应。根据分批配套投产或交付使用的要求，合理安排年度建设工程项目。工程项目年度计划的内容如下：

(1)文字部分。说明编制年度计划的依据和原则，建设进度，本年计划投资额，本年计划完成工作量，施工图、设备、材料、施工力量等建设条件落实情况，对外部协作配合项目建设进度的安排或要求，需要上级主管部门协助解决的问题，计划中存在的其他问题，为完成计划采取的各项措施等。

(2)表格部分。年度计划项目表。该计划对年度施工的项目确定投资额、年末形象进度、建设条件(图纸、设备、材料、施工力量)的落实情况等进行说明。其格式如表4-7所示。

年度计划项目表

表4-7

工程编号	单项工程名称	开工日期	竣工日期	投资额	投资来源	年初已完			本年计划							建设条件落实情况			
						投资额	其中建安工程投资	其中设备投资	合计	投资		工作量			年末形象进度	施工图	材料	设备	施工力量
										其中建安工程投资	其中设备投资	新开工	续建	竣工					

年度竣工投产交付使用计划表。该计划阐明单项工程的规模、投资额、新增固定资产、新增生产能力等的总规模及本年度计划完成数，竣工日期。

三、工程项目成本（投资）计划

1. 工程项目建设各阶段的成本计划

成本计划有许多形式，他们分别在项目建议书、可行性研究、设计、实施、竣工结算中产生，形成一个不断修改、补充、调整、控制和反馈的过程，贯穿项目全生命周期。成本计划工作与项目各阶段的其他管理工作融为一体，它不仅是一项管理工作，而且是专业性很强的技术工作。

（1）项目建议书阶段的投资估算。在项目建议书阶段，业主期望能及早地、准确地给出投资范围，但这时对项目的工程技术要求，项目方案尚不清楚，所以无法精确计算，一般只能按照以往同类工程资料或估算指标大致确定。

（2）可行性研究阶段投资估算。根据工程主要技术方案，进一步深入调查、收集资料，按总工期划分的几个阶段划分工程，分别估算投资，然后汇总项目投资。可行性研究经过批准后即作为项目确定的投资计划。

（3）概算、预算成本。每一步设计，都应计算一套成本，初步设计对应完成概算，施工图设计对应完成预算。随着设计精度的深入和计划工作的细化，计算不断细化，计划成本的作用就越大。

业主在招标阶段的预算成本对于招标工作即为标底，而承包人相应的施工预算成本即为投标报价的基础。

（4）合同价。这是业主在分析许多投标书的基础上最终与一家承包人确定的工程价格，最终在双方签订的合同文件中确认，并作为工程结算的依据。对承包人来说，是通过报价竞争获得承包资格而确定的工程价格。

（5）在工程实施中一般有以下几个成本：

①已完成或已支付成本。指实际工程的成本消耗，它表示工程实际完成的进度。

②追加成本。指工程变更、环境变化、合同条件变化所产生的应追加费用。

③剩余成本计划。对完成余下的工程还要投入的成本量计算。

（6）最终实际成本和结算价格。施工结束后必须按照统一成本分解规则，对工程项目进行结算；对成本状况进行统计分析，储存资料，作为以后工程成本计划的依据。

2. 成本计划的内容和表达方式

1）项目成本计划的内容

（1）各划分工程的计划成本值。

（2）成本—时间关系曲线，即成本的强度计划曲线。

（3）成本—时间累计曲线，又称为项目的进度曲线。

（4）相关的其他计划。例如，工程款收支计划、现金流量计划、融资计划等。

2）计划的表达形式

（1）表格形式。如项目成本—时间表和各项目成本不同值之间的对比表等。

（2）曲线形式。即“成本—时间”直方图形式和“累计成本—时间”曲线。

（3）其他形式。如各要素份额的圆（柱）形图等。

3. 成本计划的对象

为了便于从各个方面、各个角度对项目成本进行精确的、全面的计划和有效的控制，必须多方位、多角度地划分成本项目，形成一个多维的严密体系。

(1)项目结构单元。它们是成本的计算对象，对项目成本模型的建立、成本责任的落实和成本控制有至关重要的作用，所以项目结构分析是成本计划不可缺少的前提条件。

(2)项目成本要素。将项目按成本要素进行分解，则能得到项目的成本(投资或费用)结构。如公路建筑安装工程成本要素可分为人工费、材料费、机械费、其他直接费、规费、企业管理费等。

第五节　项目控制程序与方法

一、项目目标控制的概念

控制是项目管理的重要职能之一。所谓控制，是指行为主体按照事先拟订的计划和标准，通过对目标实施中发生的各种实际值与计划值进行检查、对比、监督、引导和纠正等，以保证计划目标得以实现的管理活动。

计划运行中，每一次从检查计划实施，找出偏离计划的原因，到确定应采取的纠正措施和进行有效的纠正称为一次控制循环。在项目实施过程中，应定期进行控制的有限循环，实现项目动态控制。动态控制流程见图4-8。

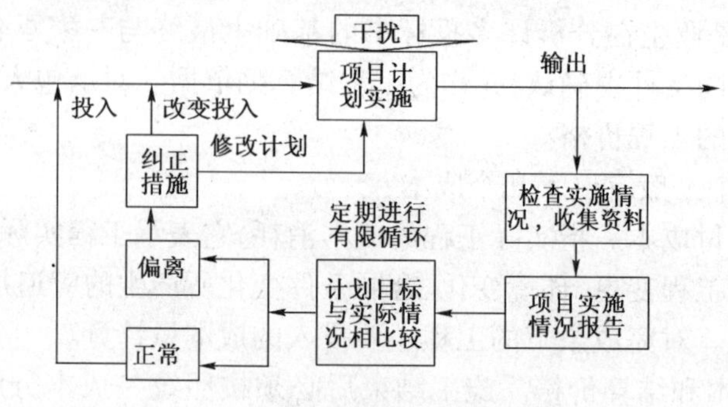

图4-8　动态控制流程

二、目标控制的程序

在控制过程中，都要经过投入、转换、反馈、对比、纠正等基本环节。如果缺少这些基本环节中的某一个，动态控制过程就不健全，就会降低控制的有效性。

1. 投入

一项计划能否顺利地实现，基本条件是能否按计划所要求的人力、材料、设备、工具、方法和信息等进行投入。计划确定的资源数量、质量和投入时间是保证计划实施的基本条件，也是实现计划目标的基本保障。因此，要使计划能够正常实施并达到预定目标，就应当保障将质量、数量符合计划要求的资源按规定时间和地点投入到工程建设中。项目管理人员如果能把握住对“投入”的控制，也就把握住了控制的起点要素。

2. 转换

转换就是工程项目由投入资源到产出的过程。正是由于这样的转换,才使投入的人、财、物、方法、信息转变为产出品,最终输出完整的工程项目。在转换过程中,计划的执行往往会受到来自外部环境和内部系统多因素的干扰,造成实际进展情况偏离计划轨道。干扰往往是潜在的,人们没有或无法预料的。

由于计划本身不可避免地存在着程度不同的问题,因而跟踪了解工程实际进展情况,掌握工程转换的第一手资料,为今后分析偏差原因、确定纠正措施提供了可靠依据。同时,对于可以及时解决的问题,采取"即时控制"措施及时纠正偏差,避免"积重难返"。

3. 反馈

及时捕捉工程进展信息并提供给控制部门,为控制服务就是反馈。即使是相当完善的计划,其运行的结果难有百分之百的落实。因为在计划的实施过程中,实际情况的变化是绝对的,不变是相对的,每个变化都会对项目目标的实现带来一定的影响。显然,反馈是项目控制必不可少的基础工作。

4. 对比

对比是将实际目标成果与计划目标相比较,以确定是否有偏离。对比工作的第一步是收集工程实施成果并加以分类、归纳,形成与计划目标相对应的目标值,以便进行比较。对比工作的第二步是对比结果进行分析,判断实际目标成果是否出现偏离。如果发生的偏离超出允许范围,就需要采取措施予以纠正。

5. 纠正

当出现实际目标成果偏离计划目标情况时,就需要采取措施加以纠正。如果是轻度偏离,通常可以采用较简单的措施进行纠偏。如果目标有较大的偏离时,则需要改变局部计划才能使计划目标得以实现。如果已经确定的计划目标不能实现,那就需要重新确定目标,然后根据新目标制订新计划,使工程在新的计划状态下运行。当然,最好的纠偏措施是把管理的各项职能结合起来,在组织、人员配备、领导等方面采取系统的办法。

总之,每一次控制循环结束都有可能使工程呈现出一种新的状态,或者是重新修订计划,或者是重新调整新目标,使其在这种新状态下继续发展。

三、项目控制的分类

按项目实施过程,可将控制分为事前控制、事中控制、事后控制;按照是否形成闭合回路,控制可分成开环控制和闭环控制;按照纠正措施或控制信息来源,控制可分成前馈控制和反馈控制。归纳起来,控制可分为两大类,即主动控制和被动控制。

1. 主动控制

1)主动控制的含义

所谓主动控制,就是预先分析目标偏离的可能性,并拟订和采取各项预防措施,以保证计划目标得以实现。主动控制是一种前馈控制,在事情发生之前就采取了措施的控制,可以尽最大可能地改变可能成为事实的被动局面,从而使控制更有效。

根据已掌握的可靠信息对其进行分析预测,得出系统将要输出偏离计划的目标时,就应制订纠正措施并向系统输入,以使系统因此而不发生目标的偏离。

2)主动控制的措施

(1)详细调查并分析研究外部环境条件,以确定那些影响目标实现和计划运行的各种有利和不利因素,并将它们考虑到计划和其他管理职能当中。

(2)识别风险,努力将各种影响目标实现和计划执行的潜在因素揭示出来,为风险分析和管理提供依据,并在计划实施过程中做好风险管理工作。

(3)用科学的方法制订计划,作好计划可行性分析,消除那些造成资源不可行、技术不可行、经济不可行和财务不可行的各种错误和缺陷,保障工程的实施能够有足够的时间、空间、人力、物力、财力,并在此基础上力求计划优化。

(4)高质量地做好组织工作,使组织与目标和计划高度一致,把目标控制的任务与管理职能落实到适当的机构和人员,做到职权与职责明确,使全体成员能够通力协作,为共同实现目标而努力。

(5)制订必要的应急备用方案,以对付可能出现的影响目标或计划实现的情况,一旦发生这些情况,则有应急措施做保障,从而减少偏离量或避免发生偏离。

(6)计划应有适当的松弛度,即"计划应留有余地"。这样可以避免那些经常发生、又不可避免的干扰对计划的不断影响,减少例外情况的发生,使管理人员处于主动地位。

(7)沟通信息流通渠道,加强信息收集、整理和研究工作,为预测工程未来发展状况提供全面、及时、可靠的信息。

2. 被动控制

1)被动控制的含义

所谓被动控制,就是控制者从计划的实际输出中发现偏差,对偏差采取措施及时纠正的控制方式。因此,要求管理人员对计划的实施进行跟踪,把它输出的工程信息进行加工、整理、再传递给控制部门,使控制人员从中发现问题,找出偏差,寻求并确定解决问题和纠正偏差的方案,然后再送回给计划实施系统付诸实施,使得计划目标一旦出现偏离就能得以纠正。

被动控制实际上是在项目实施过程中、事后检查过程中,发现问题并及时处理的一种控制,因此仍为一种积极的控制,并且是十分重要的控制方式。

2)被动控制措施

(1)应用现代化方法、手段,仪器跟踪、测试、检查项目实施过程的数量,发现异常,及时提出应采取的措施。

(2)建立项目实施过程中人员控制组织,明确控制责任,发现问题并及时处理。

(3)建立有效的信息反馈系统,及时将偏离计划目标值进行反馈,使其及时采取措施。

3)主动控制与被动控制的关系

主动控制和被动控制对项目控制缺一不可,它们都是实现项目目标所必须采用的控制方法。有效的控制是将主动控制与被动控制紧密结合起来,力求加大主动控制在控制过程中的比例,同时进行跟踪的被动控制,才能完成项目目标控制的根本任务。

四、项目控制的内容

工程项目控制是一个贯穿项目全过程、相关项目全方位,关系到参与项目建设全员的、复杂的、科学的控制系统。施工项目控制的系统模式如图4-9所示。

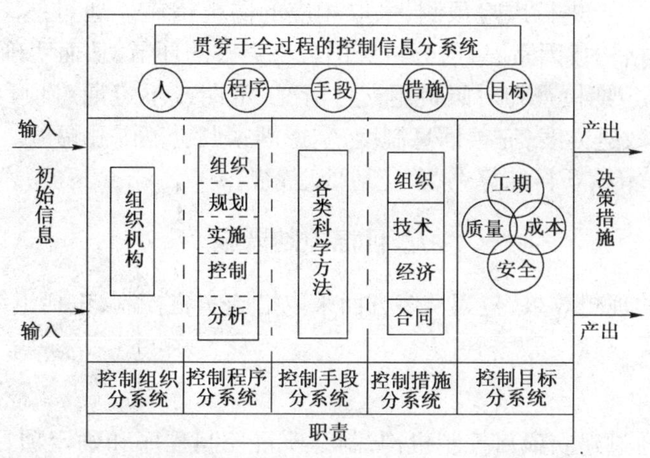

图 4-9　施工项目控制的系统模式框图

1. 工程项目进度控制

工程项目进度控制的任务是通过完善以事前控制为主的进度工作体系,来实现项目的工期或进度目标。通过阶段性地检查实际进度与计划进度的差别,分析、找出原因,纠正偏差,使实际进度接近计划进度。进度控制包括事前控制、事中控制、事后控制。

(1)事前控制。主要内容是编制或审核项目实施总进度计划,审核项目的阶段性进度计划,制订或审核材料供应采购计划,寻找出进度控制点,确定完成日期。

(2)事中控制。主要是建立反映工程进展情况的日记,进行工程进度检查对比。对有关进度及时计量并进行签证,召开现场进度协调会等。

(3)事后控制。当实际进度与计划发生差异时,必须及时制订对策,保证不突破总工期。通过制订补救措施、调整计划,建立新的平衡,如采取组织措施、技术措施、经济措施等。

2. 工程项目质量控制

工程项目质量控制是项目管理三大职能的重点,其任务是通过建立、健全有效的质量监督工作体系,随时检查质量目标与实际目标的一致性,来确保项目质量达到预期的标准和等级要求。质量控制包括事前控制、事中控制、事后控制。

(1)事前控制。首先掌握质量控制的技术标准和依据,制订保证质量的各种措施,对承揽项目任务的单位进行资质审查,对涉及项目质量的材料进行验收和控制,对设备进行预检控制,对有关的计划和方案进行审查。

(2)事中控制。首先对工艺质量进行控制,然后对工序交接、隐蔽工程检查、设计的变更审查、质量事故的处理、质量和技术签证等进行控制。对出现违反质量规定的事件、容易形成质量隐患的做法立即采取措施予以制止。建立实施质量日记、现场质量协调会、质量汇报会等制度,以了解和掌握质量动态,及时处理质量问题。

(3)事后控制。一般通过项目的阶段验收和竣工验收、技术资料整理、文件档案的建立来实现。

3. 工程项目投资控制

项目投资费用是由项目合同界定的,因此,应在保证项目使用功能、质量要求和工期要求的前提下,阶段性地检查费用的支付状况,控制费用支付不超过规定值,并严格审核设计的修改以及工程的变更,控制费用的支付。

(1)事前控制。主要进行风险预测,采取相应的防范措施。通过熟悉项目设计图纸与设计要求,分析项目价格构成因素,事前分析费用最易突破的环节,从而明确投资控制的重点。

(2)事中控制。定期检查和对照费用支付情况,定期或不定期对项目费用超支或节约情况作出分析,并提出改进方案,完善信息制度,掌握国家调价范围和幅度。

(3)事后控制。审核项目结算书,公正地处理索赔。

五、目标控制措施

为了取得目标的理想效果,应当从多方面采取措施实施控制,包括组织措施、技术措施、经济措施和合同措施等。

1. 组织措施

组织措施是指通过建立项目控制机构,制订项目控制程序和确定项目实施各方组织关系等确保项目按预期目标实现的措施。组织措施具体工作有:开展评估工作,实施改进措施,挖掘潜在工作能力和加强相互沟通;调动和发挥项目实施参与各方实现目标的积极性、创造性;对人员进行培训等。采取适当的组织措施,保证目标控制的组织工作明确、完善,才能使目标控制有效。

2. 技术措施

对各投标文件中的主要施工技术方案作必要的论证;对施工组织设计进行审查;对多个可能的主要技术方案作可行性分析评选;对各种技术数据进行审核、比较,通过科学试验确定新材料、新工艺、新方法的适应性;想方设法在整个项目实施阶段寻求节约投资、保证工期和质量的技术改革等都是技术控制措施。

使计划能够输出期望的目标在很大程度上要通过技术措施来解决问题。技术措施依靠掌握特定技术的人员采取一系列有效的技术手段来实现目标控制。

3. 经济措施

为了理想地完成工程项目,收集、加工、整理工程经济信息和数据,对各种实现目标的计划进行资源、经济、财务诸方面的可行性分析,对经常出现的各种设计变更和其他工程变更方案进行技术经济分析来达到项目计划目标的手段称为经济措施。

一项工程的建成使用,归根结底是一项投资的实现。从项目的提出到项目的实现,始终贯穿着资金的筹集和使用工作。无论是对投资实施控制,还是对进度、质量实施控制,都离不开经济措施,如果在目标控制时忽视了经济措施,那么不但投资目标难以实现,而且进度目标和质量目标也同样难以实现。

4. 合同措施

工程项目建设需要建设单位与设计单位、施工单位、材料设备供应单位和监理单位分别签订合同。设计单位应根据合同,保障工程项目设计的安全可靠性,提高项目的适用性和经济性,并保证设计工期的要求。施工单位根据合同要求保证实现规定的施工质量和工期。材料设备供应单位应根据合同保证按质、按量、按时供应工程所需的材料和设备。监理工程师实施目标控制也是紧紧依靠工程建设合同来进行的。

目标控制离不开合同措施。确定对目标控制有利的承发包模式和合同结构、拟订合同条款、进行合同谈判、处理合同执行过程中的问题、做好防止和处理索赔工作等都是重要的合同措施内容。

六、项目控制的方法

建设项目控制的管理方法和手段可以采用如下几种。

1. 网络计划法

如图 4-10 所示，网络计划技术采用下述程序对进度进行控制：

(1)根据项目具体要求编制网络计划图。

(2)定期或阶段性地对网络图进行检查，主要检查实际进度和计划进度的差异。

(3)对出现差异的工序或工作，分析原因，采取措施，计算出新的工序或工作时间。

(4)调整项目网络图，重新进行时间参数计算，绘制调整后的网络图。

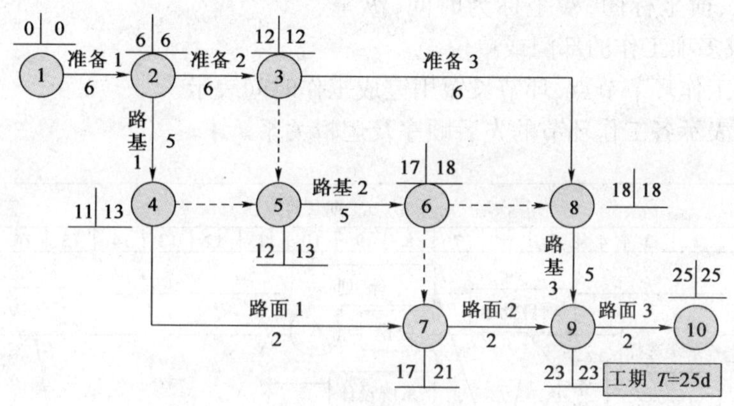

图 4-10　网络计划技术

2. 香蕉曲线控制图

如图 4-11 所示，香蕉曲线图以横坐标为时间、纵坐标为工程数量或投资额，作为投资控制和进度控制的方法。

绘制程序如下：

(1)根据项目需要画出纵、横坐标。

(2)编制网络图，计算工序(工作)网络时间参数。

(3)画出最早开始时间曲线 A，最迟结束时间曲线 B，形成香蕉图形。

(4)画出实际进度曲线 C。若 C 曲线处在香蕉圆形之内，则投资或进度在控制范围内；若 C 曲线处在香蕉线之外，则要分析情况，采取措施进行调整，使其满足要求。

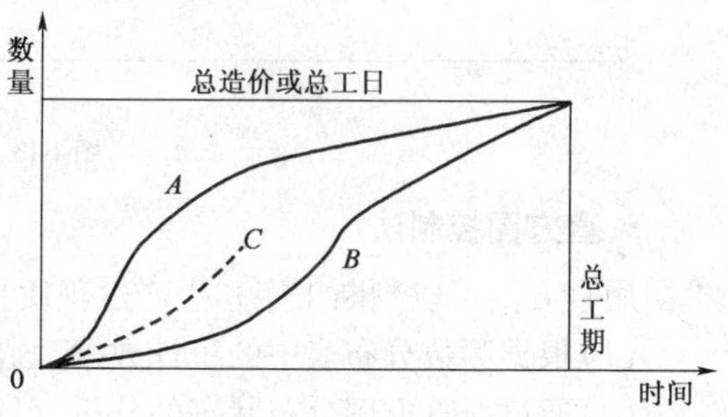

图 4-11　香蕉曲线控制图

3. S 形曲线控制法

如图 4-12 所示，S 形曲线可以用做投资控制和进度控制，横坐标为时间，纵坐标为工程数量或投资额。

控制程序如下：

(1)根据项目需要画出纵、横坐标。

(2)根据计划完成的工程数量或投资额画出 S 形曲线 A。

(3)根据实际完成工程数量或投资额画出 S 形曲线 B。

(4)根据曲线 B 与计划曲线 A 进行比较，若两曲线接近，说明实际值 a 在控制范围内；若出现较大偏差，则要分析原因，采取措施进行调整。

(5)调整后绘制新的 B 曲线，再进行比较。

重复上述步骤，使实际值得到有效控制。

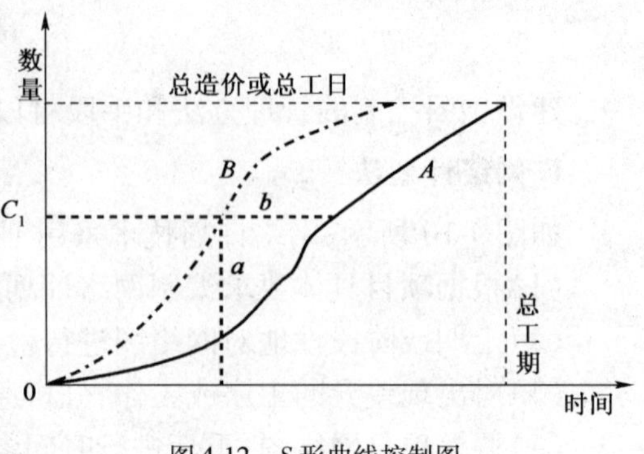

图 4-12　S 形曲线控制图

4. 项目责任控制图

如图 4-13 所示，该方法是将横道图与网络图相结合建立工作责任控制图的新方法。

编制步骤如下：

(1)画出纵、横坐标图，横坐标为时间，纵坐标为负责一项或多项工作的部门或单位。

(2)项目各工作环节节点、环节长短用完成工作时间表示。

(3)用箭线表示各工作环节的先后顺序及逻辑关系。

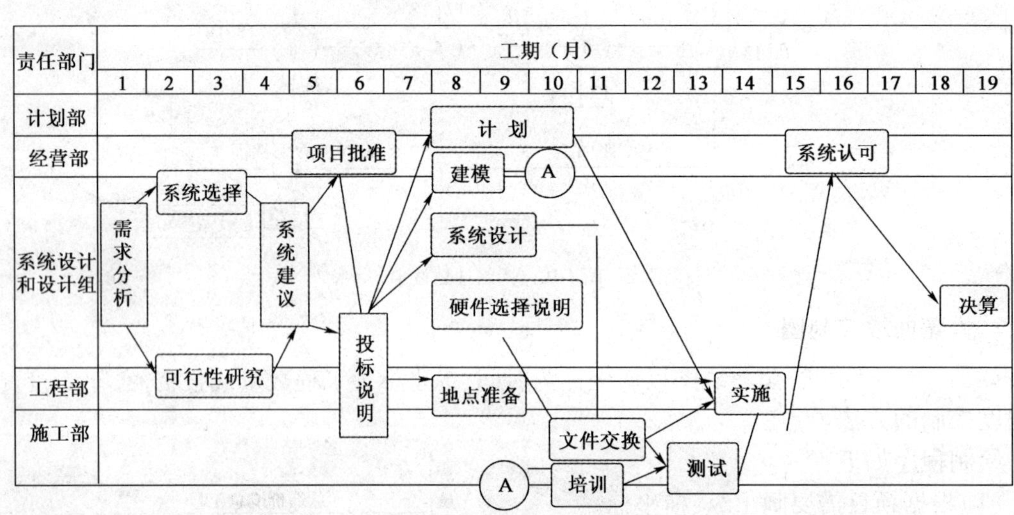

图 4-13　项目责任控制图

5. 直方图控制法

用直方图可以判断工序和生产过程质量是否存在问题。其控制程序如下：

(1)根据频数分布表中的统计数据，画出直方控制图。

(2)通过对直方图分布状态的分析，可以判断生产过程是否正常，下面就一些常见的直方图形加以分析，如图 4-14 所示。

(3)进一步用排列图、因果分析图、相关图、鱼骨刺图等寻找存在质量问题的原因。

(4)分析质量原因，采取措施，保证质量控制在有效范围内。

①正态分布。说明生产过程正常，质量稳定，见图 4-14a)。

②偏态分布。由技术上、习惯上的原因所出现的偏态分布，属于异常生产情况，见图 4-14b)、图 4-14c)。

③锯齿分布。造成这种状态的原因可能是分组的组数不当，组距不是测量单位的整倍数，或测试时使用的方法和读数有问题，见图 4-14d)。

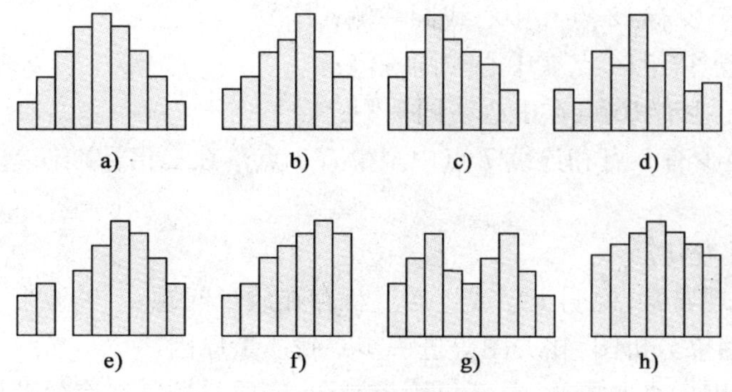

图 4-14　常见的直方图

④孤岛分布。造成这种状态的原因往往是短期内不熟练的工人替班所造成的，见图4-14e)。

⑤陡壁分布。往往是剔除不合格品、等外品或超差返修后造成的，见图 4-14f)。

⑥双峰分布。它是两种不同的分布混在一起检查的结果，如把由两台设备或两个班组的数据混在一起就会出现这种情况，见图 4-14g)。

⑦平峰分布。是生产过程中缓慢变化的因素起主导作用的结果，见图 4-14h)。

6. 控制图控制方法

该方法适用于判断生产过程和工序质量是否存在质量问题，以采取措施控制质量。控制程序如下：

(1)根据已知抽样数据，制作质量控制图，画出质量控制图的上限(UCL)、中限(CL)和下限(LCL)，如图 4-15 所示。

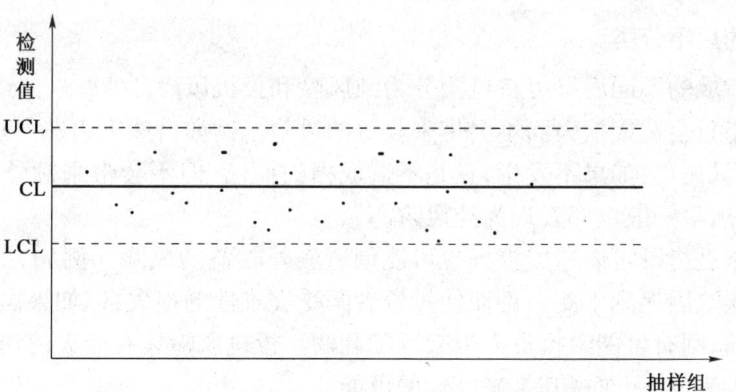

图 4-15　抽样数据质量控制图

(2)分析控制图。分析控制图上的点子同时满足下述条件时，认为生产过程处于统计控制状态。

①连续 25 点中没有一点在限外或连续 35 点中最多一点在限外或连续 100 点中最多 2 点在限外。

②控制界限内的点子的排列无下述异常现象：

a. 连续 7 点或更多点在中线一侧；

b. 连续 7 点或更多点呈上升或下降趋势；

c. 连续 11 点中至少有 10 点在中心线一侧；

d. 连续 14 点中至少有 12 点在中心线同一侧；

e. 连续 17 点中至少有 14 点在中心线同一侧；

f. 连续 20 点中至少有 16 点在中心线同一侧；

g. 连续 3 点中至少有 2 点和连续 7 点中至少有 3 点落在二倍标准偏差与三倍标准偏差控制界限之内；

h. 点子呈周期性变化。

(3)若控制图出现异常，说明工序或生产过程存在质量问题。

(4)用排列图、因果分析图、相关图等进一步寻找质量原因。

(5)找出质量原因后采取措施，重新再画控制图，使质量控制在有效范围内。

项目控制根据控制目标的不同还可以有很多方法，如 PDCA 管理循环法、量本利法，价值工程法、目标管理法、偏差估计法、检查对比法、看板管理法、责任承担法、进度报告法、会议审查法、定额管理法等。

第六节　工程项目风险管理

工程项目风险是指在项目决策和实施过程中，造成实际结果与预期目标的差异性及其发生的概率。对于风险的定义，学术界和工程界较为普遍接受的有两种定义：其一，风险就是与出现损失有关的不确定性；其二，风险就是在特定情况下和给定时间内，可能发生的结果之间的差异。

一、风险的分类

风险可根据不同的角度进行分类，常见的风险分类方式有如下几种。

1. 按风险的后果分类

按风险所造成的不同后果可将风险分为纯风险和投机风险。

纯风险是指只会造成损失而不会带来收益的风险。例如自然灾害，一旦发生，将会导致重大损失，甚至人员伤亡；如果不发生，只是不造成损失而已，但不会带来额外的收益。此外，政治、社会方面的风险一般也都表现为纯风险。

投机风险则是指既可能造成损失也可能创造额外收益的风险。例如，一项重大投资活动可能因决策错误或因遇到不测事件而使投资者蒙受灾难性的损失；但如果决策正确，经营有方或赶上大好机遇，则有可能给投资人带来巨额利润。投机风险具有极大的诱惑力，人们常常注意其有利可图的一面，而忽视其带来厄运的可能。

纯风险和投机风险两者往往同时存在。例如，房产所有人就同时面临纯风险（如财产损坏）和投机风险（如经济形式变化所引起的房产价值的升降）。纯风险与投机风险还有一个重要区别。在相同的条件下，纯风险重复出现的概率较大，表现出某种规律性，因而人们可能较成功地预测其发生的概率，从而相对容易采取防范措施。而投机风险则不然，其重复出现的概率较小，所谓“机不可失，时不再来”，因而预测的准确性相对较差，也就较难防范。

2. 按风险产生的原因分类

按风险产生的原因不同，可将风险分为政治风险、社会风险、经济风险、自然风险、技术风险等。其中，经济风险的界定可能会有一定的差异，例如，有的学者将金融风险作为独立的一类风险来考虑。另外，需要注意的是，除了自然风险和技术风险是相对独立的之外，政治风险、社会风险和经济风险之间存在一定的联系，有时表现为相互影响，有时表现为因果关系，难以截然分开。

3. 按风险的影响范围分类

按风险的影响范围大小可将风险分为基本风险和特殊风险。

基本风险是指作用于整个经济或大多数人群的风险，具有普遍性，如战争、自然灾害、高通胀率等。显然，基本风险的影响范围大，其后果严重。

特殊风险是指仅作用于某一特定单位（如个人或企业）的风险，不具有普遍性，例如，偷车、抢银行、房屋失火等。特殊风险的影响范围小，虽然就个体而言，其损失有时亦相当大，但相对于整个经济而言，其后果不严重。

在某些情况下，特殊风险与基本风险很难严格加以区分，最典型的莫过于“9.11 事件”。仅就撞机这个行为而言，属于特殊风险应当说是顺理成章的，但就其对美国和世界航空业、对美国人的心理乃至对美国整个经济的影响却远远超过某些基本风险。而如果从恐怖主义的角度来分析，则“9.11 事件”应当说是属于基本风险的。由此可见，基本风险与特殊风险的界定有时需要考虑具体的出发点。

当然，风险还可以按照其他方式分类，例如，按风险分析依据可将风险分为客观风险和主观风险，按风险分布情况可将风险分为国别（地区）风险、行业风险，按风险潜在损失形态可将风险分为财产风险、人身风险和责任风险等。

二、建设工程风险与风险管理

1. 建设工程风险

建设工程风险的特点如下：

（1）建设工程风险因素多、影响大。建设工程建设周期持续时间长，所涉及的风险因素多。建设工程的风险因素分为政治、社会、经济、自然、技术等因素，这些风险因素都会不同程度地作用于建设工程，产生错综复杂的影响。每一种风险因素又都会产生许多不同的风险事件，这些风险事件虽然不会都发生，但总会有风险事件发生。

总之，建设工程风险因素和风险事件发生的概率均较大，其中有些风险因素和风险事件的发生概率很大，风险因素和风险事件一旦发生，往往造成比较严重的后果。

（2）参与工程建设的各方均有风险，风险不尽相同。工程建设各方所遇到的风险事件有较大的差异，即使是同一风险事件，对建设工程不同参与方的后果有时迥然不同。例如，同样是通货膨胀风险事件，在可调价格合同条件下，对业主来说是相当大的风险，而对承包人来说则风险很小，其风险主要表现在调价公式是否合理；但是，在固定总价合同条件下，对业主来说就不是风险，而对承包人来说是相当大的风险，其风险大小还与承包人在报价中所考虑的风险费或不可预见费的数额或比例有关。

在对建设工程风险作具体分析时，首先要明确出发点，即从哪一方的角度进行分析。出发点不同，分析的结果也就不同。本章关于建设工程风险的内容，主要是从业主的角度进行阐述。还需指出，对于业主来说，建设工程决策阶段的风险主要表现为投机风险，而在实施阶段的风险主要表现为纯风险。

2. 建设工程风险管理过程

建设工程风险管理就是一个从识别、确定和度量风险到制订、选择和实施风险处理方案的过程。风险管理是一个系统的、完整的过程，包括风险识别、风险评价、风险对策决策、对策实施、检查与监控五方面循环的过程。

(1)风险识别。风险识别是风险管理中的首要步骤，是指通过一定的方式，系统而全面地识别出影响建设工程目标实现的风险事件，并加以适当归类的过程，必要时还需对风险事件的后果作出定性的估计。

(2)风险评价。风险评价是将建设工程风险事件发生的可能性和损失后果定量化的过程。这个过程是建设工程风险识别与风险对策决策之间的桥梁。风险评价的结果主要在于确定各种风险事件发生的概率及其对建设工程目标影响的严重程度，如投资增加的数额、工期延误的天数等。

(3)风险对策决策。风险对策决策是确定建设工程风险事件最佳对策组合的过程。一般来说，风险管理中所运用的对策有四种：风险回避、损失控制、风险自留和风险转移。这些风险对策的适用对象各不相同，需要根据风险评价的结果，对不同的风险事件选择最适宜的风险对策，从而形成最佳的风险对策组合。风险对策制订的程序如图 4-16 所示。

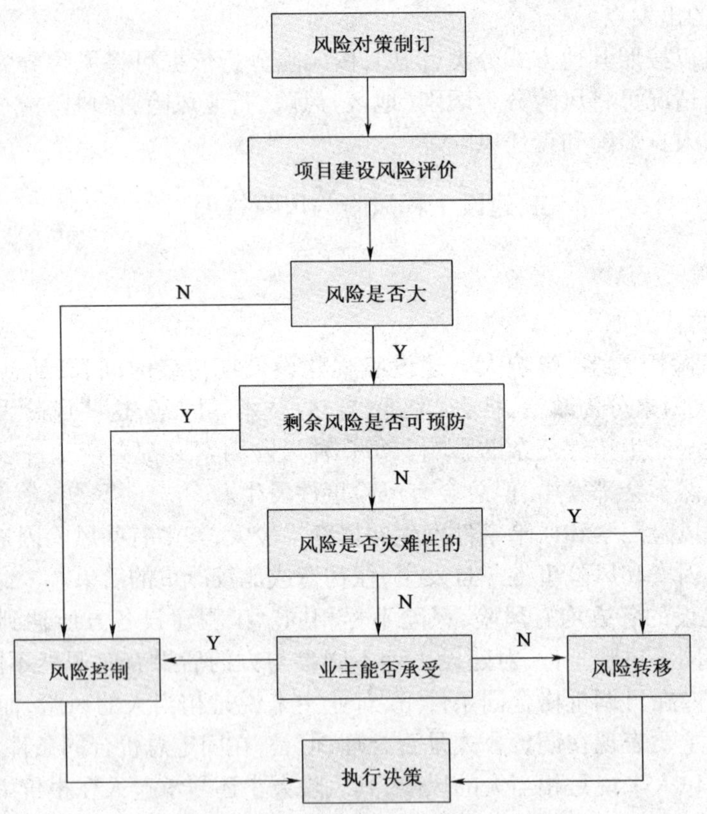

图 4-16　风险对策制订的程序

(4)对策实施。对风险对策所作出的决策还需要进一步落实到具体计划和措施，例如，制订预防灾难计划、应急计划等；在决定购买工程保险时，要选择保险公司，确定恰当的保险范围、免赔额、保险费等。这些都是实施风险对策决策的重要内容。

(5)检查与监控。在建设工程实施过程中，要对各项风险对策的执行情况不断地进行检查，并评价各项风险对策的执行效果；在工程实施条件发生变化时，要确定是否需要提出不同的风险处理方案。检查出有被遗漏的工程风险或者发现新的工程风险，是进行新一轮风险识别、新一轮风险管理过程的开始。

3. 风险管理的目标

风险管理是一项有目的的管理活动，只有目标明确，才能起到有效的作用，否则，风险管理就会流于形式而无实际意义，更无法评价其效果。

确定风险管理目标的基本要求：

(1)目标的一致性。风险管理目标与风险管理主体(业主)总体目标一致。

(2)目标的现实性。目标确定要充分考虑其实现的客观可能性。

(3)目标的明确性。明确的风险管理目标便于正确选择和实施各种方案，并对其效果进行客观的评价。

(4)目标的层次性。从总体目标出发，根据目标的重要程度，区分风险管理目标的主次，以利于提高风险管理的综合效果。

风险管理的具体目标还需要与风险事件的发生联系起来，在风险事件发生前，风险管理的首要目标是使潜在损失最小，这一目标要通过最佳的风险对策组合来实现；其次是减少忧虑及相应的忧虑价值，减少对建设工程决策者精力和时间的分散与耗用；再次是满足外部的附加义务，例如政府明令禁止的某些行为、法律规定的强制性保险等。

在风险事件发生后，风险管理的首要目标是使实际损失减少到最低程度，要实现这一目标，不仅取决于对风险对策的最佳组合，而且取决于具体的风险对策计划和措施。其次，是保证建设工程实施的正常进行，按原定计划建成工程。同时，在必要时还要承担社会责任。

建设工程风险管理目标的具体表述：

(1)实际投资不超过计划投资。

(2)实际工期不超过计划工期。

(3)实际质量满足预期的质量要求。

(4)建设过程安全。

因此，从风险管理目标的角度分析，建设工程风险可分为投资风险、进度风险、质量风险和安全风险。

4. 建设工程项目管理与风险管理的关系

风险管理是项目管理理论体系的一个组成部分，它不是与投资控制、进度控制、质量控制、合同管理、信息管理、组织协调等共六个方面并列的一个独立的部分，而是将这六方面与风险有关的内容综合而成的一个独立的部分。

建设工程项目管理的目标是目标控制，与风险管理的目标是一致的。从层次意义上讲，可以认为风险管理是为目标控制服务的。

建设工程目标规划和计划都着眼于未来，而未来充满着不确定因素，即充满着风险因素和风险事件。通过风险管理的一系列过程，可以定量分析和评价各种风险因素和风险事件对建设工程预期目标和计划的影响，从而使目标规划更合理，使计划更可行。

风险对策都是为风险管理目标服务的，也就是为目标控制服务的。从这个角度看，风险对策是目标控制措施的重要内容。风险对策的具体内容体现了主动控制与被动控制相结合的要求，而且相对于一般的目标控制措施而言，风险对策更强调主动控制。这不仅表现在预防计划和措施的实施上，而且表现在预先准备好，但等到风险事件发生能及时采取的应对措施上。因此，如果不从风险管理的角度选择适当的风险对策，目标控制的效果将大大降低。

三、建设工程风险识别

1. 风险识别的特点

(1)个别性。任何风险都有与其他风险不同之处,没有两个风险是完全一致的,不同类型建设工程的风险不同;同样的建设工程如果建造地点不同,其风险也不同;建设地点确定的建设工程,如果由不同的承包人承建,其风险也不同。虽然不同的建设工程风险有不少共同之处,在风险识别时尤其要注意这些不同之处,突出风险识别的个别性。

(2)主观性。风险本身是客观存在,但风险识别是主观行为,风险识别都是由人来完成的。由于个人的专业知识水平,包括风险管理方面的知识、实践经验等方面的差异,同一风险由不同的人识别的结果就会有较大的差异。在风险识别时,要尽可能减少主观性对风险识别结果的影响,要做到这一点,关键在于提高风险识别的水平。

(3)复杂性。建设工程所涉及的风险因素和风险事件多,而且关系复杂、相互影响,这使风险识别复杂化。风险管理人员对建设工程风险识别要求认真、细致,能为风险识别收集准确、详细的依据,尤其是定量的资料和数据。

(4)不确定性。由于主观性和复杂性的综合作用,容易造成风险识别与实际不符的结果,这往往是由于风险识别结论错误导致风险对策决策错误而造成的。风险识别本身也有风险,因此,避免和减少风险识别的风险也是风险管理的内容。

2. 风险识别的原则

(1)由粗及细与由细及粗。由粗及细是指对风险因素进行全面分析,并通过多种途径对工程风险进行分解,逐渐细化,获得对工程风险的广泛认识,从而得到工程初始风险清单。而由细及粗是指从工程初始风险清单的众多风险中,根据同类建设工程的经验以及对拟建建设工程具体情况的分析和风险调查,确定那些对建设工程目标实现有较大影响的工程风险作为主要风险,即作为风险评价以及风险对策决策的主要对象。

(2)严格界定风险内涵及其相关性。对各种风险的内涵要严格加以界定,不要出现重复和交叉现象。同时要尽可能考虑各种风险因素之间的相关性,如主次关系、因果关系、互斥关系、正相关系、负相关系等。在风险识别阶段考虑风险因素之间的相关性有一定的难度,但至少要做到严格界定风险内涵。

(3)先怀疑后排除。对于所遇到的问题都要考虑其是否存在不确定性,不要轻易否定或排除某些风险,要通过认真的分析进行确认或排除。

(4)排除与确认并重。对于肯定可以排除和肯定可以确认的风险应尽早予以排除和确认,对于一时既不能排除又不能确认的风险再作进一步的分析,予以排除或确认。最后,对于肯定不能排除但又不能肯定予以确认的风险按确认考虑。

(5)必要时作试验论证。对于某些按常规方式难以判定其是否存在,也难以确定其对建设工程目标影响程度的风险,尤其是技术方面的风险,必要时应作试验论证,如抗震试验、风洞试验等。这样做的结论可靠,但代价较大。

3. 风险识别的方法

(1)专家调查法。专家调查法分两种方式:一种是召集有关专家开会,让专家各抒己见,充分发表意见,起到集思广益的作用;另一种是采用问卷式调查,各专家不知道其他专家的意见。采用专家调查法时,所提出的问题应具有指导性和代表性,并具有一定的深度和尽可能具体。专家所涉及的面应尽可能广泛些,有一定的代表性。由风险管理人员对专家发表的意见加以归纳分类、整理分析,有时可能要排除个别专家的个别意见。

(2)财务报表法。财务报表有助于确定一个特定企业或特定的建设工程可能遭受的损失以及在何种情况下遭受这些损失。通过分析资产负债表、现金流量表、营业报表及有关补充材料,可以识别企业当前的所有资产、责任及人身损失风险。将这些报表与财务预测、预算结合起来,可以发现企业或建筑工程未来的风险。采用财务报表法进行风险识别,要对财务报表中所列的各项会计科目作深入的分析研究,并提出分析研究报告,以确定可能产生的损失,还应通过一些实地调查以及其他信息资料来补充财务记录。由于工程财务报表与企业财务报表不尽相同,因而需要结合工程财务报表的特点来识别建设工程风险。

(3)流程图法。将一项特定的生产或经营活动按步骤或阶段顺序以若干个模块形式组成一个流程图系列,在每个模块中都标出各种潜在的风险因素或风险事件,从而给决策者一个清晰的总体印象。一般来说,对流程图中各个步骤阶段的划分比较容易,关键在于找出各种步骤或各阶段不同的风险因素或风险事件。由于流程图受篇幅限制,采用这种方法所得到的风险识别结果较粗。

(4)初始清单法。如果对每一个建设工程风险的识别都从头做起,至少有三个方面缺陷:一是耗费时间和精力多,风险识别工作的效率低;二是由于风险识别的主观性,可能导致风险识别的随意性,其结果缺乏规范性;三是风险识别成果资料不便积累,对今后的风险识别工作缺乏指导作用。因此,为了避免以上缺陷,有必要建立初始风险清单。

建立建设工程的初始风险清单有以下两种途径:

①采用保险公司或风险管理学会(或协会)公布的潜在损失一览表,即任何企业都有可能发生的所有损失一览表。以此为基础,风险管理人员再结合本企业或某项工程所面临的潜在损失对一览表中的损失予以具体化,从而建立特定工程的风险一览表。

②通过适当的风险分解方式建立建设工程初始风险清单。对于大型、复杂的建设工程,首先将其按单项工程、单位工程分解,再对单项工程、单位工程分别从时间、目标和空间三维进行分解,可以较容易地识别出建设工程主要的、常见的风险。

初始风险清单只是为了便于人们较全面地认识风险的存在,而不至于遗漏重要的工程风险,但并不是风险识别的最终结论。在初始风险清单建立后,还需要结合特定建设工程的具体情况进一步识别风险,从而对初始风险清单作一些必要的补充和修正。

(5)经验数据法。经验数据法也称为统计资料法,即根据已建各类建设工程风险有关的统计资料来识别拟建工程的风险。不同的风险管理主体,都应有自己关于建设工程风险的经验数据或统计资料。

在工程建设领域,可能有工程风险经验数据或统计资料的风险管理主体,包括咨询公司和设计单位、承包人以及长期有工程项目的业主(如房地产开发商)。由于这些不同的风险管理主体的角度不同,其数据或资料来源不同,各自的初始风险清单就存在差异。但是,建设工程风险本身是客观事实,有客观的规律性,当经验数据或统计资料足够多时,这种差异性就会大大减小。

风险识别只是对建设工程风险的初步认识,是一种定性分析,因此,这种基于经验数据或统计资料的初始风险清单,可以满足对建设工程风险识别的需要。

四、建设工程风险评价

风险评价的任务包括:确定单一风险因素发生的概率,分析单一风险因素的影响范围大小;分析风险因素的风险后果,探讨这些风险因素对项目目标的影响程度;在单一风险因素量化分析的基础上,考虑多种因素对项目目标的综合影响、评估风险的程度并提出可能的措施作为管理决策的依据。

1. 风险的度量

风险的度量就是定量确定风险事件发生的概率和风险事件造成损失的大小。

(1)风险概率的衡量。常用概率分布法衡量建设工程风险概率。概率分布法可以较为全面地衡量建设工程风险,有助于确定风险对策或对策组合。

概率分布法的常见表现形式是建立风险事件概率分布表,概率分布表制作的主要参考资料分外界资料和企业历史资料。外界资料主要有保险公司、行业协会、统计部门等的资料,这些资料通常反映的是平均数字,且综合了众多企业或众多建设工程的损失经历,因而在许多方面不一定与本企业或本建设工程的情况相吻合,运用时需作客观分析。本企业的历史资料虽然更有针对性,更能反映建设工程风险的个别性,但往往数量不够多,有时还缺乏连续性,不能满足概率分析的基本要求。另外,即使本企业历史资料的数量、连续性均满足要求,其反映的也只是本企业的平均水平,在运用时还应当充分考虑资料的背景和拟建建设工程的特点。由此可见,概率分布表中的数字应是因工程而异的。

实际工作中根据风险事件发生的频繁程度,将风险事件概率分为5个等级,即经常、很可能、偶然、极小、不可能,如表4-8所示。等级的划分反映了一种主观判断。

风险事件发生概率的指数 表4-8

说　明	简单描述	等级指数
经常	很可能频繁地出现,在所关注的期间多次出现	4
很可能	在所关注的期间出现几次	3
偶然	在所关注的期间偶尔出现	2
极小	不太可能但还有可能在所关注的期间出现	1
不可能	由于不太可能所以不会出现或不可能出现	0

(2)风险后果的衡量。为了在采取控制措施时能分清轻重缓急,常常给风险划一个等级。通常按照风险事故发生后果的严重程度划分为5级,即灾难性的、关键的、严重的、次要的、可忽略的5个等级,如表4-9表示。

风险后果的等级划分 表4-9

等　级	简单描述	等级指数
灾难性的	人员死亡、项目失败、犯罪行为、破产	4
关键的	人员严重受伤、目标无法完全达到、超过风险准备费用	3
严重的	时间损失,耗费的额外费用,需要保险索赔	2
次要的	需要处理的损伤或疾病,能接受的工期拖延,需要部分以外费用或保险过多	1
可忽略的	损失很小,或认为没有损失后果	0

2. 风险评价

在风险衡量过程中,建设工程风险被量化为关于风险发生概率和损失严重性的函数。但在选择对策之前,还需要对建设工程风险作出相对比较,以确定建设工程风险的相对重要性。

实际中,常常将风险事件发生的概率指数和风险后果的等级相乘,根据相乘所得的数字对风险的重要性进行判断,如表4-10所示。

项目风险重要性评定 表4-10

可能性	后果	灾难性的	关键的	严重的	次重要的	可忽视的
	等级 分值 等级	4	3	2	1	0
经常	4	16	12	8	4	0
很可能	3	12	3	6	3	0
偶然的	2	8	6	2	2	0
极小	1	4	3	4	1	0
不可能	0	0	0	0	0	0

根据项目风险重要性评定结果,可以进行项目风险可接受评定。一般情况下,项目风险重要性评分值8分以上的风险因素表示风险重要性较高,是不可以接受的风险,需要给予重点关注。

五、建设工程风险对策

工程项目风险的应对策略包括风险回避、风险控制、风险自留、风险转移。

1. 风险回避

风险回避就是以一定的方式中断风险源,使其不发生或不再发展,从而避免可能产生的潜在损失。例如:某建设工程的可行性研究报告表明,虽然从净现值、内部收益率指标来看是可行的,但敏感性分析的结论对投资额、产品价格、经营成本均很敏感,这意味着该建设工程的风险很大,因而决定不投资建造该工程。

采用风险回避这一对策较之承担风险,可能造成的损失要小得多。

[**例4-1**]某投资人因选址不慎原决定在河谷建造某工厂,保险公司不愿为其承担保险责任。当投资人意识到在河谷建厂将不可避免地受到洪水威胁,且又别无防范措施时,只好决定放弃该计划。虽然他在建厂准备阶段耗费了不少投资,但与其厂房建成后被洪水冲毁,不如及早改弦易辙,另谋理想的厂址。

[**例4-2**]某承包人参与某建设工程的投标,开标后发现自己的报价远远低于其他承包人的报价。经仔细分析,发现自己的报价存在严重的误算和漏算,因而拒绝与业主签订施工合同。虽然这样做将被没收投标保证金或投标保函,但比承包后严重亏损的损失要小得多。

所以,在某些情况下,风险回避是最佳对策。

采用风险回避对策应注意以下问题:

(1)回避一种风险可能产生另一种新的风险。在建设工程实施过程中,绝对没有风险的情况几乎不存在。就技术风险而言,即使是相当成熟的技术也存在一定的风险。例如,在地铁工程建设中,采用明挖法施工有支撑失败、顶板坍塌等风险。如果为回避这种风险而采用逆作法施工方案的话,又会产生地下连续墙失败等其他新的风险。

(2)回避风险的同时也失去了从风险中获益的可能性。由投机风险的特征可知,它具有损失和获益的两重性。例如,在涉外工程中,由于缺乏有关外国市场的知识和信息,为避免承担由此而带来的经济风险,决策者决定选择本国货币作为结算货币,从而也就失去了从汇率变化中获益的可能性。

(3)回避风险可能不实际或不可能。这一点与建设工程风险的定义或分解有关。建设工程风险定义的范围越广或分解得越粗,回避风险就越不可能。例如,如果将建设工程的风险仅分解到风险因素这个层次,那么任何建设工程都必然会发生经济风险、自然风险和技术风险,根本无法回避。又如,从承包人的角度,投标总是有风险的,但绝不会为了回避投标风险而不参加任何建设工程的投标。几乎建设工程的每一个活动都存在大小不一的风险,过多的回避风险就等于不采取行动,而这可能是最大的风险所在。

总之,虽然风险回避是一种必要的、有时甚至是最佳的风险对策,但应该承认这是消极的风险对策,如果处处回避,事事回避,其结果只能是停止发展,直至停止生存。因此,不可能回避所有的风险。

2. 损失控制

1)损失控制的概念

损失控制是一种主动、积极的风险对策。损失控制可分为预防损失和减少损失两方面工作。预防损失措施的主要作用在于降低或消除损失发生的概率,而减少损失措施的作用在于降低损失的严重性或遏制损失的进一步发展,使损失最小化。一般来说,损失控制方案都应当是预防损失措施和减少损失措施的有机结合。

2)制订损失控制措施的依据和代价

制订损失控制措施必须以定量风险评价的结果为依据,才能确保损失控制措施具有针对性,取得预期的控制效果。风险评价时,要特别注意间接损失和隐蔽损失。

制订损失控制措施必须考虑其付出的代价,包括费用和时间两方面的代价,而时间方面的代价往往还会引起费用方面的代价。损失控制措施的最终确定,需要综合考虑损失控制措施的效果及其相应的代价。由此可见,损失控制措施的选择也应当进行多方案的技术经济分析。

3)损失控制计划系统

在采用损失控制这一风险对策时,所制订的损失控制措施应当形成一个周密的、完整的损失控制计划系统,就施工阶段而言,该计划系统一般应由预防计划、灾难计划和应急计划三部分组成。

(1)预防计划。预防计划的目的在于有针对性地预防损失的发生,其主要作用是降低损失发生的概率,在许多情况下也能在一定程度上降低损失的严重性。在损失控制计划系统中,预防计划的内容最广泛,具体措施最多,包括组织措施、管理措施、合同措施、技术措施。

①组织措施的首要任务是明确各部门和人员在损失控制方面的职责分工,以使各方人员都能为实现预防计划而有效地配合;还需要建立相应的工作制度和会议制度;必要时,还应对有关人员,尤其是现场工人进行安全培训等。

②管理措施,即可采取风险分隔措施,将不同的风险单位分离间隔开来,将风险局限在尽可能小的范围内,以避免在某一风险发生时,产生连锁反应或互相牵连。如在施工现场将易发生火灾的木工加工场,尽可能设在远离现场办公用房的位置;也可采取风险分散措施,通过增加风险单位以减轻总体风险的压力,达到共同分担总体风险的目的。如在涉外工程结算中采用多种货币组合的方式付款,从而分散汇率风险。

③合同措施除了要保证整个建设工程总体合同结构合理、不同合同之间不出现矛盾之外,要注意合同具体条件的严密性,并制订与特定风险相应的规定。如要求承包人提供履约保证和预付款保证等。

④技术措施是在建设工程施工过程中常用的预防损失措施,如地基加固、周围建筑物防护、材料检测等。与其他几方面措施相比,技术措施的显著特征是必须付出费用和时间两方面代价,应当慎重比较后选择。

(2)灾难计划。灾难计划是一组事先编制好的、目的明确的工作程序和具体措施,为现场人员提供明确的行动指南,使其在各种严重的、恶性的紧急事件发生后,不至于惊慌失措,也不需要临时讨论和研究应对措施,可以做到从容不迫、及时、妥善地处理,从而减少人员伤亡和财产经济损失。

灾难计划是针对严重风险事件制订的,其内容应满足以下要求:

①安全撤离现场人员;

②援救及处理伤亡人员;

③控制事故的进一步发展,最大限度地减少资产和环境损害;

④保证受影响区域的安全并尽快恢复正常。

灾难计划在严重风险事件发生或即将发生时应付诸实施。

(3)应急计划。应急计划是在风险损失基本确定后的处理计划,其目的是使因严重风险事件而中断的工程实施过程尽快全面恢复,并减少进一步的损失,使其影响程度减至最小。应急计划不仅要制订相应的措施,而且要规定各相关部门相应的职责。

应急计划应包括的内容有:调整整个建设工程的施工进度计划,包括调整各承包人相应的施工进度计划;调整材料、设备的采购计划,并及时与材料、设备供应商联系,必要时签订补充协议;准备保险索赔依据,确定保险索赔的额度,起草保险索赔报告;全面审查可使用的资金情况,必要时需调整筹资计划等。

3. 风险自留

风险自留就是从企业内部财务的角度应对风险,将风险留给自己承担。风险自留与其他风险对策的根本区别在于,它不改变建设工程风险的客观性质,即不改变工程风险的发生概率和潜在损失的严重性。

1)风险自留的类型

风险自留可分为非计划性风险自留和计划性风险自留两种类型。

(1)非计划性风险自留。由于风险管理人员没意识到建设工程某些风险的存在,或者不曾有意识地采取有效措施,以至风险发生后只好由自己承担,这样的风险自留就是非计划性的和被动的。

导致非计划风险自留的主要原因有:

①缺乏风险意识。这往往是由于建设资金来源与建设工程业主的直接利益无关所造成的,这是我国过去和现在许多由政府提供建设资金的建设项目不自觉地采用非计划性风险自留的主要原因。此外,也可能是由于缺乏风险管理理论的基本知识而造成的。

②风险识别失误。由于所采用的风险识别方法过于简单和一般化,没有针对建设工程风险的特点,或者缺乏建设工程风险经验数据或统计资料,或者没有针对特定建设工程进行风险调查等,都可能导致风险识别失误,从而使风险管理人员未能意识到建设工程某些风险的存在,而这些风险一旦发生就成为自留风险。

③风险评价失误。在风险识别正确的情况下,如仅采用定性风险评价方法,风险评价的方法不当可能导致风险评价错误。即使是采用定量风险评价方法,也可能由于风险衡量的结果出现严重误差而导致风险评价失误,结果将不该忽略的风险忽略了。

④风险决策延误。在风险识别和风险评价均正确的情况下，可能由于迟迟没有作出相应的风险对策决策，而某些风险已经发生，使得根据风险评价结果本不该作为风险自留选择的那些风险成为自留风险。

⑤风险决策实施延误。风险决策实施延误包括两种情况：一种是主观原因，即行动迟缓，对已作出的风险对策迟迟不付诸实施或实施工作进展缓慢；另一种客观原因，某些风险对策的实施需要时间，而在这些风险对策实施尚未完成之前却已发生了相应的风险，成为事实上的自留风险。

事实上对于大型、复杂的建设工程来说，风险管理人员几乎不可能识别出所有工程风险。从这个意义上讲，非计划性风险自留有时是无可厚非的，因而也是一种适用的风险处理策略。但是，风险管理人员应当尽量减少风险识别和风险评价的失误，要及时作出风险对策决策，并及时实施决策，从而避免被迫承担重大和较大的工程风险。总之，虽然非计划性风险自留不可能完全避免，但应尽可能减少。

(2)计划性风险自留。计划性风险自留是主动的、有意识的、有计划的选择，是风险管理人员在经过正确的风险识别和风险评价后作出的风险对策决策，是整个建设工程风险对策计划的一个组成部分。

风险自留绝不可能单独运用，而应与其他风险对策结合使用。在实行风险自留时，应保证对重大和较大的建设工程风险已经进行了工程保险或实施了损失控制计划。

计划性风险自留的计划性主要体现在风险自留水平和损失支付方式两方面。确定风险自留水平可以从风险量数值大小的角度考虑，一般应选择风险量小或较小的风险事件作为风险自留的对象。计划性风险自留还应从费用、期望损失、机会成本、服务质量和税收等方面与工程保险比较后才能得出结论。

2)损失支付方式

计划性风险自留应预先制订损失支付计划，常见的损失支付方式有以下几种：

(1)从现金净收入中支出。采用这种方式时，在财务上并不对自留风险作特别的安排，在损失发生后从现金净收入中支出，或将损失费用记入当期成本。实际上，非计划性风险自留通常都是采用这种方式。

(2)建立资金储备。这种方式是设立了一定数量的备用金，但其用途并不是专门针对自留的风险，其他原因引起的额外费用也在其中支出。

(3)自我保险。这种方式是设立一项专项基金(亦称为自我基金)，专门用于自留风险所造成的损失。该基金的设立不是一次性的，而是每期支出，相当于定期支付保险费。这种方式若用于建设工程风险自留，需适当地变通，如将自我基金在施工前一次性设立。

(4)母公司保险。这种方式只适用于存在总公司与子公司关系的集团公司，往往是在难以投保或自保较为有利的情况下运用。从子公司的角度来看，与一般的投保无异，收支较为稳定，税赋可能得益；从母公司的角度来看，可采用适当的方式进行资金运作，使这笔基金增值，也可再以母公司的名义向保险公司投保。对于建设工程风险自留来说，这种方式可用于特大型建设工程或长期有较多建设工程的业主，如房地产开发(集团)公司。

3)风险自留的适用条件

计划性风险自留至少要符合以下条件之一才应予以考虑。

(1)别无选择。有些风险既不能回避，又不可能预防，且没有转移的可能性，只能自留，这是一种无奈的选择。

(2)期望损失不严重。风险管理人员对期望损失的估计低于保险公司的估计,而且根据自己多年的经验和有关资料,风险管理人员确信自己的估计正确。

(3)损失可准确预测。仅考虑风险客观性,要求建设工程有较多的单项工程和单位工程,满足概率分布的基本条件。

(4)企业具备短期内承受最大潜在损失的能力。由于风险的不确定性,可能在短期内发生最大的潜在损失,这时可通过设立的自我基金或向母公司的保险费用支付,足以弥补损失。如果企业没有这种能力,可能因此而摧毁企业。

(5)投资机会很好(或机会成本很大)。如果市场投资前景很好,则保险费的机会成本就显得很大,不如采取风险自留,将保险费作为投资,以取得较多的投资回报。即使今后自留风险事件发生,也足以弥补其造成的损失。

(6)内部服务优良。如果保险公司所能提供的多数服务完全可以由风险管理人员在内部完成,且由于他们直接参与工程的建设和管理活动,从而使服务更方便,质量在某些方面也更高,在这种情况下,风险自留是合理的选择。

4. 风险转移

风险转移是建设工程风险管理中非常重要而且广泛应用的一项对策,分为非保险转移和保险转移两种形式。根据风险管理的基本理论,建设工程的风险应由有关各方分担,而风险分担的原则是:任何一种风险都应由最适宜承担该风险或最有能力进行损失控制的一方承担,符合这一原则的风险转移是合理的,可以取得双赢或多赢的结果。例如,项目决策风险应由业主承担,设计风险应由设计方承担,而施工技术风险应由承包人承担等。否则,风险转移就可能付出较高的代价。

1)风险的非保险转移

非保险转移又称为合同转移,因为这种风险转移一般是通过签订合同的方式将工程风险转移给非保险人的对方当事人。建设工程风险最常见的非保险转移有以下三种情况:

(1)业主将公司责任和风险转移给对方当事人。在这种情况下,被转移者多数是承包人。例如在合同条款中规定,业主对场地条件不承担责任;又如采用固定总价合同将涨价风险转移给承包人等。

(2)承包人进行合同转让或工程分包。承包人中标承接某工程后,可能由于资源安排出现困难而将合同转让给其他承包人,以避免由于自己无力按合同规定时间完成工程而遭受违约罚款;或该将工程中专业技术要求很强而自己又缺乏相应技术的工程内容分包给专业分包人,从而更好地保证工程质量。

(3)第三方担保。合同当事人的一方要求另一方为其履约行为提供第三方担保。担保方所承担的风险仅限于合同责任,即由于委托方不履行或不适当履行合同以及违约所产生的责任。第三方担保的主要表现是业主要求承包人提供履约保证和预付款保证,在投标阶段还有投标保证。我国施工合同(范本)有发包人和承包人互相提供履约担保的规定。

与其他的风险对策相比,非保险转移的优点主要体现在:一是可以转移某些不可保的潜在损失,如物价上涨、法规变化、设计变更等引起的投资增加;二是被转移者往往能较好地进行损失控制,如承包人相对于业主能更好地把握施工技术风险,专业分包人相对于总包人能更好地完成专业性强的工程内容。

但是,非保险转移的媒介是合同,这就可能因为双方当事人对合同条款的理解发生分歧而导致转移失效。另外,在某些情况下,可能因被转移者无力承担实际发生的重大损失而导致仍然由转移者来承担损失。例如,在采用固定总价合同的条件下,如果承包人报价中所考虑涨价风险费很低,而实际的通货膨胀率很高,从而导致承包人亏损破产,最终只得由业主自己来承担涨价造成的损失。

还需指出的是,非保险转移一般都要付出一定的代价,有时转移代价可能超过实际发生的损失,从而对转移者不利。仍以固定总价合同为例,在这种情况下,如果实际涨价所造成的损失小于承包人报价中的涨价风险费,这两者的差额就成为承包人的额外利润,业主则因此遭受损失。

2)风险的保险转移

风险的保险转移通常直接称为保险,建设工程风险转移称为工程保险。通过购买保险,建设工程业主或承包人作为投保人,将本应由自己承担的工程风险(包括第三方责任)转移给保险公司,从而使自己免受风险损失。保险这种风险转移形式之所以能得到越来越广泛的运用,原因在于其符合风险分担的基本原则,即保险人较投保人更适宜承担有关的风险。对于投保人来说,某些风险的不确定性很大,但是对于保险人来说,这种风险的发生则趋近于客观概率,不确定性降低,即风险降低。

在实行工程保险的情况下,建设工程在发生重大损失后可以从保险公司及时得到赔偿,使建设工程实施能不中断地、稳定地进行,从而最终保证建设工程的进度和质量,也不致因重大损失而增加投资。通过保险还可以使决策者和风险管理人员对建设工程风险的担忧减少,从而可以集中精力研究和处理建设工程实施中的其他问题,提高目标控制的效果。而且,保险可向业主和承包人提供较为全面的风险管理服务,从而提高整个建设工程风险管理的水平。

保险这一风险对策的缺点首先表现在机会成本增加,其次工程保险合同的内容较为复杂,保险费没有统一固定的费率,需根据特定建设工程的类型、建设地点的自然条件(包括气候、地质、水文条件)、保险范围、免赔额的大小等加以综合考虑,因而保险合同谈判常常耗费较多的时间和精力。在实行工程保险后,投保人可能产生心理麻痹而疏于执行损失控制计划,以致增加实际损失和未投保损失。

需要说明的是,工程保险并不能转移建设工程的所有风险,一方面是因为存在不可保风险,另一方面则是因为有些风险不宜保险。因此,对于建设工程风险,应将工程保险与风险回避、损失控制和风险自留结合起来运用。对于不可保风险,必须采取损失控制措施;即使对于可保风险,也应当采取一定的损失控制措施,这有利于改变风险性质,达到降低风险量的目的,从而改善工程保险条件,节省保险费。

第七节 工程建设监理

一、我国工程建设监理的产生与发展

从新中国成立直至20世纪80年代,我国固定资产投资基本上是由国家统一安排计划,国家财政拨款。建设工程的管理基本上采用两种形式:对于一般建设工程,由建设单位自己组成筹建机构,自行管理;对于重大建设工程,则从与该工程相关的单位抽调人员组成工程建设指挥部,由指挥部进行管理。

由于这两种形式都是针对一个特定的建设工程临时组建的管理机构,相当一部分人员不具有建设工程管理的知识和经验,只能在工作实践中摸索,而一旦工程建成投入使用,原有的工程管理机构和人员就解散,当有新的建设工程时再重新组建。这样,建设工程管理的经验不

能承袭升华，不能用来指导今后的工程建设，使我国建设工程管理水平长期在低水平徘徊，投资“三超”、工期延长的现象较为普遍。

通过对我国几十年建设工程管理实践的反思和总结，以及对国外工程管理制度与管理方法的考察，建设部于 1988 年发布了“关于开展建设监理工作的通知”，明确提出要建立建设监理制度。建设监理制作为工程建设领域的一项改革举措，旨在改变陈旧的工程管理模式，建立专业化、社会化的建设监理机构，协助建设单位做好项目管理工作，以提高建设水平和投资效益。建设工程监理制于 1988 年开始设立试点，5 年后逐步推开，1997 年《中华人民共和国建筑法》(以下简称《建筑法》)以法律制度的形式作出规定，国家推行建设工程监理制度，从而使建设工程监理在全国范围内进入全面推行阶段。

二、建设工程监理的概念

所谓建设工程监理，是指具有相应资质的工程监理企业，接受建设单位的委托，承担其项目管理工作，并代表建设单位对承建单位的建设行为进行监控的专业化服务活动。

建设单位，也称为业主、项目法人，是委托监理的一方。建设单位在工程建设中拥有确定建设工程规模、标准、功能，以及选择勘察、设计、施工、监理单位等的决定权。

工程监理企业是指取得企业法人营业执照，具有监理资质证书的依法从事建设工程监理业务活动的经济组织。工程建设监理以工程建设活动为对象，它包括工程项目活动的全过程监理，也可以是工程项目活动的某一阶段的监理，如设计阶段监理、施工阶段监理。

1. 实施工程监理的范围

根据《建筑法》和国务院公布的《建设工程质量管理条例》，对实行强制性监理的工程范围作了原则性的规定。建设部又进一步在《建设工程监理范围和规模标准规定》中对实行强制性监理的工程范围作了具体规定，下列建设工程必须实行监理。

(1)国家重点建设工程。依据《国家重点建设项目管理办法》所确定的对国民经济和社会发展有重大影响的骨干项目为国家重点建设工程，需强制实行监理。

(2)大中型公用事业工程。包括：项目总投资额在 3 000 万元以上的供水、供电、供气、供热等市政工程项目；科技、教育、文化等项目；体育、旅游、商业等项目；社会福利等项目；其他公用事业项目。

(3)成片开发建设的住宅小区工程。建筑面积在 5 万 m^2 以上的住宅建设工程。

(4)利用外国政府或者国际组织贷款、援助资金的工程。包括：使用世界银行、亚洲开发银行等国际组织贷款资金的项目；使用国外政府及其机构贷款资金的项目；使用国际组织或者国外政府援助资金的项目。

(5)国家规定必须实行监理的其他工程。包括：项目总投资额在 3 000 万元以上关系社会公共利益、公众安全的交通运输、水利建设、城市基础设施、生态环境保护、信息产业、能源等基础设施项目，以及学校、影剧院、体育场馆项目。

2. 实施工程监理的阶段

建设工程监理可以适用于工程建设投资决策阶段和实施阶段，但目前主要是用于建设工程施工阶段。

在建设工程施工阶段，建设单位、勘察单位、设计单位、施工单位和工程监理企业等工程建设的各类行为主体均出现在建设工程当中，形成了一个完整的建设工程组织体系。在这个阶段，建筑市场的发包体系、承包体系、管理服务体系的各主体在建设工程中会合，由建设单位、勘察单位、设计单位、施工单位和工程监理企业各自承担工程建设的责任和义务，最终将建设工程建成并投入使用。

三、建设工程监理的性质

1. 服务性

建设工程监理具有服务性，是从它的业务性质方面定性的。建设工程监理以建设单位为服务对象，按照委托监理合同的规定进行监理服务，其行为受法律约束和保护。

建设工程监理的主要任务是控制建设工程的投资、进度和质量，最终目的是协助建设单位在计划目标内将建设工程建成并投入使用。工程监理企业既不直接进行设计，也不直接进行施工；既不向建设单位承包造价，也不参与承包人的利益分成。在工程建设中，监理人员利用自己的知识、技能和经验、信息以及必要的试验、检测手段，为建设单位提供管理服务。

工程监理企业不能完全取代建设单位的管理活动。它不具有工程建设重大问题的决策权，它只能在授权范围内代表建设单位进行管理。

2. 科学性

科学性是由建设工程监理要达到的基本目的决定的。工程监理企业应当由组织管理能力强、工程建设经验丰富的人员担任领导；应当有足够数量的、有丰富的管理经验和应变能力的监理工程师组成的骨干队伍；要有一套健全的管理制度；要有现代化的管理手段；要掌握先进的管理理论、方法和手段；要积累足够的技术、经济资料和数据；要有科学的工作态度和严谨的工作作风，要实事求是、创造性地开展工作。

建设工程监理以协助建设单位实现其投资目的为己任，面对工程规模日趋庞大，环境日益复杂，功能、标准要求越来越高，新技术、新工艺、新材料、新设备不断涌现，参加建设的单位越来越多，市场竞争日益激烈，风险日渐增加的情况，只有采用科学的思想、理论、方法和手段才能驾驭工程建设。

3. 独立性

《建筑法》明确指出，工程监理企业应当根据建设单位的委托，客观、公正地执行监理任务。《工程建设监理规定》和《建设工程监理规范》要求工程监理企业按照“公正、独立、自主”的原则开展监理工作。

按照独立性要求，工程监理单位应当严格地按照有关法律、法规、规章、工程建设文件、工程建设技术标准、建设工程委托监理合同、有关的建设工程合同等的规定实施监理；在委托监理的工程中，与承建单位不得有隶属关系和其他利害关系；在开展工程监理的过程中，必须建立自己的组织，按照自己的工作计划、流程、方法、手段，根据自己的判断，独立地开展工作。

4. 公正性

公正性是社会公认的职业道德准则，是监理行业能够长期生存和发展的基本职业道德准则。

在开展建设工程监理的过程中，工程监理企业应当排除各种干扰，客观、公正地对待监理的委托单位和承包单位，特别是当这两方发生利益冲突或者矛盾时，工程监理企业应以事实为依据，以法律和有关合同为准绳，在维护建设单位的合法权益时，不损害承包单位的合法权益。

在调解建设单位和承包单位之间的争议，处理工程索赔和工程延期，进行工程款支付控制以及竣工结算时，应当尽量客观、公正地对待建设单位和承包单位。

四、工程项目监理的实施

对项目可以全过程实施监理,也可以分阶段实施监理,一般应遵循下述程序进行。

1. 签订建设监理合同

建设监理合同指建设单位委托监理单位承担监理任务而依法签订的合同。该合同签订后对双方均有法律约束力,因此必须全面履行合同中规定的义务。

国外一些政府和著名咨询公司都有标准合同范本,如国际咨询工程师联合会(FIDIC)颁布的《雇主与咨询工程师项目管理协议国际范本与国际通用规则》(GRA1990PM)就是标准监理合同。

我国也于1996年制订了标准监理合同范本《工程建设监理合同示范文本》,1997年交通部颁发的《公路工程施工监理合同示范文本》,均对建设监理合同进行了统一规定和要求。其内容包括:标准条件,词语定义,适用语言法规,业主的义务,监理单位的权力,业主的权力,监理单位责任、业主责任,合同生效、变更和终止,监理酬金、风险处理等。

工程建设监理有关规定指出:"工程建设监理是有偿的服务活动。酬金及计提办法,由监理单位与建设单位依据所委托的监理内容和工作深度协商确定,并写入监理委托合同。"监理服务费用是监理单位在完成任务时得到的报酬。

2. 确定项目总监理工程师、监理人员,建立监理组织

项目总监理工程师是监理单位派驻项目的全权负责人,对内向监理单位负责,对外向建设项目法人负责,因此,应由业务水平高、管理经验丰富、有良好的职业道德,并已取得监理工程师执业资格证书和注册证书的监理工程师担任。

总监理工程师的职责如下:

(1)保持与业主的密切联系,搞清建设意图和对监理的要求。

(2)主持制订项目的"监理规划"。

(3)负责组建项目的监理班子,明确相应的职责分工,主持制订监理工作运行制度。

(4)审查各专业监理工程师编制的监理实施细则。

(5)审核并签署工程开工令、停工令、复工令以及工程款的支付申请。

(6)主持处理工程中发生的重大质量事故、责任事故、安全事故。

(7)主持处理合同履行中的重大争议与纠纷,组织处理重大索赔。

(8)组织单项工程、分期交工工程项目的验收,并签署相应的质检报告和验收报告。

(9)主持审核工程的结算书。

(10)定期、不定期地向业主提交项目实施情况报告。

(11)主持项目组织的工作例会。

(12)审核并签署项目竣工资料。

(13)主持编写项目监理工作总结报告。

根据工程规模、复杂程度和专业需要,在监理项目中应配置相应的专业监理工程师或管理人员,包括结构、路基、路面、隧道、测量、试验、工程计量支付工程师和相应监理员等专业人员,其职责根据工作情况由总监理工程师确定。

建立监理组织通常有以下几种形式:

(1)按项目组成分解监理组织形式。

(2)按建设阶段分解监理组织形式。

(3)按监理职能分解监理组织形式。

(4)按矩阵制组成监理组织形式。

3. 制订监理规划、监理实施细则

建设监理单位在确定了项目总监理工程师后,由总监理工程师制订项目监理规划,并由专业监理工程师对项目具体情况制订监理实施细则。

监理规划由项目总监理工程师主持,根据业主对项目监理的要求,在详细阅读并掌握监理项目有关资料的基础上,结合监理条件编制开展项目监理工作的指导性文件。文件内容包括工程概况、监理范围和目标、主要监理措施、监理组织、监理工作制度等。

监理实施细则指在监理规划指导下,落实各专业监理责任,并由专业监理工程师针对项目具体情况制订的可具体实施和操作的业务文件。其内容可根据不同的监理阶段制订,要求具体、详细,以利于监理工作的开展、实施和检查。

4. 监理工作规范化

应根据监理规划和监理实施细则的要求,规范化地开展监理工作,具体包括以下内容:

(1)按一定顺序开展监理工作。

(2)监理工作职责分工明确,每个人都按严格的职责要求开展工作。

(3)监理工作有明确的工作目标,每个目标都有明确、具体的要求。

5. 监理工作总结

监理工作完成后应进行总结,一般包括以下内容:

(1)向项目法人提交的总结。包括监理合同履行情况陈述、监理任务或监理目标完成情况评价、监理工作总结说明等。

(2)向监理公司提交的总结。包括监理工作经验、监理工作建议等。

五、工程项目监理投资控制

监理投资控制是项目管理三大控制之一,在不同的监理阶段具有不同的内容。工程项目的造价监理主要是围绕项目投资控制进行的,造价工程师所讲的对项目的造价监理应视为项目的投资控制。

1. 设计阶段投资控制

(1)建立健全投资控制系统,完善职责分工及有关制度,落实职责。

(2)审查技术经济指标,进行多方案的技术经济比较,选择经济性好的设计方案。

(3)在保障工程安全可靠、适用的条件下,进行限额设计。从审查设计浪费和挖潜入手进行优化设计。

(4)设计过程中实施跟踪检查。主要审核不同方案的经济比较和设计概算编制,包括:

①各种依据是否正确。

②工程量计算是否正确,有无漏算、重算和计算错误。

③各分部分项工程套用定额是否正确。

④编制的补充定额取值是否合理,各种取费项目是否符合规定,是否符合工作实际,有无遗漏、有无规定之外的取费。

2. 施工招标阶段投资控制

招标阶段投资控制的主要内容是合理地确定标底和合同价。

3. 施工阶段投资控制

施工阶段投资控制的内容如下：

(1)建立、健全投资控制系统,完善职责分工及有关制度,落实责任。

(2)熟悉设计图纸、设计要求、标底计算书等,明确工程费用最易突破的部分和环节,明确投资控制重点。

(3)预测工程风险及可能发生索赔的诱因,制订防范对策,避免或减少索赔事件的发生。

(4)按合同规定的条件和要求监督各项事前准备工作,避免出现索赔条件。

(5)在施工过程中,及时答复施工单位提出的问题及配合要求,主动协调好各方面的关系,不要造成索赔条件。

(6)对工程变更、设计修改要严格把关,事前一定要进行技术经济合理性的预测分析。

(7)严格经费签证,凡涉及费用支出的各种签证,需经总监理工程师最后核签后才能生效。

(8)在工程实施过程中,按合同规定及时对已完成工程进行计量,及时向对方支付进度款,避免造成违约。

(9)及时掌握国家调价动态。

(10)对投资进行动态控制,定期或不定期地进行工程费用分析,并提出控制工程费用的方案和措施。定期向有关各方报告工程投资动态情况。

(11)审核施工单位提交的工程结算书。

(12)公正地处理施工单位提出的索赔。

复习思考题

1. 何谓项目？它有哪些特性？

2. 何谓项目管理？项目管理有哪些特性？

3. 建设项目除了具备一般项目特征外,还具备哪些特征？

4. 何谓施工项目管理？施工项目具有哪些特点？

5. 建设项目分别按建设性质、投资作用及项目规模等划分为哪几类？

6. 我国推行项目管理的意义、作用有哪些？我国实行的项目管理具有哪些特点？

7. 项目管理具有哪些职能？

8. 项目组织的形式有哪些？

9. 建设项目管理方式有哪几种类型？简述建设项目 BOT 建设方式。

10. 项目经理应具备哪些基本条件？项目经理的主要任务有哪些？

11. 项目目标及项目的核心目标有哪些？项目目标的相互关系与制订依据是什么？

12. 项目控制分为哪两类控制？各类控制的含义和相互关系是什么？

13. 做好项目的主动控制应采取哪些有效措施？

14. 做好项目的被动控制应采取哪些有效措施？

15. 进度控制、质量控制和投资控制分别包括哪几类控制？怎样才能将进度、质量、投资三大控制工作做好？

第五章　经济法律法规

【教学目标】

1. 明确经济法律法规基础知识概念;

2. 能阐述合同订立及其法律关系的处理;

3. 会分析工程建设主要相关法律问题。

【教学要求】

章节名称	能力要求	知识要点
第一节　经济法律法规的概念	明确法律基本常识;能识别一般经济法律关系	经济法律法规及其作用、关系;经济法律关系主体、客体、内容;经济法律行为、事件;代理的特征、种类、无权代理、代理关系的终止;财产所有权与债权;诉讼时效、期间、中止和中断
第二节　合同法	具有订立合同与处理合同争议的基本能力	合同类型、订立、形式、要约、承诺、内容;格式条款;订约责任;合同的生效、涉及代理的合同效力、无效合同和可变更、可撤销的合同;合同履行的原则、一般规定;第三人履行合同、抗辩权;合同的变更、转让与终止;承担违约责任的条件、原则、方式;合同争议和解、调解、仲裁、诉讼
第三节　工程建设主要相关法律	能查询和分析工程建设相关法律问题	公路法之公路规划、建设、养护、路政管理、收费等主要法律条款;招标投标法之招标、投标、开标、评标、中标法律条款;土地管理法之土地的所有权、使用权、利用和保护、建设用地等;城市规划法之城市规划的制订、实施等;建筑法之建筑许可、工程发包与承包、工程监理、安全生产管理、工程质量管理等;城市房地产管理法之土地使用权的取得、房地产开发、房地产交易等;保险法之税收有关法律、税收的基本要素、与工程建设相关的重要税种等;价格法之价格的分类管理、经营者的价格行为、政府的定价行为等

【学习重点】

经济法律法规基础知识;合同法;公路法。

第一节　经济法律法规的概念

一、经济法律法规的概念

1. 经济法律法规的概念

经济法是调整国家管理机关、社会组织和具有合法资格的生产经营者,在经济管理、经济协作以及市场经济运行中所发生的经济关系的法律规范的总称。具体包括规范市场经济主体的法律、规范国家机关经济管理行为的法律、规范市场行为的法律和规范社会保障体系的法律。

2. 经济法律法规的作用

(1)经济法律法规在国民经济管理中起到国家对国民经济的领导、组织和调控的职能作用。国家经济管理机构在行使国民经济管理职能,对社会经济生活进行计划、指挥、组织、调节和控制的活动中,同社会组织或其他具有生产经营资格的组织发生经济关系。

(2)经济法律法规起着维护各社会组织之间平等互利的经济关系的作用。社会组织在协作与竞争中发生的经济关系,是在社会经济活动中相互间通过开展协作、联合、交换、竞争等所发生的经济关系,必须用法律规范其行为。

(3)经济法律法规起着调整社会组织内部发生的经济关系的作用,对社会组织内部管理过程中发生的经济关系和生产协作中发生的经济关系进行调整。

(4)经济法律法规调整涉外经济关系。涉外经济关系是国家经济管理机关在涉外经济管理中发生的经济关系和社会组织在涉外经济活动中发生的经济关系。

二、经济法律关系

经济法律关系是指社会关系为经济法律规范调整时所形成的权利义务关系。它由经济法律关系的主体、客体、内容三要素所构成。

1. 经济法律关系主体

经济法律关系主体,是指经济法律关系的参与者或当事人,即参与经济法律关系、依法享有经济权利、承担经济义务的当事人。包括国家机关、法人、其他社会组织、个体工商户、农村承包经营户、自然人等。

(1)国家机关。国家机关包括国家权力机关和国家行政管理机关。它们依照法律规定,代表国家行使管理社会经济的职能,通过采用行政的、经济的和法律手段来调节和控制社会经济活动;同各种社会组织之间形成一种调控、监督和管理的经济法律关系。

(2)法人。法人是具有民事权利能力和民事行为能力,依法独立享有民事权利和承担民事义务的组织。法人应当具备以下条件:

①依法成立。尽管由于法人的性质、业务范围不同,法人的设立程序也有区别,但都必须依法定程序设立。社会组织只有依法成立,才能取得法人资格。这有别于有些法律关系主体如公民,无须经过法定程序即可取得主体资格。

②有必要的财产或者经费。法人必须具有财产或独立经营管理的活动经费,这是法人参与经济活动、完成法人任务、从事经营管理活动的物质基础,也是法人独立承担经济责任的前提。

③有自己的名称、组织机构和场所。法人的名称或字号是代表法人的符号,是使法人特定化、区别于其他法人的标志。法人只有以自己名义进行经济活动才能为自己取得经济权利、设定经济义务。法人应当有健全的组织机构,如法人应有自己的组织章程;有产生法人意志的机关;有实现法人意志的机构等。这些机构相互配合,相互制约,组成一个有机的整体。场所是指法人从事生产、经营活动的固定地点,法人要有固定的场所作为其享有权利和承担业务的法定住所地,以利于开展生产经营和服务活动。

④能够独立承担民事责任。这要求法人以自己拥有的全部财产对债务负责。除法律有特别规定外,法人的发起人、股东对法人的债务不承担无限连带责任。

法人可以分为企业法人、机关法人、事业单位法人和社会团体法人等。企业法人经主管机关核准登记,取得法人资格。具备法人条件的事业单位、社会团体,依法不需要办理法人登记的,从成立之日起,具有法人资格;依法需要办理法人登记的,经核准登记,取得法人资格。

(3)其他社会组织。其他社会组织是指依据有关法律规定,能够独立从事一定范围生产经营或服务活动、但不具备法人条件的社会组织。如:有营业执照的法人分支机构,非法人型的联营企业等。

(4)个体工商户和农村承包经营户。公民在法律允许的范围内,依法经核准登记,从事工商业经营的,为个体工商户。个体工商户经国家主管机关登记,领取营业执照后,便可在核准的业务范围内和供销部门进行工商业经营活动。他们可以签订经济合同,参与经济法律关系,成为经济法律关系的主体。农村集体经济组织的成员,在法律允许的范围内,按照承包合同规定从事经营的为农村承包经营户。农村承包经营户可以以自己名义进行商品生产和经营,成为经济法律关系主体。

(5)自然人。在一般情况下,自然人只是民事法律关系的主体,但在一定范围内,如在税收关系、投资关系中,自然人也可以成为经济法律关系的主体。

2. 经济法律关系客体

经济法律关系客体是指经济法律关系主体的权利义务共同指向的事物。包括财物、行为、智力成果等。

(1)财物。作为经济法律关系客体的财物,是指为人们所控制并且有经济价值的物质财富,包括自然资源和人工制造的产品。按照不同的标准,可将财物划分为:生产资料和生活资料,固定资产和流动资产,种类物和特定物等。

(2)行为。行为是指法律关系主体意识的活动,包括完成一定工作和提供一定劳务等。例如建筑安装、勘察设计、加工承揽、货物运输、仓储保管、咨询服务等。

(3)智力成果。智力成果指人们脑力劳动所产生的成果。例如专利、专有技术、商标、创作成果等。它们虽不呈物质形态,但具有重要的经济价值和社会价值,一旦同社会生产相结合,便可以创造出物质财富。

3. 经济法律关系内容

经济法律关系内容,是指经济法律关系主体间的经济权利和经济义务。

(1)经济权利。经济权利是指法律赋予法律关系主体的某种经济权益,表现为享有权利的主体有权作出一定的行为和要求他人作出相应的行为,在必要时可请求有关国家机关用强制力协助实现其权益。

(2)经济义务。经济义务是指负有义务的人必须作出一定的行为或不得作出一定行为,以保证权利人的权利得以实现。

三、经济法律事实

经济法律事实,是指能够引起经济法律关系产生、变更或消灭的客观现象,包括行为和事件。只有一定的法律事实存在,才能在当事人之间发生一定的经济法律关系,或使原来的经济法律关系发生变更或消灭。

1. 行为

行为是指法律关系主体意识的活动,是能够引起经济法律关系发生变更和消灭的行为,它包括作为和不作为两种表现形式。

行为还可以分为合法行为和违法行为。凡符合国家法律规定或为国家法律所认可的行为是合法行为,凡违反国家法律规定的行为是违法行为。

此外,行政行为和发生法律效力的法院判决、裁定以及仲裁机关发生法律效力的裁决等,都是一种法律事实,也能引起法律关系的发生、变更、消灭。

2. 事件

事件是指不以经济法律关系主体的主观意志为转移而发生的,能够引起经济法律关系产生、变更、消灭的客观现象。这些客观事件的出现与否,是当事人无法预见和控制的。

事件可分为自然事件和社会事件两种。自然事件是指由于自然现象引起的客观事实。社会事件是指由于社会上发生了不以个人意志为转移的、难以预料的重大事变所形成的客观事实。

无论自然事件还是社会事件,它们的发生都能引起一定的法律后果,即导致经济法律关系的产生或者迫使已存在的经济法律关系发生变化。

四、代　　理

代理是代理人在代理权限内,以被代理人的名义实施的、其民事责任由被代理人承担的法律行为。

1. 代理的特征

(1)代理人必须在代理权限范围内实施代理行为。无论代理权的产生是基于何种法律事实,代理人都不得擅自变更或扩大代理权限,代理人超越代理权限的行为不属于代理行为,被代理人对此不承担责任。在代理关系中,委托代理中的代理人应根据被代理人的授权范围进行代理,法定代理和指定代理中的代理人也应在法律规定或指定的权限范围内实施代理行为。

(2)代理人以被代理人的名义实施代理行为。代理人只有以被代理人的名义实施代理行为,才能为被代理人取得权利和设定义务。如果代理人是以自己的名义为法律行为,这种行为是代理人自己的行为而非代理行为。这种行为所设定的权利与义务只能由代理人自己承受。

(3)代理人在被代理人的授权范围内独立地表现自己的意志。在被代理人的授权范围内,代理人以自己的意志去积极地为实现被代理人的利益和意愿进行具有法律意义的活动。它具体表现为代理人有权自行解决他如何向第三人作出意思表示,或者是否接受第三人的意思表示。

(4)被代理人对代理行为承担民事责任。代理是代理人以被代理人的名义实施的法律行为,所以在代理关系中所设定的权利义务,当然应当直接归属被代理人享受和承担。被代理人对代理人的代理行为承担民事责任,即包括对代理人在执行代理任务的合法行为承担民事责任,也包括对代理人不当代理行为承担民事责任。

2. 代理的种类

以代理权产生的依据不同,可将代理分为委托代理、法定代理和指定代理。

(1)委托代理。委托代理是基于被代理人对代理人的委托授权行为而产生的代理。委托代理关系的产生,需要在代理人与被代理人之间存在基础法律关系,如委托合同关系、合伙合同关系、工作隶属关系等,但只有在被代理人对代理人进行授权后,这种委托代理关系才真正建立。

在委托代理中,被代理人所作出的授权行为属于单方的法律行为,仅凭被代理人一方的意思表示,即可以发生授权的法律效力。被代理人有权随时撤销其授权委托。代理人也有权随时辞去所受委托。但代理人辞去委托时,不能给被代理人和善意第三人造成损失,否则应负赔偿责任。

(2)法定代理。法定代理是根据法律的直接规定而产生的代理。法定代理主要是为维护无行为能力或限制行为能力人的利益而设立的代理方式。

(3)指定代理。指定代理是根据人民法院和有关单位的指定而产生的代理。指定代理只在没有委托代理人和法定代理人的情况下适用。在指定代理中,被指定的人称为指定代理人,依法被指定为代理人的,如无特殊原因不得拒绝担任代理人。

3. 无权代理

无权代理是指行为人没有代理权而以他人名义进行民事、经济活动。无权代理包括以下几种情况:

(1)没有代理权的代理行为。

(2)超越代理权限的代理行为。

(3)代理权终止后的代理行为。

对于无权代理行为,"被代理人"可以不承担法律责任。《民法通则》规定,无权代理行为"只有经过被代理人的追认,被代理人才承担民事责任。未经追认的行为,由行为人承担民事责任",但"本人知道他人以自己的名义实施民事行为而不作否认表示的,视为同意"。

4. 代理关系的终止

(1)委托代理关系可因下列原因终止:

①代理期间届满或者代理事项完成;

②被代理人取消委托或代理人辞去委托;

③代理人死亡或代理人丧失民事行为能力;

④作为被代理人或者代理人的法人终止。

(2)指定代理或法定代理关系可因下列原因终止:

①被代理人取得或者恢复民事行为能力;

②被代理人或代理人死亡;

③指定代理人的人民法院或指定单位撤销指定;

④监护关系消灭。

五、财产所有权和债权

财产所有权与债权是两项基本民事权利,也是大多数经济活动的基础和目的。

1. 财产所有权

财产所有权是指财产的所有人依照法律对其财产享有占有、使用、收益和处分的权利。所有权具有绝对性,所有权人无须其他人的积极协助就可以实现其所有权,其权利可以对抗其他任何人。所有权是一种最全面、最充分的物权,其他物权,如抵押权、经营权等,只能享有所有权中的部分权限。

(1)财产所有权的权能。财产所有权的权能是指所有人对其所有的财产依法享有的权利,包括占有权、使用权、收益权、处分权。

①占有权。占有权是指对财产实际掌握、控制的权能。占有权是行使物的使用权的前提条件,是所有人行使财产所有权的一种方式。占有权可以根据所有人的意志和利益分离出去,由非所有人享有。如,根据货物运输合同,承运人对托运人的财产享有占有权。

②使用权。使用权是指对财产的实际利用和运用的权能。通过对财产实际利用和运用满

足所有人的需要，是实现财产使用价值的基本渠道。使用权是所有人所享有的一项独立权能，所有人可以在法律规定的范围内，以自己的意志使用其所有物。

③收益权。收益权是指享有由原物产生出来的新增经济价值的权能。原物新增的经济价值包括由原物直接派生出来的果实、由原物所产生出来的租金和利息、对原物直接利用而产生的利润等。收益往往是因为使用而产生的，因此收益权也往往与使用权联系在一起。但是，收益权本身是一项独立的权能，因而使用权并不能包括收益权。有时所有人并不行使对物的使用权，仍可以享有对物的收益权，而非所有人根据法律和合同的规定可以仅仅享有使用权而不享有收益权。

④处分权。处分权是指依法对财产进行处置，决定财产在事实上或法律上命运的权能。处分权的行使决定着物的归属。处分权是所有人的最基本的权利，它是所有权内容的核心。

(2)所有权的取得。根据所有权的取得是否依赖于原所有人的所有权力意志，所有权的取得可以分为原始取得和继受取得两类。原始取得是指根据法律的规定直接取得财产所有权，不以所有人的权利和意志为转移。继受取得，又称传来取得，是指根据原所有人的意志，接受原所有人转移的所有权。

(3)所有权的消灭。所有权的消灭是指通过某种法律事实，使所有权丧失或与所有人脱离的法律现象。所有权消灭的原因有以下几种：

①所有权客体消灭；

②所有权转让；

③因强制手段而消灭；

④所有权主体的消灭。

2. 债权

债是按照合同的约定或者按照法律规定，在当事人之间产生的特定的权利和义务关系。在这种法律关系中，享有权利的人是债权人，负有义务的人是债务人。债是特定当事人之间的法律关系，债权人只能向特定的人主张自己的权利，债务人也只需向享有该项权利的特定人履行义务。

债的产生是指特定当事人之间债权债务关系的产生。引起债产生的一定的法律事实，就是债产生的根据。

债产生的根据有以下几项：

(1)合同。在当事人之间因产生了合同法律关系，也就产生了权利义务关系，设立了债的关系。任何合同关系的设立，都会在当事人之间发生债权债务的关系。合同引起债的关系是债发生的最主要、最普遍的依据。因合同产生的债称为合同之债。

(2)侵权。侵权是指公民或法人没有法律依据而侵害他人的财产权利或人身权利的行为。侵权行为一经发生，即在侵权行为人和被侵权人之间形成债的关系。因侵权行为产生的债称为侵权之债。

(3)无因管理。无因管理是指管理人员和服务人员没有法律上的特定服务，也没有受到他人委托，自觉为他人管理事物或提供服务。无因管理在管理人员或服务人员与受益人之间形成了债的关系。因无因管理产生的债称为无因管理之债。

(4)不当得利。不当得利是指没有法律上或者合同上的依据，有损于他人利益而自身取得利益的行为。由于不当得利造成他人利益的损害，因此在得利者与受害者之间形成债的关系。得利者应当将所得的不当利益返还给受损失的人。因不当得利产生的债称为不当得利之债。

六、诉 讼 时 效

诉讼时效是指权利人在法定期间内不行使权利,法律规定消灭其胜诉权的制度。即公民或者法人在其民事权利受到侵害时,在诉讼时效期间内不行使权利,就丧失了请求法院依照诉讼程序强制履行义务的权利。

1. 诉讼时效期间

我国《民法通则》规定,我国的诉讼时效期间为两年。下列的诉讼时效期间为一年:

(1)身体受到伤害要求赔偿的;

(2)出售质量不合格的商品未声明的;

(3)延付或者拒付租金的;

(4)寄存财物被丢失或者损毁的。

我国《合同法》规定,因国际货物买卖合同和技术进口合同争议提起起诉的期限为四年。

诉讼时效期间从权利人知道或者应当知道其权利受到侵害之日起开始计算。但是,从权利被侵害之日起超过二十年的,人民法院不予保护。

2. 诉讼时效的中止和中断

(1)诉讼时效的中止。诉讼时效的中止是指在诉讼期间的最后六个月内,由于不可抗拒力或其他障碍,权利人不能行使请求权,诉讼时效期暂停计算,从障碍消除之日起,诉讼时效继续计算。

(2)诉讼时效中断。诉讼时效中断是指因提起诉讼、当事人一方提出要求或者同意履行义务,原来经过的时效期间统归无效,诉讼时效重新计算。诉讼时效因提起诉讼、当事人一方提出权利主张或者另一方同意履行义务而中断。

第二节　合　同　法

一、合同法概述

1. 合同

合同是平等主体的自然人、法人、其他组织之间设立、变更、终止民事权利义务关系的协议。合同作为一种协议,其本质是一种合意,必须是两个以上意思表示一致的民事法律行为。合同当事人作出的意思表示必须合法,这样才能具有法律约束力。

合同是当事人合法的行为。合同中所确立的权利和义务,必须是当事人依法可以享有的权利和能够承担的义务,这是合同具有法律效力的前提。如果在订立合同的过程中有违法行为,当事人不仅达不到预期的目的,还应根据违法情况承担相应的法律责任。

2. 合同法

合同法是调整平等主体的自然人、法人、其他组织之间在设立、变更、终止合同时所发生的社会关系的法律规范的总称。我国实行改革开放以来,一直十分重视合同法的立法工作,为了满足我国发展社会主义市场经济的需要,1999 年 3 月 15 日,第九届全国人大第二次会议通过了《中华人民共和国合同法》,于 1999 年 10 月 1 日起施行,原有的三部合同法(《经济合同法》、《技术合同法》、《涉外经济合同法》)同时废止。

3. 合同的分类

从不同的角度可以对合同作出不同的分类。

1)合同法的基本分类

《合同法》分则部分将合同分为15类:买卖合同,供用电、水、气、热力合同,赠与合同,借款合同,租赁合同,融资租赁合同,承揽合同,建设工程合同,运输合同,技术合同,保管合同,仓储合同,委托合同,行纪合同,居间合同。

2)合同的其他分类

(1)计划与非计划合同。计划合同是依据国家有关计划签订的合同;非计划合同则是当事人根据市场需求和自己的意愿订立的合同

(2)双务合同与单务合同。双务合同是当事人双方相互享有权利和相互负有义务的合同;单务合同是指合同当事人双方并不相互享有权利、负有义务的合同。

(3)诺成合同与实践合同。诺成合同是当事人意思表示一致即可成立的合同;实践合同则要求在当事人意思表示一致的基础上,还必须交付标的物或者其他给付义务的合同。

(4)主合同与从合同。主合同是指不依赖其他合同而独立存在的合同;从合同是以主合同的存在为存在前提的合同。主合同的无效、终止将导致从合同的无效、终止,但从合同的无效、终止不能影响主合同。担保合同是典型的从合同。

(5)有偿合同与无偿合同。有偿合同是指合同当事人双方任何一方均需给予另一方相应的权益方能取得自己利益的合同。而无偿合同的当事人一方无需给予相应权益即可从另一方取得利益。在市场经济中,绝大部分合同都是有偿合同。

(6)要式合同与不要式合同。如果法律要求必须具备一定形式和手续的合同,称为要式合同;反之,法律不要求具备一定形式和手续的合同,称为不要式合同。

二、合同的订立

1. 合同的形式

合同法规定,当事人订立合同,有书面形式、口头形式和其他形式。书面形式是指合同书、信件和数据电文(包括电报、电传、传真、电子数据交换和电子邮件)等可以有形地表现所载内容的形式。

在下列两种情况下应当采用书面形式:

(1)法律、行政法规规定采用书面形式。

(2)当事人约定采用书面形式的。

可以认为,合同法在合同形式上的要求是以不要式为原则的。

2. 要约与承诺

合同的成立需要经过要约和承诺两个阶段。

1)要约

要约是希望和他人订立合同的意思表示。提出要约的一方为要约人,接受要约的一方为被要约人。

要约应当符合以下规定:

(1)内容具体、确定。

(2)表明经受要约人承诺,要约人即受该意思表示约束。

具体地讲,要约必须是特定人的意思表示,必须是以缔结合同为目的,要约必须具备合同的主要条款。要约必须是对相对人发出的行为,必须由相对人承诺,虽然相对人的人数可能为不特定的多数人。

2)要约邀请

有些合同在要约之前还会有要约邀请行为。要约邀请是希望他人向自己发出要约的意思表示。要约邀请并不是合同成立过程中的必经过程,它是当事人订立合同的预备行为,在法律上无需承担责任。这种意思表示的内容往往不确定,不含有合同得以成立的主要内容,也不含相对人同意后受其约束的表示。比如价目表的寄送、招标公告、商业广告(如果商业广告的内容符合要约规定的,视为要约)、招标说明书等,即是要约邀请。

3)要约撤回

要约撤回是指要约在发生法律效力之前,欲使其不发生法律效力而取消要约的意思表示。要约人可以撤回要约,撤回要约的通知应当在要约到达受要约人之前或同时到达受要约人。

4)要约撤销

要约撤销是要约在发生法律效力之后,要约人欲使其丧失法律效力而取消该项要约的意思表示。要约可以撤销,撤销要约的通知应当在受要约人发出承诺通知之前到达受要约人。

但有以下情形之一的,要约不得撤销:

(1)要约人确定承诺期限或者以其他形式明示要约不可撤销。

(2)受要约人有理由认为要约是不可撤销,并已经为履行合同做了准备工作。

可以认为,要约的撤销是一种特殊的情况,且必须在受要约人发出承诺通知之前到达受要约人。因为承诺发出,合同即告成立。

5)承诺

承诺是受要约人作出的同意要约的意思表示。

承诺具有以下特征:

(1)承诺必须由受要约人作出。

(2)承诺只能向要约人作出。

(3)承诺的内容应当与要约的内容一致。

(4)承诺必须在承诺期限内发出。

受要约人在承诺期限内发出承诺,按照通常情形能够及时到达要约人,但因其他原因承诺到达要约人时超过承诺期限的,除要约人及时通知受要约人因承诺超过期限不接受该承诺的以外,该承诺有效。

承诺的撤回是承诺人阻止或者消灭承诺发生法律效力的意思表示。承诺可以撤回,撤回承诺的通知应当在承诺通知到达要约人之前或者与承诺通知同时到达要约人。

6)要约和承诺的生效。

我国合同法规定,要约到达受要约人时生效。采用数据电文形式订立合同,收件人指定特定系统接收数据电文的,该数据电文进入该特定系统的时间,视为到达时间;未指定特定系统的,该数据电文进入收件人任何系统的首次时间,视为到达时间。

承诺应当以通知的方式作出,根据交易习惯或者要约表明可以通过行为作出承诺的除外,承诺在其通知送达给要约人时生效。

3. 合同的内容

合同一般应当包括如下条款:

(1)当事人的名称或者姓名和住所。明确合同主体,对了解合同当事人的基本情况、合同的履行和确定诉讼管辖具有重要的意义。合同当事人包括自然人、法人、其他组织。

(2)标的。标的是合同当事人双方权利和义务共同指向的对象。标的表现形式为物、劳务、行为、智力成果、工程项目等。

(3)数量。数量是衡量合同标的多少的尺度,是以数字和其他计量单位表示的尺度。

(4)质量。质量是标的的内在品质和外观形态的综合指标。合同对质量标准的约定应当是准确而具体的,对于技术上较为复杂的和容易引起歧义的词语、标准,应当加以说明和解释。对于强制性的标准,当事人必须执行,合同约定的质量不得低于该强制性标准。对于推荐性的标准,国家鼓励采用。

(5)价款或者报酬。价款或者报酬是当事人一方向交付标的的另一方支付的货币。标的物的价款由当事人双方协商,但必须符合国家的物价政策,劳务酬金也是如此。合同条款中应写明有关银行结算和支付方法的条款。

(6)履行的期限、地点和方式。履行的期限是当事人各方依照合同规定全面完成各自义务的时间,包括合同的签订期、有效期和履行期。履行的地点是指当事人交付标的和支付价款或酬金的地点,包括:标的的交付、提取地点;服务、劳务或工程项目建设的地点;价款或劳务的结算地点。履行的方式是指当事人完成合同规定义务的具体方法。包括标的的交付方式和价款或酬金的结算方式。

(7)违约责任。违约责任是任何一方当事人不履行或者不适当履行合同规定的义务而应当承担的法律责任。当事人可以在合同中约定,一方当事人违反合同时,向另一方当事人支付一定数额的违约金;或者约定违约损害赔偿的计算方法。

(8)解决争议的方法。在合同履行过程中不可避免地会产生争议,为使争议发生后能够有一个双方都能接受的解决办法,应当在合同条件中对此作出规定。

值得注意的是,具备这些条款不是合同成立的必备条件。

4. 关于格式条款

格式条款是指当事人为了重复使用而预先拟订,并在订立合同时未与对方协商的条款。提供格式条款的相对人只能在接受格式条款和拒签合同两者之间进行选择。格式条款既可以是合同的部分条款为格式条款,也可以是合同的所有条款为格式条款。格式条款适应了社会化大生产的需要,提高了交易效率,在日常工作和生活中随处可见。

提供格式条款的一方应当遵循以公平的原则确定当事人之间的权利和义务关系,并采取合理的方式提请对方注意免除或限制其责任的条款,按照对方的要求,对该条款予以说明。提供格式条款一方免除其责任、加重对方责任、排除对方主要权利的,该条款无效。

5. 订约责任

订约责任分为订约过错责任和订约保密责任。

1)订约过错责任

在合同的订立过程中,不论合同成立与否,当事人如果违背诚实信用原则,在合同订立过程中有过错,给对方造成损失的,也应承担相应的赔偿责任。当事人在订立合同过程中有下列情形之一,给对方造成损失的,应当承担损害赔偿责任:

(1)假借订立合同,恶意进行磋商。

(2)故意隐瞒与订立合同有关的重要事实或提供虚假情况。

(3)有其他违背诚实信用原则的行为。

2)订约保密责任

当事人在订立合同过程中知悉的商业机密,无论合同是否成立,不得泄露或者不正当使用。泄露或者不正当使用该商业秘密给对方造成损失的,应当承担损害赔偿责任。

三、合同的效力

1. 合同的生效

(1)合同生效应当具备以下条件:

①当事人具有相应的民事权利能力和民事行为能力;

②意思表示真实;

③不违反法律或者社会公共利益。

(2)合同的生效时间,一般来说,依法成立的合同,自成立时生效。具体地讲,口头合同自受要约人承诺时生效;书面合同自当事人双方签字或者盖章时生效。

法律规定应当采用书面形式的合同,当事人虽然未采用书面形式但已经履行全部或者主要义务的,可以视为合同有效。当事人可以对合同生效约定附条件或者约定附期限。附条件的合同,包括附生效条件的合同和附解除条件的合同两类。附生效条件的合同,自条件成就时生效;附解除条件的合同,自条件成就时失效。附条件的合同一经成立,在条件成就前,当事人对于所约定的条件是否成就,应当听其自然发展。

2. 涉及代理的合同效力

当合同具备生效条件,代理行为符合法律规定,授权代理人在授权范围内订立的合同当然有效。但在有些情况下,涉及代理的合同效力则十分复杂。

(1)限制民事行为能力人订立的合同。无民事行为能力人不能订立合同,限制行为能力人一般情况下不能独立订立合同。限制民事行为能力的人订立的合同,经法定代理人追认以后,合同有效。

(2)无权代理。无权代理的行为人以被代理人的名义订立的合同,未经被代理人追认,对被代理人不发生效力,由行为人承担责任。相对人可以催告被代理人在一个月内予以追认。被代理人未作表示的,视为拒绝追认。

(3)表见代理。表见代理是善意相对人通过被代理人的行为足以相信无权代理人具有代理权的代理。基于此项依赖,该代理行为有效。善意第三人与无权代理人进行的交易行为(订立合同),其后果由被代理人承担。表见代理的规定,其目的是保护善意的第三人。表见代理一般应当具备以下条件:

①表见代理人并未获得被代理人的授权,是无权代理;

②客观上存在让相对人相信行为人具备代理权的理由;

③相对人善意且无过失。

3. 无效合同和可变更、可撤销的合同

1)无效合同

无效合同是指当事人违反了法律规定的条件而订立的、国家不承认其效力、不给予法律保护的合同。无效合同从订立之时起就没有法律效力。

有下列情形之一的合同无效:

(1)一方以欺诈、胁迫的手段订立合同,损害国家利益。

(2)恶意串通,损害国家、集体或第三人利益的。

(3)以合法活动掩盖非法目的。

(4)损害社会公共利益。

(5)违反法律、行政法规的强制规定。

合同当事人约定免除或者限制未来责任的下列免责条款无效:

(1)造成对方人身伤害的。

(2)因故意或者重大过失造成对方财产损失的。

上述两种免责条款具有一定的社会危害性,双方即使没有合同关系也可以追究对方的侵权责任。因此这两种免责条款无效。

无效合同的确认权归人民法院或仲裁机构,其他任何机构均无权确认合同无效。

2)可变更、可撤销合同

可变更、可撤销的合同是指欠缺生效条件,但一方当事人可依照自己的意思使合同的内容变更或者使合同的效力归于消灭的合同。可变更、可撤销的合同不同于无效合同,当事人提出请求是合同被变更、撤销的前提。当事人如果只要求变更,人民法院或仲裁机构不得撤销其合同。

有下列情形之一的,当事人一方有权请求人民法院或仲裁机构变更或撤销其合同:

(1)因重大误解而订立的。

(2)在订立合同时显失公平的。

由于可撤销的合同只是涉及当事人意思表示不真实的问题,因此法律对撤销权的行使有一定的限制。有下列情形之一的撤销权消灭:

(1)具有撤销权的当事人自知道或应当知道撤销事由之日起一年内没有行使撤销权。

(2)具有撤销权的当事人知道撤销事由后明确表示或以自己的行为放弃撤销权。

3)合同无效和被撤销后的法律后果

无效合同或被撤销的合同自始没有法律约束力。合同部分无效,不影响其他部分效力的,其他部分仍然有效。合同无效、被撤销或终止的,不影响合同中独立存在的有关解决争议方法的条款的效力。

合同被确认无效和被撤销后,合同规定的权利和义务即为无效。履行中的合同应当终止履行,尚未履行的不得继续履行。对因履行无效合同和被撤销合同而产生的财产后果应当依法进行如下处理:

(1)返还财产。由于无效合同或被撤销合同自始没有法律约束力,因此,返回财产是处理无效合同和可撤销合同的主要方式。合同被确认无效和被撤销后,当事人依据该合同所取得的财产,应当返还给对方。

(2)赔偿损失。合同被确认无效或被撤销后,有过错的一方应赔偿对方因此而受到的损失。如果双方都有过错,应当根据过错的大小各自承担相应的责任。

(3)追缴财产,收归国有。双方恶意串通,损害国家或第三人利益的,应将双方取得的财产收归国库或返还第三人。无效和可撤销合同不影响善意第三人取得合法权益。

四、合同的履行

1. 合同履行的原则

(1)全面履行的原则。当事人应当按照约定全面履行自己的义务。即按合同约定的标的、价款、数量、质量、地点、期限、方式等全面履行各自的义务。按照约定履行自己的义务，既包括全面履行义务，也包括正确适当履行合同义务。

(2)诚实信用的原则。当事人应当遵循诚实信用的原则，根据合同性质、目的和交易习惯履行通知、协助和保密的义务。当事人首先要保证自己全面履行合同约定的义务，并为对方履行合同创造条件。当事人双方应关心合同履行情况，发现问题应及时协商解决。一方当事人在履行过程中发生困难，另一方当事人应在法律允许的范围内给予帮助。在合同履行过程中应信守商业道德，保守商业秘密。

2. 合同履行的一般规定

合同生效后，当事人就质量、价款或者报酬、履行地点等内容没有约定或者约定不明的，可以协议补充，不能达成补充协议的，按照合同有关条款或者交易习惯确定。如果按照上述办法仍不能确定合同如何履行的，适用下列规定进行履行：

(1)质量要求不明的，按国家标准、行业标准履行，没有国家、行业标准的，按通常标准或者符合合同目的的特定标准履行。

(2)价款或报酬不明的，按订立合同时履行地的市场价格履行；依法应当执行政府定价或政府指导价的，按规定履行。

(3)履行地点不明确的，给付货币的，在接收货币一方所在地履行；交付不动产的，在不动产所在地履行；其他标的在履行义务一方所在地履行。

(4)履行期限不明确的，债务人可以随时履行，债权人也可以随时要求履行，但应当给对方必要的准备时间。

(5)履行方式不明确的，按照有利于实现合同目的的方式履行。

(6)履行费用的负担不明确的，由履行义务一方承担。

合同在履行中既可能是按照市场行情约定价格，也可能执行政府定价或政府指导价。如果是按照市场行情约定价格履行，则市场行情的波动不应影响合同价，合同仍执行原价格。

如果执行政府定价或政府指导价的，在合同约定的交付期限内政府价格调整时，按照交付时的价格计价。逾期交付标的物的，遇价格上涨时按照原价格执行；遇价格下降时，按新价格执行。逾期提取标的物或者逾期付款的，遇价格上涨时，按新价格执行；价格下降时，按原价格执行。

3. 第三人履行合同

第三人履行合同包括债务人向第三人履行债务和第三人向债权人履行债务两种情况。

(1)债务人向第三人履行债务。债务人向第三人履行债务是指债务人本应向债权人履行义务，但由于债权人与债务人经过约定由债务人向第三人履行债务，但原债权人的地位不变。当事人约定由债务人向第三人履行债务，债务人未向第三人履行债务或者履行债务不符合约定，应当向债权人承担违约责任。

债务人向第三人履行债务，但第三人仍不是合同的当事人。合同当事人需协商同意由第三人接受履行，第三人的履行原则上不能增加其履行难度和履行费用。

(2)第三人向债权人履行债务。第三人向债权人履行债务是指经当事人约定由第三人代替债务人履行债务。当事人约定由第三人向债权人履行债务的，第三人不履行债务或者履行债务不符合约定的，债务人应当向债权人承担违约责任。

第三人向债权人履行债务，第三人也不是合同的当事人。但这种代替履行的行为必须征得债权人的同意，并且对债权人没有不利的影响。

4. 合同履行中的抗辩权

抗辩权是指双方在合同履行过程中，都应当履行自己的债务，一方不履行或者有可能不履行时，另一方可以据此拒绝对方的履行要求。

(1)同时履行抗辩权。当事人互负债务，没有先后履行顺序的，应当同时履行。同时履行抗辩权包括：一方在对方履行之前有权拒绝其履行要求；一方在对方履行债务不符合约定时，有权拒绝其相应的履行要求。

同时履行抗辩权的适用条件是：

①由同一双务合同产生互负的对价给付债务；

②合同中未约定履行的顺序；

③对方当事人没有履行债务或没有正确履行债务；

④对方的对价给付是可能履行的义务。

所谓对价给付，是指一方履行的义务和对方履行的义务之间具有互为条件、互为牵连的关系并且在价格上基本相等。

(2)先履行抗辩权。先履行抗辩权也包括两种情况：当事人互负债务，有先后履行顺序的，先履行的一方未履行的，后履行的一方有权拒绝其履行要求；先履行的一方履行债务不符合约定时，后履行的一方有权拒绝其相应的履行要求。

先履行抗辩权的适用条件是：

①由同一双务合同产生互负的对价给付债务；

②合同中约定了履行的顺序；

③应当先履行的合同当事人没有履行债务或没有正确履行债务；

④应当先履行的对价给付是可能履行的义务。

(3)不安抗辩权。不安抗辩权是指合同中约定了履行的顺序，合同成立后发生了应当后履行合同一方财务状况恶化的情况，应当先履行合同的一方在对方未履行或提供担保前有权拒绝先为履行。设立不安抗辩权的目的在于，预防合同成立后情况发生变化而损害合同另一方的利益。

应当先履行合同的一方有确切证据证明对方有下列情形之一的，可以中止履行。

①经营状况严重恶化；

②转移财产、抽逃资金，以逃避债务的；

③丧失商业信誉；

④有丧失或可能丧失履行债务能力的其他情形。

当事人中止履行合同的，应当及时通知对方；对方提供适当的担保时，应恢复履行。中止履行后，对方在合理的期限内未恢复履行能力且未提供适当的担保，中止履行的一方可以解除合同。当事人没有确切证据就中止履行合同的应承担违约责任。

五、合同的变更、转让与终止

1. 合同的变更

合同变更是指当事人对已经发生法律效力，但尚未履行或尚未完全履行的合同，进行修改或补充所达成的协议。合同法规定，当事人协商一致可以变更合同，合同变更是狭义的合同变更,仅指合同内容和客体的变更,不包括合同主体的变更。

合同变更必须针对有效的合同,协商一致是合同变更的必要条件。有些合同的订立需要有关部门的批准或登记,对于此类合同的变更需要重新登记或审批。合同的变更一般不涉及已履行的内容。

有效的合同变更必须要有明确的合同内容的变更。如果当事人对合同的变更约定不明确,视为没有变更。合同变更后,当事人不得再按原合同履行,而须按变更后的合同履行。

2. 合同的转让

合同转让是指合同一方将合同的权利、义务全部或部分转让给第三人的法律行为。合同转让后原合同债消灭,产生新的合同债。合同的转让包括债权转让和债务转让两种情况,当事人也可将权利、义务一并转让。

(1)债权转让。债权转让是指合同债权人通过协议将其债权全部或部分转让给第三人的行为。债权人可以将合同的权利全部或部分转让给第三人。法律、行政法规规定转让权利应当办理批准、登记手续的,应当办理批准、登记手续。但下列情形债权不可以转让:

①根据合同性质不得转让;

②根据当事人约定不得转让;

③依照法律规定不得转让。

债权人转让权利的,应当通知债务人。未经通知的,除经受让人同意,该转让对债务人不发生效力,且转让权利的通知不得撤销。受让人取得权利后,同时拥有与此权利相对应的从权利。从权利与债权人不可分割,债务人对债权人的抗辩同样可以针对受让人。

(2)债务转让。债务转让是指债务人将合同的义务全部或部分转移给第三人的情况。债务人将合同的义务全部或部分转移给第三人的必须经债权人同意,否则,这种转移不发生法律效力。法律、行政法规规定转移义务应当办理批准、登记手续的,应当办理批准、登记手续。

债务人转移义务的,新债务人可以主张原债务人对债权人的抗辩。债务人转移义务的新债务人应当承担与主债务有关的从债务,但该从债务专属于原债务人自身的除外。

(3)权利和义务同时转让。当事人一方经对方同意,可以将自己在合同中的权利和义务一并转让给第三人。当事人订立合同后合并的,由合并后的法人或其他组织行使合同权利,履行合同义务。当事人订立合同后分立的,除债权人和债务人另有约定外,由分离的法人或其他组织对合同的权利和义务享有连带债权,承担连带债务。

3. 合同的终止

合同终止是指当事人之间根据合同确定的权利和义务在客观上不复存在。合同终止是随着一定法律事实发生而发生的,是合同关系的消灭,不可能恢复。合同的权利和义务终止后,当事人应当遵循诚实信用的原则。根据交易习惯履行通知、协助、保密等义务。权利和义务的终止不影响合同中结算和清理条款的效力。

合同终止的原因有以下几点:

(1)债务已按照约定履行。按照合同约定实现债权债务的清偿。清偿是合同的权利和义务终止的最主要和最常见的原因。清偿一般由债务人为之,但不以债务人为限,也可能由债务人的代理人或第三人进行合同的清偿。清偿的标的物一般是合同规定的标的物,但是债权人同意,也可用合同规定的标的物以外的物品来清偿其债务。

(2)合同解除。合同解除是指对已经发生法律效力,但尚未履行或尚未完全履行的合同,因当事人一方的意思表示或双方的协议而使债权债务关系提前归于消灭的行为。合同解除可分为约定解除和法定解除两类。

约定解除是当事人通过行使约定的解除权或双方协商决定而进行的合同解除。当事人协商一致可以解除合同,即合同的协商解除。当事人也可以约定一方解除合同的条件,解除合同条件成就时,解除权人可以解除合同,即合同约定解除权的解除。

法定解除是解除条件直接由法律规定的合同解除。当法律规定的解除条件具备时,当事人可以解除合同。它与合同约定解除权的解除都是具备一定解除条件时,由一方行使解除权,区别则在于解除条件的来源不同。

有下列情形之一的,当事人可以解除合同:

①因不可抗力致使不能实现合同目的的情形。不可抗力是指不能预见、不能避免并且不能克服的客观情况。不可抗力往往导致合同当事人无法履行合同义务,这种无法履行不是当事人的过错引起的,受不可抗力影响一方可以解除合同。如果不可抗力对双方都有影响,则双方都享有解除权。

②在履行期限届满之前,当事人一方明确表示或以自己的行为表明不履行主要债务。拒绝履行是指债务人能够履行而违法地作出不履行的意思表示,这是预期违约。它既可以是明确表示,也可以是以自己的行为表明。在这种情况下,守约当事人可以解除合同。

③当事人一方延迟履行主要债务,经催告后在合理的期限内仍未履行。债务人迟延履行又称给付迟延,是指债务人对于履行期满的债务,能够履行而未履行。主要债务是指合同规定的具有重要地位的、决定合同性质的合同义务。主要债务的不履行将导致合同的根本目的没有实现。在这种情况下,没有违约一方可以解除合同。

④当事人一方延迟履行债务或有其他违法行为,致使不能实现合同目的的情形。不能实现合同目的的违约属于根本违约,没有违约一方可以解除合同。它与一般违约不同,一般违约不能影响合同目的的实现。

⑤法律规定的其他情形。

(3)债务相互抵消。债务相互抵消是指两个人彼此互负债务,各以其债权充当债务的清偿,使双方的债务在等额范围内归于消灭。债务抵消可以分为约定债务抵消和法定债务抵消两类。

(4)债务人依法将标的物提存。标的物提存是指由于债权人的原因致使债务人无法向其交付标的物,债务人可以将标的物交给有关机关保存,以此消灭合同的制度。因为债务的履行往往要有债权人的协助,如果出于债权人的原因致使债务人无法向其交付标的物,仅仅要求债权人承担违约责任,将使债务人长期处于合同不合理的约束之下。此时,债务人将标的物提存后,合同的权利和义务即告终止。我国目前的提存机构为公证机构。有下列情况,难以履行债务的,债务人可以将标的物提存:

①债权人无正当理由拒绝领受;

②债权人下落不明;

③债权人死亡未确定继承人或丧失民事行为能力未确定监护人;

④法律规定的其他情形。

标的物不适用于提存,或提存费用过高的,债务人依法可以拍卖或变卖标的物,提存所得的价款。标的物提存后,除债权人下落不明外,债务人应当及时通知债权人或其继承人、监护人。

标的物提存后，毁损、灭失的风险由债权人承担。提存期间标的物的孳息归债权人所有，提存费用由债权人承担。债权人可随时提取提存物，但必须以偿还债务人的到期债务或提供担保为基础。否则，提存部门根据债务人的要求拒绝其领取提存物。债权人领取提存物的权利，自提存之日起5年内不行使而消灭，提存物扣除提存费用后，归国家所有。

(5)债权债务同归一方。债权债务同归一方也称混同，是指债权债务同归于一人而导致合同权利和义务归于消灭的情况。但是，在合同标的物上设有第三人利益的，如债权上设有抵押权，则不能混同。混同是一种事实，无需任何意思表示。

(6)债权人免除债务。指债权人免除债务人的债务，即债权人以消灭债务人的债务为目的而抛弃债权的意思表示。债权人免除债务人部分或全部债务的，合同的权利和义务部分或全部终止。因债务消灭的结果，从债务如利息债务、担保债务等也同时归于消灭。免除债务是一种民事法律行为，必须有抛弃的意思表示而不能以事实行为的方式作出。免除是一种无偿行为，必须以债权债务关系消灭为内容。

(7)合同的权利和义务终止的其他情形。除上述原因外，法律规定或当事人约定合同终止的其他情形出现时，合同也告终止。如时效期满、合同撤销、作为合同主体的自然人死亡而其债务又无人承担等。

六、违约责任

违约责任是指当事人任何一方不能履行或履行合同不符合约定而应当承担的法律责任。违约行为的表现形式包括不履行和不适当履行。不履行是指当事人不能履行或拒绝履行合同义务；不适当履行则包括不履行以外的其他所有违约情况。

当事人一方不履行合同义务或履行合同义务不符合约定的，应当承担继续履行、采取补救措施或赔偿损失等违约责任。当事人双方都违反合同的，应各自承担相应的责任。

对于预期违约的，当事人也应当承担违约责任。当事人一方明确表示或以自己的行为表明不履行合同的义务，对方可以在履行期限届满之前要求其承担违约责任。这是我国合同法严格责任原则的重要体现。

1. 承担违约责任的条件和原则

(1)承担违约责任的条件。当事人承担违约责任的条件是指当事人承担违约责任应具备的要件。我国合同法采用了严格责任原则，只要当事人有违约行为，即当事人不履行合同或履行合同不符合约定的条件，就应当承担违约责任。

承担违约责任是以合同有效为前提的。无效合同从订立之时起就没有法律效力，所以谈不上违约责任问题。所以当事人承担违约责任的前提，必须是违反了有效的合同或合同条款的有效部分。

(2)承担违约责任的原则。我国合同法规定的承担违约责任是以补偿性为原则的。补偿性是指违约责任旨在弥补或补偿因违约行为造成的损失。对于财产损失的赔偿范围，我国合同法规定，赔偿损失额应相当于因违约行为所造成的损失，包括合同履行后可获得的利益。

但是，违约责任在有些情况下也具有惩罚性。如：合同约定了违约金，违约行为没有造成损失或损失小于约定的违约金。

2. 承担违约责任的方式

(1)继续履行。继续履行是指违反合同的当事人不论是否承担了赔偿金或违约金责任，都必须根据对方的要求，在自己能够履行的条件下，对合同未履行的部分继续履行。承担赔偿金或违约金责任不能免除当事人的履约责任。特别是金钱债务，违约方必须继续履行，因为金钱是一般等价物，没有别的方式可以替代履行。因此，当事人一方未支付价款或者报酬的，对方可以要求其支付价款或者报酬。

当事人一方不履行非金钱债务或履行非金钱债务不符合约定的，对方也可以要求继续履行。但有下列情形之一的除外。

①法律上或事实上不能履行；

②债务的标的不适于强制履行或履行费用过高；

③债权人在合理期限内未要求履行。

当事人就迟延履行约定违约金的，违约方支付违约金后，还应当履行债务。

(2)采取补救措施。补救措施主要是指我国民法通则和合同法中所确定的，在当事人违反合同的事实发生后，为防止损失发生或扩大，而由违反合同一方依照法律规定或约定采取的修理、更换、重新制作、退货、减少价格或报酬等措施，以给权利人弥补或挽回损失的责任形式。采取补救措施的责任形式，主要发生在质量不符合约定的情况下。

(3)赔偿损失。当事人一方不履行合同义务或履行合同义务不符合约定的，给对方造成损失的，应当赔偿对方的损失。损失赔偿额应相当于因违约所造成的损失，包括合同履行后可以获得的利益，但不得超过违反合同一方订立合同时预见或应当预见的因违反合同可能造成的损失。因为违约一般都会给当事人造成损失，赔偿损失是守约者避免损失的有效方式。

当事人一方不履行合同义务或履行合同义务不符合约定的，在履行义务或采取补救措施后，对方还有其他损失的，应承担赔偿责任。当事人一方违约后，对方应采取适当措施防止损失的扩大，没有采取措施致使损失扩大的，不得就扩大的损失请求赔偿，当事人因防止扩大而支出的合理费用，由违约方承担。

(4)支付违约金。当事人可以约定一方违约时应根据违约情况向对方支付一定数额的违约金，也可以约定因违约产生的损失额的赔偿办法。约定违约金低于造成损失的，当事人可以请求人民法院或仲裁机构予以增加；约定违约金过分高于造成损失的，当事人可以请求人民法院或仲裁机构予以适当减少。

(5)定金罚则。当事人可以约定一方向对方给付定金作为债权的担保。债务人履行债务后定金应当抵作价款或收回。给付定金的一方不履行约定债务的，无权要求返还定金；收受定金的一方不履行约定债务的，应当双倍返还定金。

当事人既约定违约金，又约定定金的，一方违约时，对方可以选择适用违约金或定金条款。但是，这两种违约责任不能合并使用。

七、合同争议的解决

合同争议也称合同纠纷，是指合同当事人对合同规定的权利和义务产生了不同的理解。合同争议的解决方式有和解、调解、仲裁、诉讼四种。

1.和解

和解是指合同纠纷当事人在自愿友好的基础上，互相沟通、互相谅解，从而解决纠纷的一种方式。合同发生纠纷时，当事人应首先考虑通过协商解决纠纷。协商解决合同纠纷有以下优点：

(1)简便易行，能经济、及时地解决纠纷。

(2)有利于维护合同双方的友好合作关系,使合同能更好地得到履行。

(3)有利于和解协议的执行。

2. 调解

调解是指合同当事人对合同所约定的权利、义务发生争议,经过协商后,不能达成和解协议时,在经济合同管理机关或有关机关、团体等的主持下,通过对当事人进行说服教育,促使双方互相作出适当的让步,平息争端,自愿达成协议,以求解决经济合同纠纷的方法。

合同纠纷的调解往往是当事人经过协商仍不能解决纠纷后采取的方式,因此与和解相比,它面临的纠纷要大一些。与诉讼、仲裁相比,仍具有与和解相似的优点:它能够较经济、及时地解决纠纷;有利于消除合同当事人的对立情绪,维护双方的长期合作关系。

3. 仲裁

仲裁是当事人双方在争议发生前或争议发生后达成协议,自愿将争议交给第三者作出裁决,并负有自动履行义务的一种解决争议的方式。这种争议解决方式必须是自愿的,因此必须有仲裁协议。如果当事人之间有仲裁协议,争议发生后又无法通过协商和调解解决,则应及时将争议提交仲裁机构仲裁。

1)仲裁的原则

(1)自愿原则。仲裁机构本身并无强制力,当事人采用仲裁方式解决纠纷,应当双方自愿,达成仲裁协议。如有一方不同意进行仲裁的,仲裁机构即无权受理纠纷。

(2)公平合理原则。仲裁的公平合理是仲裁制度的生命力所在。这一原则要求仲裁机构要充分收集证据,听取纠纷双方的意见。仲裁应当根据事实和符合法律规定。

(3)仲裁应依法独立进行。仲裁机构是独立的组织,相互间也无隶属关系。仲裁依法独立进行,不受行政机关、社会团体和个人的干涉。

(4)仲裁终局原则。由于仲裁是当事人基于对仲裁机构的信任作出的选择,因此其裁决是立即生效的。裁决作出后,当事人就同一纠纷再申请仲裁或向人民法院起诉的,仲裁委员会或人民法院不予受理。

2)仲裁协议的内容

仲裁协议是纠纷当事人愿意将纠纷提交仲裁机构仲裁的协议。它应包括请求仲裁的意思表示、仲裁事项、选定的仲裁委员会等内容。

3)仲裁协议的作用

(1)合同当事人均受仲裁协议的约束。

(2)仲裁协议是仲裁机构对纠纷进行仲裁的先决条件。

(3)排除了法院对纠纷的管辖权。

(4)仲裁机构应按仲裁协议进行仲裁。

4)仲裁庭的组成

仲裁庭的组成有以下两种方式:

(1)当事人约定由三名仲裁员组成仲裁庭。当事人如果约定由三名仲裁员组成仲裁庭,应当各自选定或各自委托仲裁委员会主任指定一名仲裁员,第三名仲裁员由当事人共同选定或共同委托仲裁委员会主任指定。第三名仲裁员是首席仲裁员。

(2)当事人约定由一名仲裁员组成仲裁庭。仲裁庭也可以由一名仲裁员组成。当事人如果约定由一名仲裁员组成仲裁庭的,应当由当事人共同选定或共同委托仲裁委员会主任指定仲裁员。

5）仲裁裁决的执行

仲裁委员会的裁决作出后，当事人应当履行。国家裁决执行制度，在当事人不履行裁决时，强制当事人履行。由于仲裁委员会本身并无强制执行的权力，因此，当一方当事人不履行仲裁裁决时，另一方当事人可以依照民事诉讼法的有关规定向人民法院申请执行。接受申请的人民法院应当执行。

4. 诉讼

诉讼是指合同当事人依法请求人民法院行使审判权，审理双方之间发生的合同争议，作出以国家强制保证实现其合法权益，从而解决纠纷的审判活动。合同双方当事人如果未约定仲裁协议，则只能以诉讼作为解决争议的最终方式。

对于一般的合同争议，由被告住所地或合同履行地人民法院管辖。我国的民事诉讼法也允许合同当事人在书面协议中选择被告住所地、合同履行地、合同签订地、原告住所地、标的物所在地人民法院管辖。对于建设工程合同的纠纷一般都适用不动产所在地的专属管辖，由工程所在地人民法院管辖。

第三节　工程建设主要相关法律

由于公路工程建设的复杂性，必然会产生多种法律关系，我们必须熟悉主要相关法律，正确运用其为建设工程造价管理服务。本节选择公路法、招标投标法、土地管理法、城市规划法、建筑法、城市房地产管理法、保险法、税法、价格法等法律进行介绍。

一、公　路　法

《中华人民共和国公路法》于1997年7月3日中华人民共和国主席令第86号发布。根据1999年10月31日第九届全国人民代表大会常务委员会第十二次会议《关于修改〈中华人民共和国公路法〉的决定》第一次修正；根据2004年8月28日第十届全国人民代表大会常务委员会第十一次会议《关于修改〈中华人民共和国公路法〉的决定》第二次修正（第五十条第一款修改为："超过公路、公路桥梁、公路隧道或者汽车渡船的限载、限高、限宽、限长标准的车辆，不得在有限定标准的公路、公路桥梁上或者公路隧道内行驶，不得使用汽车渡船。超过公路或者公路桥梁限载标准确需行驶的，必须经县级以上地方人民政府交通主管部门批准，并按要求采取有效的防护措施；运载不可解体的超限物品的，应当按照指定的时间、路线、时速行驶，并悬挂明显标志。"）。公路法是调整在从事公路建设活动和对公路建设活动监督管理过程中所形成的社会关系的法律规范总称。本法中的公路建设活动是指公路、公路桥梁、公路隧道和公路渡口的规划、建设、养护、经营、使用和管理。

1. 公路规划

（1）公路标准的划分。公路按其在公路路网中的地位分为国道、省道、县道和乡道，并按技术等级分为高速公路、一级公路、二级公路、三级公路和四级公路。具体划分标准由国务院交通行政主管部门规定。新建公路应当符合技术等级的要求，原有不符合最低技术等级要求的等外公路，应当采取措施，逐步改造为符合技术等级要求的公路。

（2）各级公路规划要求。公路规划应根据国民经济和社会发展以及国防建设的需要编制，与城市建设发展规划和其他方式的交通运输发展规划相协调。建设用地规划应符合土地利用总体规划，当年建设用地应纳入年度建设用地计划。

①国道规划由国务院交通行政主管部门会同国务院有关部门共同商定，国道沿线省、自治区、直辖市人民政府编制，报国务院批准。

②省道规划由省、自治区、直辖市人民政府交通行政主管部门会同同级有关部门共同商定，省道沿线下一级人民政府编制，报省、自治区、直辖市人民政府批准，并报国务院交通主管部门备案。

③县道规划由县级人民政府交通行政主管部门会同同级有关部门编制，经本级人民政府审定后，报上一级人民政府批准。

④乡道规划由县级人民政府交通行政主管部门协助乡、民族乡、镇人民政府编制，报县级人民政府批准。

⑤专用公路规划由专用公路的主管单位编制，经其上级主管部门审定后，报县级以上人民政府交通主管部门审核。

省道规划应当与国道规划相协调，县道规划应当与省道规划相协调，乡道规划应当与县道规划相协调，专用公路规划应当与公路规划相协调。县级以上人民政府交通主管部门发现专用公路规划与国道、省道、县道、乡道规划有不协调的地方，应当提出修改意见，专用公路主管部门和单位应当作出相应的修改。

2. 公路建设

(1)建设资金。筹建公路建设资金，除各级人民政府的财政拨款外，可以依照法律或国务院有关规定决定征收用于公路建设的费用；还可以依法向国内外金融机构或外国政府贷款。国家鼓励国内外经济组织对公路建设进行投资。开发、经营公路的公司可以依照法律、行政法规的规定发行股票、公司债券筹集资金。依照本法规定出让公路收费权的收入必须用于公路建设。

(2)公路建设体制。公路建设应当按照国家规定的基本建设程序和有关规定进行。公路建设项目应按照国家有关规定实行法人负责制度、招标投标制度、工程监理制度和合同管理制度。

(3)从业资格制度。从业资格制度是国家对从事建筑活动的单位(企业)和人员实行资质或资格审查，并许可其按照相应的资质、资格条件从事相应的建筑活动的制度。承担公路建设的可行性研究单位、勘察设计单位、施工单位和工程监理单位，必须持有国家规定的资质证书。公路建设单位应当根据公路建设工程的特点和技术要求，选择具有相应资格的勘察设计单位、施工单位和工程监理单位，并依照有关法律、法规、规章的规定和公路工程技术标准的要求分别签订合同，明确双方的权利和义务。

(4)公路建设质量标准。承担公路建设项目的设计单位、施工单位和工程监理单位，应当按照国家有关规定建立、健全质量保证体系，落实岗位责任制，并依照有关法律、法规、规章以及公路工程技术标准的要求和合同约定进行设计、施工和监理，保证公路工程质量。

(5)公路建设的有关要求。

①公路建设需要使用国有荒山、荒地或需要在国有荒山、荒地、河滩、滩涂上挖砂、采石、取土的，依照有关法律、行政法规的规定办理后，任何单位和个人不得阻挠或非法收取费用。

②地方各级人民政府对公路建设依法使用土地和搬迁居民，应当给予支持和协助。

③公路建设项目的设计和施工，应当符合依法保护环境、保护文物古迹和防止水土流失的

要求。

④公路规划中贯彻国防要求的公路建设项目,应当严格按照规划进行建设,以保证国防交通的需要。

⑤因建设公路影响铁路、水利、电力、邮电设施和其他设施正常使用时,公路建设单位应事先征得有关部门的同意;因公路建设对有关设施造成损坏的,公路建设单位应按照不低于该设施原有的技术标准予以修复,或给予相应的经济补偿。

⑥改建公路时,施工单位应当在施工路段两端设置明显的施工标志、安全标志。需要车辆绕行的,应当在绕行路口设置标志;不能绕行的,必须修建临时道路,保证车辆和行人通行。建成的公路,应当按照国务院交通行政主管部门的规定设置明显的标志、标线。

⑦公路建设项目和公路修复项目竣工后,应当按照国家有关规定进行验收;未经验收或验收不合格的,不得交付使用。

⑧县级以上地方人民政府应当确定公路两侧边沟(截水沟、坡脚护坡道,下同)外缘起不少于1m的公路用地。

3. 公路养护

公路管理机构应当按照国务院交通主管部门规定的技术规范和操作规程对公路进行养护,保证公路经常处于良好的技术状态。

国家采用依法征税的办法筹集公路养护资金,具体实施办法和步骤由国务院规定;依法征税筹集的公路养护资金,必须专项用于公路的养护和改建。

县、乡级人民政府对公路养护需要的挖砂、采石、取土以及取水,应当给予支持和协助;应当在农村义务工的范围内,按照国家有关规定组织公路两侧的农村居民履行为公路建设和养护提供劳务的义务。

为保障公路养护人员的人身安全,公路养护人员进行养护作业时,应当穿着统一的安全标志服;利用车辆进行养护作业时,应当在公路作业车辆上设置明显的作业标志。公路养护车辆进行作业时,在不影响过往车辆通行的前提下,其行驶路线和方向不受公路标志、标线限制;过往车辆对公路养护车辆和人员应当注意避让。公路养护工程施工影响车辆、行人通行时,施工单位应当依照《中华人民共和国公路法》第三十二条的规定办理。

因严重自然灾害致使国道、省道交通中断,公路管理机构应当及时修复;公路管理机构难以及时修复时,县级以上地方人民政府应当及时组织当地机关、团体、企业事业单位、城乡居民进行抢修,并可以请求当地驻军支援,尽快恢复交通。

公路用地范围内的山坡、荒地,由公路管理机构负责水土保持。公路绿化工作,由公路管理机构按照公路工程技术标准组织实施。公路用地以内的树木,不得任意砍伐;需要更新砍伐的,应当经县级以上地方人民政府交通主管部门同意后,依照《中华人民共和国森林法》的规定办理审批手续,并完成更新补种任务。

4. 路政管理

各级地方人民政府应当采取措施,加强公路的保护。县级以上地方人民政府交通主管部门应当认真履行职责,依法做好公路保护工作,并努力采用科学的管理方法和先进的技术手段,提高公路管理水平,逐步完善公路服务设施,保障公路的完好、安全和畅通。

任何单位和个人不得擅自占用、挖掘公路。任何单位和个人不得损坏、擅自移动、涂改公路附属设施。任何单位和个人未经县级以上地方人民政府交通主管部门批准,不得在公路用地范围内设置公路标志以外的其他标志。

5. 收费公路

1)收费公路类型

国家允许依法设立收费公路,同时对收费公路的数量进行控制。符合国务院交通行政主管部门规定的技术等级和规模的下列公路,可以依法收取车辆通行费:

(1)由县级以上地方人民政府交通主管部门利用贷款或向企业、个人集资建成的公路。

(2)由国内外经济组织依法受让前项收费公路收费权的公路。

(3)由国内外经济组织依法投资建成的公路。

其他任何公路禁止收取车辆通行费。

2)收费管理

收费公路的具体管理办法,由国务院依照《中华人民共和国公路法》制订。

(1)收费期限。县级以上地方人民政府交通主管部门利用贷款或集资建成的收费公路的收费期限,按照收费偿还贷款、集资款的原则,由省、自治区、直辖市人民政府依照国务院交通行政主管部门的规定确定。有偿转让公路收费权的公路,收费权转让后,由受让方收费经营。收费权的转让期限由出让、受让双方约定并报转让收费权的审批机关审查批准,但最长不得超过国务院规定的年限。国内外经济组织投资建设公路,必须按照国家有关规定办理审批手续;公路建成后,由投资者收费经营。收费经营期限按照收回投资并有合理回报的原则,由有关交通部门与投资者约定并按照国家有关规定办理审批手续,但最长不得超过国务院规定的年限。

(2)收费站的设定。收费公路设置车辆通行费的收费站,应当报经省、自治区、直辖市人民政府审查批准。跨省、自治区、直辖市的收费公路设置车辆通行费的收费站,由有关省、自治区、直辖市人民政府协商确定;协商不成的,由国务院行政主管部门决定。同一收费公路由不同的交通主管部门组织建设或由不同的公路经营企业经营的,应当按照"统一收费、按比例分成"的原则,统筹规划、合理设置收费站。两个收费站之间的距离,不得小于国务院交通主管部门规定的标准。

(3)收费标准。收费公路车辆通行费的收费标准,由公路收费单位提出方案,报省、自治区、直辖市人民政府交通主管部门会同同级物价行政主管部门审查批准。

6. 监督检查

交通主管部门、公路管理机构依法对有关公路的法律、法规执行情况进行监督检查;负有管理和保护公路的责任,有权检查、制止各种侵占和损坏公路、公路用地、公路附属设施及其他违反法律规定的行为。

公路监督检查人员依法在公路、建筑控制区、车辆停放场所、车辆所属单位等进行监督检查时,任何单位和个人不得阻挠。公路经营者、使用者和其他有关单位、个人,应当接受公路监督检查人员依法实施的监督检查,并为其提供方便。公路监督检查人员执行公务,应当佩戴标志,持证上岗。

交通主管部门、公路管理机构应当加强对所属公路监督检查人员的管理和教育,要求公路监督检查人员熟悉国家有关法律和规定,公正廉洁、热情服务、秉公执法,对公路监督检查人员的执法行为应当加强监督检查,对其违法行为应当及时纠正,依法处理。用于公路监督检查的专用车辆,应当设置统一的标志和示警灯。

7. 法律责任

违反了国家的法律法规对公路建设和公路工程管理造成影响或损失的,要追究经济责任或行政处罚,构成犯罪的,要依法追究刑事责任。

二、招标投标法

招标投标法是调整在招标投标活动中产生的社会关系的法律规范的总称。《中华人民共和国招标投标法》(以下简称《招标投标法》)已由第九届全国人大常委会第十一次会议于1999年8月30日通过,自2000年1月1日起施行。凡在我国境内进行招标采购项目的采购活动,必须依照该法的规定进行。

招标投标的目的是为了签订合同。虽然招标文件对招标项目有详细介绍,但它缺少合同成立的重要条件——价格。在招标时,项目成交的价格是有待于投标者提出的。因而招标不具备要约的条件,它实际上是邀请其他人(投标人)来对其提出要约(报价),是一种要约邀请。而投标则是要约,中标通知书是承诺。

1. 招标

1)强制招标建设项目的范围

在中华人民共和国境内进行下列工程建设项目,包括项目的勘察、设计、施工、监理以及与工程建设有关的重要设备、材料等的采购,必须进行招标。

(1)大型基础设施、公用事业等关系社会公共利益、公共安全的项目。

(2)全部或者部分使用国有资金投资或者国家融资的项目。

(3)使用国际组织或者外国政府贷款、援助资金的项目。

上述项目的具体范围和规模标准,由国家发展和改革委员会会同国务院有关部门联合制订,报国务院批准。法律或者国务院对必须进行招标的其他项目的范围有规定的,依照其规定执行。

对上述必须进行招标的建设项目,任何个人或者单位不得将其化整为零或者以其他任何方式回避招标。

2)建设工程的招标方式

建设工程的招标方式分为公开招标和邀请招标两种。

公开招标是指招标人以招标公告的方式邀请不特定的法人或者其他组织投标,它是一种由招标人按照法定程序,在公开出版物上发布或以其他公开方式发布招标公告,所有符合条件的承包人均可以平等参加投标竞争,从中择优选择中标者的招标方式。

邀请招标是指招标人以投标邀请书的方式邀请特定的法人或其他组织投标。邀请招标是由接到投标邀请书的法人或其他组织才能参加投标的一种招标方式,其他潜在的投标人则被排除在投标竞争之外,邀请招标必须向三个以上的潜在投标人发出邀请。邀请招标只有在有些项目不适合公开招标时才可以采用。

3)招标公告与投标邀请书

招标公告是指采用公开招标方式的招标人(包括招标代理机构)向所有潜在的投标人发出的一种广泛的通告。依法必须进行招标项目的招标公告,应当通过国家指定的报刊、信息网络或其他媒介发布招标公告。投标邀请书是指采用邀请招标方式的招标人,向三个以上具备承担招标项目的能力、资信良好的特定法人或其他组织发出的参加投标的邀请。

4）资格预审

资格预审是指在招标开始之前或者开始初期，由招标人对申请参加投标的潜在投标人的资质条件、业绩、信誉、技术、资金等多方面的情况进行资格审查。只有在资格预审中被认定合格的潜在投标人（或投标人），才可以参加投标。如国家对投标人的资格条件有规定的，依照其规定执行。

招标人在规定时间内，按照资格预审文件中规定的标准和方法，对提交资格预审申请书的潜在投标人的资格进行审查。审查的重点是专业资格审查。

专业资格审查的内容包括：

（1）以往承担类似项目的业绩。

（2）为承担本项目所配备的人员状况，包括管理人员和主要人员的名单和简历。

（3）为履行合同任务而配备的机械、设备以及施工方案等情况。

（4）财务状况，包括申请人的资产负债表、现金流量表等。

5）编制和发售招标文件

招标人应当根据招标项目的特点和需要编制招标文件。招标文件是投标人准备投标文件和参加投标的依据，也是招标投标活动当事人的行为准则和评标的重要依据。招标文件是招标活动公平、公正的重要体现，招标文件不得要求或标明特定的生产供应者以及含有倾向或排斥潜在投标人的其他内容。

国家对招标项目的技术、标准和投标人的资格条件有规定的，应当按照规定在招标文件中载明。国家在这方面的要求一般都是强制的，不允许当事人通过协议降低这方面的要求。

招标人对已发出的招标文件进行必要的澄清或者修改的，应当在招标文件要求提交投标文件截止时间至少15日前，以书面形式通知所有招标文件收受人。该澄清或者修改的内容为招标文件的组成部分。招标人应当确定投标人编制投标文件所需要的合理时间；但是，依法必须进行招标的项目，自招标文件开始发出之日起至投标提交投标文件截止之日止，最短不得少于20日。

2. 投标

1）投标人及其资格要求

投标人是响应招标、参加投标竞争的法人或其他组织。自然人不能作为建设工程项目的投标人。投标人应当具备以下条件：

（1）投标人应当具备承担招标项目的能力。

（2）投标人应当符合招标文件规定的资格条件。

2）编制和送达投标文件

不同的招标项目，其投标文件的组成也会有一定的区别。对于建设施工项目招标，投标文件的内容应当包括技术标和财务标两个部分。

（1）投标文件的编制。为了编制投标文件，除了应当收集有关资料外，还应当参加投标预备会和勘察现场。

（2）投标文件的送达。投标人应当在招标文件要求提交投标文件的截止时间前，将投标文件送达投标地点。招标人收到投标文件后，应当签收保存，不得开启。招标人在投标截止期以后收到的投标文件，将原封退给投标人。

（3）投标文件的补充、修改或撤回。投标人在招标文件要求提交投标文件的截止时间前，可以补充、修改或撤回已提交的投标文件，并以规定的书面形式通知招标人（应当与投标文件同样密封和递交）。补充、修改的内容也是投标文件的组成部分。在招标文件要求提交投标文件的截止时间后，投标人不得对投标文件进行补充、修改或撤回。

3. 开标、评标和中标

1）开标

我国《招标投标法》规定，开标应当在招标文件确定的提交投标文件截止时间的同一时间公开进行。开标地点应当为招标文件中预先确定的地点。开标由招标人或招标代理人主持，邀请所有投标人参加。

开标时，由投标人或者其推选的代表检查投标文件的密封情况，也可以由招标人委托的公证机构检查并公证；经确认无误后，由工作人员当众拆封，宣读投标人名称、投标价格和投标文件的其他主要内容。

招标人在招标文件要求提交投标文件的截止时间前收到的所有投标文件，开标时都应当当众予以拆封、宣读。

开标过程应当记录，并存档备查。

2）评标

评标由招标人依法组建的评标委员会负责。依法必须进行招标的项目，其评标委员会由招标人的代表和有关技术、经济等方面的专家组成，成员人数为五人以上单数，其中技术、经济等方面的专家不得少于成员总数的三分之二。

评标专家应当从事相关领域工作满八年并具有高级职称或者具有同等专业水平，由招标人从国务院有关部门或者省、自治区、直辖市人民政府有关部门提供的专家名册或者招标代理机构的专家库内的相关专业的专家名单中确定；一般招标项目可以采取随机抽取方式，特殊招标项目可以由招标人直接确定。

与投标人有利害关系的人不得进入相关项目的评标委员会；已经进入的应当更换。

评标委员会成员的名单在中标结果确定前应当保密。招标人应当采取必要的措施，保证评标在严格保密的情况下进行。任何单位和个人不得非法干预、影响评标的过程和结果。

评标委员会可以要求投标人对投标文件中含义不明确的内容作必要的澄清或者说明，但是澄清或者说明不得超出投标文件的范围或者改变投标文件的实质性内容。

评标委员会应当按照招标文件确定的评标标准和方法，对投标文件进行评审和比较；设有标底的，应当参考标底。评标委员会完成评标后，应当向招标人提出书面评标报告，并推荐合格的中标候选人。

中标人的投标应当符合下列条件之一：

（1）能够最大限度地满足招标文件中规定的各项综合评标标准。

（2）能够满足招标文件的实质性要求，并且经评审的投标价格最低，但是投标价格低于成本的除外。

3）中标

中标人确定后，招标人应当向中标人发出中标通知书，并同时将中标结果通知所有未中标的投标人。中标通知书对招标人和中标人具有法律效力。中标通知书发出后招标人改变中标结果的，或中标人放弃中标项目的，应当依法承担法律责任。

招标人和中标人应当自中标通知书发出之日起 30 日内，按照招标文件和中标人的投标文件订立书面合同。招标人和中标人不得再行订立背离合同实质性内容的其他协议。招标文件要求中标人提交履约保证金的，中标人应当提交。

依法必须进行招标的项目，招标人应当自确定中标人之日起 15 日内，向有关行政监督部门提交招标投标情况的书面报告。

4. 法律责任

违反《招标投标法》规定，必须进行招标的项目而不招标的，将必须进行招标的项目化整为零或者以其他任何方式规避招标的，责令限期改正，可以处项目合同金额千分之五以上、千分之十以下的罚款；对全部或者部分使用国有资金的项目，可以暂停项目执行或者暂停资金拨付；对单位直接负责的主管人员和其他直接责任人员依法给予处分。

招标代理机构违反《招标投标法》规定，泄露应当保密的与招标投标活动有关的情况和资料的，或者与招标人、投标人串通损害国家利益、社会公共利益或者他人合法权益的，处五万元以上、二十五万元以下的罚款，对单位直接负责的主管人员和其他直接责任人员处单位罚款数额百分之五以上、百分之十以下的罚款；有违法所得的，并处没收违法所得；情节严重的，暂停直至取消招标代理资格；构成犯罪的，依法追究刑事责任；给他人造成损失的，依法承担赔偿责任。

上述所列行为影响中标结果的，中标无效。

三、土地管理法

《中华人民共和国土地管理法》于 1998 年 8 月 29 日第九届全国人民代表大会常务委员会第四次会议通过第二次修订。

1. 土地的所有权和使用权

土地所有权是指土地所有人在法律规定的范围内享有对土地的占有、使用、收益和处分的权利。我国实行土地的社会主义公有制，即全民所有制和劳动群众集体所有制。全民所有即国家所有，国家所有土地的所有权由国务院代表国家行使。城市市区的土地属于国家所有。农村和城市郊区的土地，除法律规定属于国家所有的以外，属农民集体所有，即宅基地和自留地、自留山，属于农民集体所有。我国实行国有土地有偿使用制度，国有土地和集体所有土地的使用权可以依法转让。

2. 土地的利用和保护

"十分珍惜、合理利用土地和切实保护耕地"是我国的基本国策，国家实行土地用途管制制度。国家编制土地利用总体规划，规定土地用途，将土地分为农用地、建设用地和未利用地。严格限制农用地转为建设用地，实行建设用地总量控制。

国家实行占有耕地补偿制度。非农业建设经批准占用耕地的，按照"占多少，垦多少"的原则，由占用耕地的单位负责开垦与所占用耕地的数量和质量相当的耕地。没有条件开垦或开垦的耕地不符合要求的，应当按照规定缴纳耕地开垦费，专款用于开垦新的耕地。

国家建立土地调查制度和土地统计制度。县级以上人民政府土地行政主管部门会同同级有关部门进行土地调查，并根据土地调查成果、规划土地用途和国家制订的统一标准，评定土地等级。土地行政主管部门和统计部门共同发布的土地面积统计资料是各级人民政府编制土地利用总体规划的依据。

3. 建设用地

建设用地是指建造建筑物、构筑物的土地，包括城乡住宅和公共设施用地、工矿用地、交通水利设施用地、旅游用地、军事设施用地等。除兴办乡镇企业、村民建设住宅和乡（镇）村公共设施、公益事业建设外,任何单位和个人进行建设,需要使用土地的,必须依法申请使用国有土地。国有土地包括国家所有的土地和国家征用的原属于农民集体所有的土地。

1)征用土地的批准

建设占用土地,涉及农用地转为建设用地的,应当办理农用地转用审批手续。征用下列土地的,由国务院批准:

(1)基本农田。

(2)基本农田以外的耕地超过35公顷的。

(3)其他土地超过70公顷的。

征用上述规定以外的土地,由省、自治区、直辖市人民政府批准,并报国务院备案。国家征用土地的,依照法定程序批准后,由县级以上地方人民政府予以公告并组织实施。

经批准建设项目需要使用国有建设用地的,建设单位应当持法律、行政法规规定的有关文件,向有批准权的县级以上人民政府土地行政主管部门提出建设用地申请,经土地行政主管部门审查,报本级人民政府批准。

2)征用土地的补偿

征用土地的,按照被征用土地的原用途给予补偿。征用耕地的补偿费用包括土地补偿费、安置补助费以及地上附着物和青苗的补偿费。征用耕地的土地补偿费,为该耕地被征用前3年平均年产值的6~10倍。征用耕地的安置补助费,按照需要安置的农业人口数计算。需要安置的农业人口数,按照被征用的耕地数量除以征地前被征用单位平均每人占有耕地的数量计算。每一个需要安置的农业人口的安置补助费标准,为该耕地被征用前3年平均年产值的4~6倍。但是,每公顷被征用耕地的安置补助费,最高不得超过被征用前3年平均年产值的15倍。

3)国有土地使用权的收回

有下列情形之一者,由有关人民政府土地行政主管部门报经原批准用地的人民政府或有批准权的人民政府批准,可以收回国有土地使用权。

(1)为公共利益需要使用土地的。

(2)为实施城市规划进行旧城区改建,需要调整土地、使用土地的。

(3)土地出让等有偿使用合同约定的使用期限届满,土地使用者未申请续期或申请续期未获批准的。

(4)因单位撤销、迁移等原因,停止使用原划拨的国有土地的。

(5)公路、铁路、机场、矿场等经核准报废的。

其中,依照前两项规定收回国有土地使用权的,对土地使用权人应当给予适当补偿。

四、城市规划法

《中华人民共和国城市规划法》由中华人民共和国第七届全国人民代表大会常务委员会第十一次会议于1989年12月26日通过,自1990年4月1日起施行。城市规划是指为了实现一定时期内城市的经济和社会发展目标,确定城市性质、规模、发展方向,合理利用城市土地,协调城市空间布局以及各项建设的综合部署和具体安排等法定活动。城市规划必须坚持控制大城市规模、合理发展中等城市和小城市的方针,促进生产力和人口的合理布局。严格控制大城市规模,主要是控制市区人口与用地规模,一般不要在大城市市区新建和扩建大中型工业项目。

1. 城市规划的制订

(1)城市规划的分类。城市规划一般分为总体规划和详细规划。大中城市根据城市的实际情况和实施管理的需要,可以在总体规划基础上编制不同地段的分区规划,为详细规划和规划管理提供比较具体的依据。

城市总体规划是从宏观上控制城市土地利用和空间布局,引导城市合理发展的总体部署。城市总体规划的内容应包括:城市的性质、发展目标和发展规模,城市主要建设标准和定额指标,城市建设用地布局、功能分区和各项建设的总体部署,城市综合交通体系和河湖、绿地系统,各项专业规划,近期建设规划。城市总体规划的期限一般为20年,但对城市30~50年的远景发展进程和方向应作出轮廓性的规划安排。在编制总体规划时,应提出近期建设计划,近期建设规划期限一般为5年。分区规划的任务是在总体规划的基础上,对城市不同地区的土地利用、人口分布以及公共设施的配置作出进一步的规划安排。分区规划是城市总体规划在分区范围内的进一步深化和补充。

(2)城市规划的编制和审批。城市人民政府负责组织编制本城市的城市规划。城市规划实行分级审批制度。直辖市的城市总体规划,由直辖市人民政府报国务院审批。省和自治区人民政府所在地城市、城市人口在100万人以上的城市及国务院指定的其他城市的总体规划,由省、自治区人民政府审查同意后,报国务院审批。

2. 城市规划的实施

(1)选址意见书制度。选址意见书是指建设工程(主要指新建大、中型工业与民用项目)在立项过程中,上报的设计任务书必须附有由城市规划行政主管部门提出的关于建设项目选在哪个城市或选在哪个方位的意见。城市规划区内的建设工程的选址和布局必须符合城市规划。

(2)建设用地规划许可证制度。建设用地规划许可证是由建设单位和个人提出建设用地申请,城市规划行政主管部门根据规划和建设项目的用地需要,确定建设用地位置、面积、界限和法定凭证。

(3)建设工程规划许可证制度。建设工程规划许可证是由城市规划行政主管部门核发,用于确认建设工程是否符合城市规划要求的法律凭证。建设单位或个人在取得建设工程规划许可证件和其他有关批准文件后,方可申请办理开工手续。

五、建 筑 法

《中华人民共和国建筑法》由中华人民共和国第八届全国人民代表大会常务委员会第二十八次会议于1997年11月1日通过,自1998年3月1日起施行。

建筑法是指调整在从事建筑活动和实施对建筑活动监督管理过程中所形成的社会关系的法律规范总称。建筑活动是指各类房屋建筑及其附属设施的建造和与其配套的线路、管道、设备的安装活动。但建筑法中关于施工许可、建筑施工企业资质审查和建筑工程发包、承包、禁止转包,以及建筑工程监理、建筑工程安全和质量管理的规定,适用于其他专业建筑工程的建筑活动。

建筑法的调整对象主要有两种社会关系:一是从事建筑活动过程中所形成的一定的社会关系。从性质上来看,这是一种平等主体的民事关系,即平等主体的建设单位、勘察设计单位、建筑安装企业、监理单位、建筑材料供应单位之间在建筑活动中形成的民事关系。二是在实施建筑活动管理过程中所形成的一定的社会关系。这是一种行政管理关系,即建设行政主管部门对建筑活动进行的计划、组织、监督的关系。

1. 建筑许可

建筑许可包括建筑工程施工许可和从业资格两种。

1)建筑工程施工许可

建筑工程施工许可是指建筑行政主管部门依据法定程序和条件,对建筑工程是否具备施工条件进行审查,对符合条件者准许开始施工并颁发施工许可证的一种制度。

(1)施工许可证的申请。施工许可证的申请时间,应当在施工准备工作基本就绪之后、组织施工之前申请。施工许可证的申请者是建设单位的义务。

(2)建筑工程施工许可证的审批。施工许可证由工程所在地县级以上人民政府建设行政主管部门审批。具体由哪一级建设行政主管部门审批,则要视工程的投资额大小和投资额来源的不同而定。建设行政主管部门应当在接到申请后的15日内,对符合条件的申请者颁发施工许可证。

(3)施工许可证的有效期限。建设单位应当在领取施工许可证后的3个月内开工。因故不能按期开工的,应当向原发证机关申请延期,延期以两次为限,每次不超过3个月;既不开工又不申请延期或超过延期时限的,施工许可证自行废止。

(4)中止施工和恢复施工。在建的建筑工程因故中止施工,建设单位应当在中止施工之日起1个月内,向原发证机关报告,并按照规定做好建设工程的维护管理工作。建设工程恢复施工时,应当向原发证机关报告。中止施工1年以上的工程恢复施工前,建设单位应当报发证机关核验施工许可证。

(5)开工报告制度。开工报告制度是我国建设领域长期实施的一项制度。按照国务院有关规定批准开工报告的建筑工程,因故不能按期开工或中止施工的,应当及时向批准机关报告情况。因故不能按期开工超过6个月的,应当重新办理开工报告的批准手续。

2)从业资格制度

国家对从事建筑活动的单位和人员实行资质或资格审查,并许可其按照相应的资质、资格条件从事相应的建筑活动的制度为从业资格制度。从业资格制度包括从事建筑活动的单位资质制度和从事建筑活动的个人资格制度两类。

建设行政主管部门对从事建筑活动的建筑施工企业、勘察单位、设计单位和工程监理单位的人员素质、管理水平、资金数量、业务能力等进行审查,确定其承担任务的范围,并发给相应的资质证书。

建设行政主管部门及有关部门对从事建筑活动的专业技术人员,依法进行考试和注册,并颁发执业资格证书。

从业资格制度的管理对象,单位主要包括建设工程总包单位、建设工程勘察设计单位、建筑业企业、建设工程监理单位;个人主要包括注册建筑师、注册监理工程师、注册造价工程师、注册结构工程师等。

2. 建筑工程发包与承包

建筑工程的发包单位与承包单位应当依法订立书面合同,明确双方的权利和义务。发包单位和承包单位应当全面履行合同约定的义务。不按照合同约定履行义务的,依法承担违约责任。建筑工程发包与承包的招标投标活动,应当遵循公开、公正、平等竞争的原则,择优选择承包单位。建筑工程的招标投标,《中华人民共和国建筑法》没有规定的,适用有关招标投标法律的规定。

1)发包

建筑工程依法实行招标发包,对不适于招标发包的可以直接发包。建筑工程实行公开招标的,发包单位应当依照法定程序和方式,发布招标公告,提供载有招标工程的主要技术要求、主要合同条款、评标标准和方法以及开标、评标、定标的程序等内容的招标文件。开标应当在招标文件规定的时间、地点公开进行。开标后应当按照招标文件规定的评标标准和程序对标书进行评价、比较,在具备相应资质条件的投标者中,择优选定中标者。

政府及其所属部门不得滥用行政权力,限定发包单位将招标发包的建筑工程发包给指定的承包单位。提倡对建筑工程实行总承包,禁止将建筑工程肢解发包。建筑工程的发包单位可以将建筑工程的勘察、设计、施工、设备采购一并发包给一个工程总承包单位,也可以将建筑工程勘察、设计、施工、设备采购的一项或者多项发包给一个工程总承包单位。但是,不得将应当由一个承包单位完成的建筑工程肢解成若干部分发包给几个承包单位。

2)承包

承包建筑工程的单位应当持有依法取得的资质证书,并在其资质等级许可的业务范围内承揽工程。禁止建筑施工企业超越本企业资质等级许可的业务范围或者以任何形式用其他建筑施工企业的名义承揽工程。禁止建筑施工企业以任何形式允许其他单位或者个人使用本企业的资质证书、营业执照,以本企业的名义承揽工程。大型建筑工程或者结构复杂的建筑工程,可以由两个以上的承包单位联合共同承包。共同承包的各方对承包合同的履行承担连带责任。两个以上不同资质等级的单位实行联合共同承包的,应当按照资质等级低的单位的业务许可范围承揽工程。禁止承包单位将其承包的全部建筑工程转包给他人,禁止承包单位将其承包的全部建筑工程肢解以后以分包的名义分别转包给他人。

3. 建筑工程监理

国家推行建筑工程监理制度。国务院可以规定实行强制监理建筑工程的范围。实行监理的建筑工程,由建设单位委托具有相应资质条件的工程监理单位监理。建设单位与其委托的工程监理单位应当订立书面委托监理合同。

建筑工程监理应当依照法律、行政法规及有关的技术标准、设计文件和建筑工程承包合同,对承包单位在施工质量、建设工期和建设资金使用等方面,代表建设单位实施监督。工程监理人员认为工程施工不符合工程设计要求、施工技术标准和合同约定的,有权要求建筑施工企业改正。工程监理人员发现工程设计不符合建筑工程质量标准或者合同约定的质量要求的,应当报告建设单位要求设计单位改正。

实施建筑工程监理前,建设单位应当将委托的工程监理单位、监理的内容及监理权限,书面通知被监理的建筑施工企业。

工程监理单位应当在其资质等级许可的监理范围内,承担工程监理业务。工程监理单位应当根据建设单位的委托,客观、公正地执行监理任务。工程监理单位与被监理工程的承包单位以及建筑材料、建筑构配件和设备供应单位不得有隶属关系或者其他利害关系。工程监理单位不得转让工程监理业务。

工程监理单位不按照委托监理合同的约定履行监理义务,对应当监督检查的项目不检查或者不按照规定检查,给建设单位造成损失的,应当承担相应的赔偿责任。工程监理单位与承包单位串通,为承包单位谋取非法利益,给建设单位造成损失的,应当与承包单位承担连带赔偿责任。

4.建筑安全生产管理

建筑工程安全生产管理必须坚持安全第一、预防为主的方针，建立、健全安全生产的责任制度和群防群治制度。建筑工程设计应当符合按照国家规定制订的建筑安全规程和技术规范，保证工程的安全性能。建筑施工企业在编制施工组织设计时，应当根据建筑工程的特点制订相应的安全技术措施；对专业性较强的工程项目，应当编制专项安全施工组织设计，并采取安全技术措施。

建筑施工企业应当在施工现场采取维护安全、防范危险、预防火灾等措施；有条件的，应当对施工现场实行封闭管理。施工现场对毗邻的建筑物、构筑物和特殊作业环境可能造成损害的，建筑施工企业应当采取安全防护措施。建设单位应当向建筑施工企业提供与施工现场相关的地下管线资料，建筑施工企业应当采取措施加以保护。

建筑施工企业应当遵守有关环境保护和安全生产的法律、法规的规定，采取控制和处理施工现场的各种粉尘、废气、废水、固体废物以及噪声、振动对环境的污染和危害的措施。

有下列情形之一的，建设单位应当按照国家有关规定办理申请批准手续。

(1)需要临时占用规划批准范围以外场地的。

(2)可能损坏道路、管线、电力、邮电通信等公共设施的。

(3)需要临时停水、停电、中断道路交通的。

(4)需要进行爆破作业的。

(5)法律、法规规定需要办理报批手续的其他情形。

施工中发生事故时，建筑施工企业应当采取紧急措施减少人员伤亡和事故损失，并按照国家有关规定及时向有关部门报告。

5.建筑工程质量管理

建筑工程勘察、设计、施工的质量必须符合国家有关建筑工程安全标准的要求，具体管理办法由国务院规定。有关建筑工程安全的国家标准不能适应确保建筑安全的要求时，应当及时修订。

国家对从事建筑活动的单位推行质量体系认证制度。从事建筑活动的单位根据自愿原则可以向国务院产品质量监督管理部门或者国务院产品质量监督管理部门授权部门认可的认证机构申请质量体系认证。经认证合格的，由认证机构颁发质量体系认证证书。

建设单位不得以任何理由，要求建筑设计单位或者建筑施工企业在工程设计或者施工作业中，违反法律、行政法规和建筑工程质量、安全标准，降低工程质量。建筑设计单位和建筑施工企业对建设单位违反前款规定提出的降低工程质量的要求，应当予以拒绝。

六、城市房地产管理法

《中华人民共和国城市房地产管理法》由中华人民共和国第十届全国人民代表大会常务委员会第二十九次会议于2007年8月30日通过修改，即日起施行。

房地产是房屋财产和土地财产的总称。在形式上，房产与地产总是联系在一起的，因此，人们习惯于将两者合称为房地产。房地产法是调整房地产的开发、产权管理、交易、市场及产权转移过程中所产生的社会关系的法律规范的总称。其调整对象包括：

(1)房地产行政管理关系；

(2)房地产所有权关系;

(3)与房地产所有权有关的其他财产关系;

(4)房地产流转关系。

1.土地使用权的取得

土地使用权出让是国家将国有土地使用权在一定年限内让给土地使用者,由土地使用者向国家支付土地使用权出让金的行为。土地使用权出让,可以采取拍卖、招标或者双方协议的方式。

土地使用权转让则是指土地使用者将土地使用权再转移的行为,包括出售、交换和赠与。

土地使用权划拨是指县级以上人民政府依法批准,在土地使用者缴纳补偿、安置等费用后将该幅土地交付其使用,或者将土地使用权无偿交付土地使用者使用的行为。下列建设用地的土地使用权,确需必要的,可以由县级人民政府依法批准划拨。

(1)国家机关用地和军事用地;

(2)城市基础设施用地和公益事业用地;

(3)国家重点扶持的能源、交通、水利等项目用地;

(4)法律、行政法规规定的其他用地。

2.房地产开发

房地产开发必须严格执行城市规划,按照经济效益、社会效益、环境效益相统一的原则,实行全面规划、合理布局、综合开发、配套建设。以出让方式取得土地使用权进行房地产开发的,必须按照土地使用权出让合同约定的土地用途、动工开发期限开发土地。

超过出让合同约定的动工开发日期满一年未动工开发的,可以征收相当于土地使用权出让金20%以下的土地闲置费;满两年未动工开发的,可以无偿收回土地使用权。但是,因不可抗力或者政府、政府有关部门的行为或者动工开发必需的前期工作造成动工开发迟延的除外。

房地产开发项目的设计、施工,必须符合国家的有关标准和规范。

房地产开发项目竣工,经验收合格后,方可交付使用。

3.房地产交易

房地产交易是指房地产转让、抵押时,房屋的所有权和该房屋占用范围内的土地使用权同时转让、抵押。

基准地价、标定地价和各类房屋的重置价格定期确定并公布。具体办法由国务院规定。

房地产价格评估,应当遵循公正、公平、公开的原则,按照国家规定的技术标准和评估程序,以基准地价、标定地价和各类房屋的重置价格为基础,参照当地的市场价格进行评估。

国家实行房地产成交价格申报制度。房地产权利人转让房地产,应当向县级以上人民政府规定的部门如实申报成交价,不得瞒报或作不实申报。

七、保 险 法

《中华人民共和国保险法》于1995年6月颁布,第九届全国人民代表大会常务委员会第三十次会议于2002年10月28日通过修改,自2003年1月1日起施行。

保险是指投保人根据合同的约定,向保险人支付保险费,保险人对于合同约定的可能发生的事故因其发生所造成的财产损失承担赔偿保险金责任,或者当被保险人死亡、伤残、疾病或者达到合同约定的年龄、期限时承担给付保险金责任的商业保险行为。

(1)保险公司。即保险人,是按照约定收取保险费,并于保险事故发生后,承担赔偿或者给付保险金责任的法人。保险公司的组织机构,适用公司法的规定,且只能采取股份有限公司和国有独资公司的组织形式。

(2)保险合同。是投保人与保险人约定保险权利和义务关系的协议。

①投保人。是指与保险人订立保险合同,并按照保险合同负有支付保险费义务的人。

②保险人。是指与投保人订立保险合同,并承担赔偿或者给付保险金责任的保险公司。

投保人和保险人订立保险合同,应当遵循公平互利、协商一致、自愿订立的原则,不得损害社会公共利益。除法律、行政法规规定必须保险的以外,保险公司和其他单位不得强制他人订立保险合同。

投保人对保险标的应当具有保险利益。投保人对保险标的不具有保险利益的,保险合同无效。保险利益是指投保人对保险标的具有法律上承认的利益。

(3)保险标的。是指作为保险对象的财产及其有关利益或者人的寿命和身体。

(4)保险合同订立。投保人提出保险要求,经保险人同意承保,并就合同的条款达成协议,保险合同成立。保险人应当及时向投保人签发保险单或者其他保险凭证,并在保险单或者其他保险凭证中载明当事人双方约定的合同内容。保险合同成立后,投保人按照约定交付保险费;保险人按照约定的时间开始承担保险责任。

(5)保险合同解除。除本法另有规定或者保险合同另有约定外,保险合同成立后,投保人可以解除保险合同。除本法另有规定或者保险合同另有约定外,保险合同成立后,保险人不得解除保险合同。

八、税收有关法律

《中华人民共和国税法》于 2007 年 5 月全面修订与调整,收录现行有效文件 3 748 份,标注全文废止或失效文件 518 份,条款废止或失效文件 125 份。

税法是调整国家税务机关与纳税人之间税收关系的法律规范的总称。

1. 税收的基本要素

(1)纳税主体。纳税主体又称纳税人或纳税义务人,是指依照税法规定,对国家负有纳税义务的社会组织和自然人。具体的纳税主体由各种税种分别确定。

(2)征税对象。征税对象即征税客体,是指规定对什么征税。不同的税种有其特定的征税对象。我国的税收可分为流转税、所得税、财产税、行为税、资源税、关税等。

(3)税率。税率是应纳税额与征税对象之间的比例,是计算纳税的尺度。我国的税率有以下三种:一是比例税率;二是累进税率,包括分全额累进税率和超额累进税率;三是定额税率。

(4)税种和税目。税种是指税收的种类,如个人所得税、房产税等。税目是各个税种所规定的具体征税项目,如产品税按照不同的产品划分为 25 类 270 个税目。

(5)起征点和免征额。起征点是指对某一征税对象开始征税的最低点。免征额是指在征税对象中免予征税的部分。

(6)纳税环节。纳税环节是税法规定的征税对象在生产、流通、消费等过程中,应当纳税的环节。

2. 与工程建设相关的重要税种

与工程建设相关的重要税种有下列几种:

(1)城镇土地使用税。这是国家按使用土地等级和数量,对城镇范围内的土地使用者征收的一种税。其税率为定额税率,其税额依城市的大小分为四种。

(2)城市维护建设税。其征税对象是在城市中从事生产、经营的活动,税率为比例税率,但比例依纳税人所在地的不同而不同。城市维护建设税是以纳税人缴纳的增值税、消费税和营业税税额为计税依据的,实际是一种附加税。

(3)房产税。在我国境内拥有房屋产权的单位和个人都是房产税的纳税人。产权属于全民所有的,由经营管理单位纳税。房产税依照房产原值一次减除10% ~30%后的余值计算缴纳。国家机关、人民团体、军队以及由国家财政部门拨付事业经费的单位自用的房产,个人所有非营业用的房产等,可以免纳房产税。

(4)土地增值税。转让国有土地使用权、地上的建筑物及其附着物并取得收入的单位和个人,为土地增值税的纳税人,转让房地产所取得的增值额为计征依据。纳税人转让房地产所取得的收入减除规定扣除项目金额后的余额为增值额。

九、价　格　法

《中华人民共和国价格法》由中华人民共和国第八届全国人民代表大会常务委员会第二十九次会议于1997年12月29日通过,自1998年5月1日起施行。

价格是商品或者服务价值的货币表现。价格包括商品价格和服务价格。商品价格是指各类有形产品和无形资产的价格,服务价格是指各类有偿服务的收费。

1. 价格的分类管理

从价格管理的角度,价格可分为市场调节价、政府指导价和政府定价三类。大多数商品和服务价格实行市场调节价,极少数商品和服务价格实行政府指导价或者政府定价。

市场调节价是指由经营者自主制订,通过市场竞争形成的价格。经营者是指从事生产、经营商品或者提供有偿服务的法人、其他组织和个人。

政府指导价是指依照价格法的规定,由政府价格主管部门或者其他有关部门,按照定价权限和范围规定基准价及其浮动幅度,指导经营者制订的价格。

政府定价是指依照价格法的规定,由政府价格主管部门或者其他有关部门按照定价权限和范围制订的价格。

2. 经营者的价格行为

商品和服务的价格,除按照规定适用政府指导价和政府定价外,都实行市场调节价,由经营者自主制订。经营者定价,应当遵循公平、合法和诚实信用的原则。经营者定价的基本依据是生产经营成本和市场供求状况。经营者应当努力改进生产经营管理,降低生产经营成本,为消费者提供价格合理的商品和服务,并在市场竞争中获取合法利润。经营者销售、收购商品和提供服务,应当按照政府价格主管部门的规定明码标价,注明商品的品名、产地、规格、等级、计价单位、价格或者服务的项目、收费标准等有关情况。

行业组织应当遵守价格法律、法规,加强价格自律,接受政府价格主管部门的工作指导。

经营者进行价格活动,享有下列权利:

(1)自主制订属于市场调节的价格。

(2)在政府指导价规定的幅度内制订价格。

(3)制订属于政府指导价、政府定价产品范围内的新产品的试销价格,特定产品除外。

(4)检举、控告侵犯其依法自主定价权利的行为。

3.政府的定价行为

下列商品和服务价格,政府在必要时可以实行政府指导价或者政府定价。

(1)与国民经济发展和人民生活关系重大的极少数商品价格。

(2)资源稀缺的少数商品价格。

(3)自然垄断经营的商品价格。

(4)重要的公用事业价格。

(5)重要的公益性服务价格。

政府指导价、政府定价的定价权限和具体适用范围,以中央和地方的定价目录为依据。中央定价目录由国务院价格主管部门制订、修订,报国务院批准后公布。地方定价目录由省、自治区、直辖市人民政府价格主管部门按照中央定价目录规定的定价权限和具体适用范围制订,经本级人民政府审核同意,报国务院价格主管部门审定后公布。省、自治区、直辖市人民政府以下各级地方人民政府不得制订定价目录。

复习思考题

1.什么是经济法律关系?构成法律关系的三要素是什么?

2.什么是经济法律事实?

3.法人成立的必备条件有哪些?

4.何谓代理?其法律特征是什么?

5.代理的种类有哪些?

6.何谓诉讼时效?诉讼时效期间是怎样规定的?

7.什么是合同?什么是合同法?

8.合同订立的形式有哪些?

9.何谓要约邀请、要约和承诺?

10.订立合同的基本内容有哪些?

11.何谓无效合同?无效合同有哪些类型?无效合同的法律责任是什么?

12.合同履行的原则是什么?不履行合同有哪些形式?

13.承担违约责任的条件是什么?其承担方式如何?

14.变更和解除合同的基本条件是什么?

15.何谓合同转让?合同转让有何法律规定?

16.处理经济纠纷有哪些方式?应遵循什么原则?

17.与工程建设相关的法律主要有哪些?它们各有哪些基本规定?

附录一 《公路工程造价管理》复习题

第一章 工程造价管理历史沿革

一、**选择题**(单选或多选)

1. 我国清代修建的道路网络系统有(　　)。

A. 官马大道　　B. 牛马车道　　C. 大路　　D. 小路

2. 在世界工程造价管理的发展历史中具有代表性的国家是(　　)。

A. 美国　　B. 法国　　C. 英国　　D. 中国

3. 英国工程造价管理的发展过程中的三个阶段为(　　)。

A. 对已完成的工程的测量和估价,即事后算账

B. 成立专业学会

C. 主动影响设计,即投资估算和控制

D. 编制工程量清单,即预先算账

4. 在预算编制办法上,公路工程采用(　　)法来编制和确定工程造价比较合理。

A. 单位估价法　　B. 工、料分析法　　C. 实物法　　D. 单价法

5. 新中国成立初期,为恢复受到战争破坏的经济,适应大规模经济恢复重建工作,在工程建设方面实行工程(　　)制度。

A. 预算　　B. 概算　　C. 概预算　　D. 估算

6. 在国外,按项目投资来源渠道的不同,一般可划分为(　　)。

A. 政府投资项目　　B. 私人投资项目　　C. 融资项目　　D. BOT 项目

7. 国外与国内的工程造价管理相比不同的是(　　)。

A. 没有“定额、指标”这种叫法　　B. 计价依据和标准不统一

C. 计价依据具有指令性　　D. 计价依据一般都只是参考性的

8. 在英国使用最为广泛的工程量的计算规则是由皇家测量学会组织制订的(　　)。

A.《工程项目概算预算编制办法》　　B.《土木工程工程量计算规则》

C.《建筑工程工程量计算规则(SMM)》　　D.《工程量清单计量规则》

9. 我国香港地区发布的主要工程造价指数可划分为(　　)三类,分别依据投入品价格、建造成本和建造价格的变化趋势而编制。

A. 物价指数　　B. 成本指数　　C. 价格指数　　D. 投入价格指数

10. 英国有一套完整的标准建筑合同体系,其中,(　　)是英国的主要合同体系,主要通用于房屋建筑工程。

A. A. C. A. 合同系列　　B. JC. T 合同系列

C. IC. E 合同系列　　D. 皇家政府合同系列

二、判断题

1. 我国在公元前2000年，已修建可行驶牛马车的道路；至盛唐时期，已初步形成了以城市为中心的四通八达的道路网；至明代，建成了完整的道路网络系统。 (　　)

2. 截至2009年底，我国公路通车总里程达到了386.08万公里，其中高速公路为6.51万公里。 (　　)

3. 新中国成立初期，工程竣工后以实际的全部支出向国家报销。 (　　)

4. 1985年8月，国家计委成立基本建设标准定额局(1988年划归住房和城乡建设部，成立标准定额司)，组织制定工程建设概预算定额、费用定额等管理制度，使工程造价管理工作进入规范化、系列化发展阶段。 (　　)

5. 美国对政府的投资项目则采用两种方式：一是由政府设专门机构对工程进行直接管理；二是通过公开招投标委托承包人进行管理。 (　　)

6. 对于私人投资项目的工程造价管理，国内一般都采取政府不干预的方法。 (　　)

7. 在国内，用于工程造价计价的定额、指标、费用标准等，一般是由各个大型的工程咨询公司制定。 (　　)

8. 澳大利亚、新加坡和我国香港地区的建筑合同制度都始于英国，著名的国际咨询工程师联合会FIDIC合同文件，也以英国的一种文件作为母本。 (　　)

9. 国外工程造价管理是以市场为中心的动态控制。 (　　)

10. 考虑到工程造价管理的动态性，美国造价估算不允许有一定的误差范围。 (　　)

第二章　公路工程造价管理基本知识

一、选择题(单选或多选)

1. 在国家规定的基本建设程序中，各个步骤次序(　　)交叉。

A. 可以颠倒，但是不能　　B. 不能颠倒，但是可以

C. 不能颠倒，也不能　　D. 可以颠倒，也可以

2. 建设工程造价有两种含义，从业主和承包人的角度可以分别理解为(　　)。

A. 建设工程固定资产投资和建设工程承发包价格

B. 建设工程总投资和建设工程承发包价格

C. 建设工程总投资和建设工程固定资产投资

D. 建设工程动态投资和建设工程静态投资

3. 根据《造价工程师注册管理办法》的规定，下列工作中属于造价工程师执业范围的是(　　)。

A. 工程经济纠纷的调解与仲裁　　B. 工程造价计价依据的审核

C. 工程投资估算的审核与批准　　D. 工程概算的审核与批准

4. 下列(　　)不属于工程造价师享有的权利。

A. 工程造价管理执法　　B. 参与工程项目经济管理

C. 依法申请设立工程造价咨询单位　　D. 独立依法执行造价工程岗位业务

5. 按规定不属于造价工程师执业范围的是(　　)。

A. 建设项目投资估算的编制和审核

B. 工程标底及投标报价的编制和审核

C. 调节有关工程造价的纠纷

D. 工程变更及合同价款的调整和索赔费用的计算

6. 造价工程师享有下列(　　)权利。

A. 任意选择工程项目　　B. 在所经办的工程造价文件上签字

C. 自行确认收费标准　　D. 申请设立工程造价咨询单位

7. 工程造价的职能有(　　)职能。

A. 预测　　B. 控制　　C. 评价　　D. 调控　　E. 派生

8. 工程造价控制的关键在于(　　)。

A. 施工前的投资决策和建设准备阶段

B. 施工前的投资决策和设计阶段

C. 施工前的投资阶段和建设准备阶段

D. 施工前的建设阶段和施工组织设计阶段

9. 工程造价的计算是分部组合完成的,在下述计算顺序中,正确的是(　　)。

A. 分部分项工程造价—单项工程造价—单位工程造价—建设项目总造价

B. 单位工程造价—单项工程造价—分部分项工程造价—建设项目总造价

C. 分部分项工程造价—单位工程造价—单项工程造价—建设项目总造价

D. 单项工程造价—分部分项工程造价—单位工程造价—建设项目总造价

10. 工程造价的计价特征有(　　)性。

A. 单件　　B. 大额　　C. 组合　　D. 兼容　　E. 多次

二、判断题

1. 公路工程造价是指建设一条公路或一座独立大桥或隧道预期开支或实际开支的全部固定资产投资费用。(　　)

2. 建筑安装工程费指建筑物的土建工程建造费用和设备安装费用两部分。建筑安装工程费由直接费、其他费、间接费、利润及税金组成。(　　)

3. 间接工程费是施工过程中耗费的构成工程实体和有助于工程形成的各项费用,包括人工费、材料费、施工机械使用费。(　　)

4. 规费系指法律、法规、规章、规程规定施工企业必须缴纳的费用,包括养老保险费、失业保险费、医疗保险费、住房公积金、工伤保险费。(　　)

5. 设备、工具、器具及家具购置费由设备购置费、工器具及生产家具和办公与生活用家具购置费三部分组成。(　　)

6. 根据建设工程构造特点、施工顺序和工程数量,将公路工程建设项目从大到小划分为:建设项目、单位工程、单项工程、分部工程和分项工程。(　　)

7. 初步设计是设计工作的第一阶段,如果初步设计提出的总概算超过可行性研究报告确定的总投资估算 20% 以上或其他主要指标需要变更时,要重新报批可行性研究报告。(　　)

8. 年度基本建设投资是建设项目当年实际完成的工作量的投资额,包括用当年资金完成的工作量和动用库存的材料、设备等内部资源完成的工作量;而财务拨款是当年基本建设项目实际货币支出。(　　)

9. 建设项目后评价是工程项目竣工投产、生产运营一段时间后(一般两年),再对项目的立项决策、设计施工、竣工投产、生产运营等全过程进行系统评价的一种技术经济活动,是固定资产投资管理的一项重要内容,也是固定资产投资管理的最后一个环节。 ( )

10. 在初步设计阶段编制初步设计概算,按两阶段设计的建设项目,概算经批准后是确定建设项目投资的最高限额,是签订建设项目总承包合同的依据。 ( )

11. 咨询业的社会功能有:服务功能、引导功能、联系功能。 ( )

12. 工程造价咨询单位是指取得《工程造价咨询单位资质证书》,具有独立法人资格的企业、事业单位。 ( )

13. 我国工程造价咨询单位的等级分为甲、乙、丙三级,并规定了相应的等级资质标准。 ( )

14. 甲级单位的资质每5年核定一次,乙级单位的资质每6年核定一次。 ( )

15. 工程造价资料积累是全面地、系统地把在长期工程建设中的各个建设项目的大量分散的各种造价资料加以收集整理和分析,提供造价资料信息,为新的工程建设服务。 ( )

16. 公路建设项目的工程造价资料主要包括:建设标准、主要工程数量、造价资料、主要建筑材料的供应方式,平均运距及运输方法等资料、主要材料、施工机械台班单价及人工工资标准、建设过程中有关设计和施工的重大经验教训,以及变更设计和市场物价涨落,对工程造价产生的影响等。 ( )

17. 社会折现率是指国家统一规定的将建设项目在不同时间发生的各项费用和效益的现金流量折算成现在值系数,即建设项目的投资应达至按复利计算的最低收益水平,是评价国民经济内部收益率的重要指标。 ( )

18. 固定资产形成率是反映基本建设工程经济活动所取得的物质成果的一个指标,是由投资而增加的固定资产的价值与投资额之比,又称为固定资产交付使用率。 ( )

19. 建设总工期,是指包括设计、施工的整个时间在内的期限,其中施工工期应是从合同签订起到经竣工验收交付施用后为止的时间。 ( )

20. 物价指数的编制主要是编制人工、材料、施工机械台班单价的相对变动情况的指数,它是研究价格动态的重要方法。 ( )

第三章　投资管理体制与项目融资

一、**选择题**(单选或多选)

1. 所谓投资是指投资主体为了特定的目标,以达到预期收益的( )垫付行为。

A. 资金　　B. 资产

C. 价值　　D. 物质

2. 按投资在再生产过程中周转方式的不同,可分为( )。

A. 生产性投资和非生产性投资　　B. 短期投资和长期投资

C. 固定资产投资和流动资金　　D. 中央投资和地方投资

3. 按投资在再生产过程中周转方式的不同,可分为( )。

A. 流动资产投资　　B. 直接投资

C. 固定资产投资　　D. 间接投资

4. 按投资在再生产过程中周转方式的不同,可分为(　　)。

A. 生产性投资　　B. 政府投资

C. 固定资产投资　　D. 企业投资

5. 按投资的领域不同,可分为(　　)。

A. 生产性投资和非生产性投资　　B. 信贷投资和信托投资

C. 固定资产投资和流动资产投资　　D. 中央投资和地方投资

6. 按投资的领域不同,可分为(　　)。

A. 生产性投资　　B. 信贷投资

C. 固定资产投资　　D. 中央投资

7. 按投资方式的不同,可分为(　　)。

A. 生产性投资和非生产性投资　　B. 信贷投资和信托投资

C. 固定资产投资和流动资产投资　　D. 中央投资和地方投资

8. 按投资的方式不同,可分为(　　)。

A. 流动资产投资　　B. 间接投资

C. 固定资产投资　　D. 直接投资

9. 按投资主体的不同,可分为(　　)。

A. 生产性投资和非生产性投资　　B. 企业投资和个人投资

C. 固定资产投资和流动资产投资　　D. 中央投资和地方投资

10. 生产经营性投资运动过程包括(　　)。

A. 资金筹集　　B. 投资分配

C. 投资运用　　D. 投资回收

11. 生产经营性投资运动过程包括(　　)等阶段。

A. 投资决策　　B. 投资分配

C. 投资运用　　D. 投资回收

12. 下列各种投资中,属于信用投资的是(　　)。

A. 信贷投资　　B. 信托投资

C. 股票投资　　D. 债券投资

13. 下列各种投资中,属于证券投资的是(　　)。

A. 股票投资　　B. 债券投资

C. 信贷投资　　D. 信托投资

14. 固定资产投资是指(　　)以外的全部固定资产再生产的投资。

A. 大修理　　B. 机器设备

C. 工具、器具　　D. 建筑物、构筑物

15. 下列关于固定资产简单再生产的正确表述是(　　)。

A. 通过更新改造使被消耗的固定资产得到补偿

B. 是扩大再生产的过程

C. 是固定资产在原有规模上的再生产

D. 是恢复生产力的过程

16. 下列关于固定资产扩大再生产的正确表述是(　　)。

A. 通过建设使新固定资产大于消耗掉的资产

B. 是恢复生产力的过程

C. 是固定资产扩大规模的再生产

D. 是扩大生产力的过程

17. 公路工程固定资产投资的特点是(　　)。

A. 一次性投入且资金数额大　　B. 风险大

C. 回收期长　　D. 单件性

18. 根据投资决策的集权程度不同,投资体制可分为(　　)。

A. 高度集权型投资体制　　B. 多元型投资体制

C. 分散型投资体制　　D. 综合型投资体制

19. 宏观投资管理的主体是(　　)。

A. 国务院和省级政府　　B. 国家

C. 人民银行　　D. 国家计委

20. 宏观投资管理的主体是(　　)。

A. 企业　　B. 国家

C. 行业部门　　D. 地区

21. 宏观投资管理是(　　)。

A. 对企事业单位和个人的投资管理

B. 对行业的投资管理

C. 对整个国民经济的投资管理

D. 对地区的投资管理

22. 中观投资管理指(　　)。

A. 企事业单位的投资管理　　B. 地区投资管理

C. 行业投资管理　　D. 部门投资管理

23. 微观投资管理指(　　)。

A. 企事业单位的投资管理　　B. 地区投资管理

C. 机关团体的投资管理　　D. 部门投资管理

24. 下列(　　)属强化投资风险约束机制。

A. 加强投资结构的调控　　B. 推行项目法人责任制

C. 全面推行招投标制　　D. 规范项目投融资行为

25. 下列(　　)属强化投资风险约束机制。

A. 加强投资结构的调控　　B. 推行项目法人责任制

C. 建立严格的投资决策责任制　　D. 规范项目投融资行为

26. 下列微观投资决策方法属于静态分析方法的是(　　)。

A. 年等值比较法　　B. 循环比较法

C. 投资回收期法　　D. 决策树法

27. 下列微观投资决策方法属于动态分析方法的是(　　)。

A. 净现值比较法　　B. 循环比较法

C. 追加投资回收期法　　D. 终值法

28. 中标单位的确定,应综合评价投标者的社会信誉、技术进步和(　　)等,不应单纯以投标报价作为评标和定标的依据。

A. 履约能力　　B. 资质等级
C. 工程业绩　　D. 承包经验

29. 对于国家重点公路建设项目,国家实行(　　),对其进行程序性稽查。
A. 项目法人责任制　　B. 工程监理制
C. 稽查特派员制度　　D. 合同管理制

30. 为避免政府投资的无谓浪费,保证投资效果,对于政府投资项目实行严格规范的(　　)等制度。
A. 项目法人责任制　　B. 工程监理
C. 招标投标制　　D. 合同管理制

31. 工程建设管理体制的主要内容包括(　　)。
A. 项目法人责任制　　B. 工程监理
C. 招标投标制　　D. 合同管理制

32. 在建设项目(　　)被批准后,正式组建项目法人。
A. 项目建议书　　B. 可行性研究报告
C. 初步设计　　D. 招标文件

33. 关于项目法人责任制,下列说法中表述正确的是(　　)。
A. 由原有企业负责建设的大中型建设项目,需设立子公司,原企业法人即是项目法人
B. 由原有企业负责建设的大中型建设项目,需设立分公司或分厂的要重新设立项目法人
C. 凡应实行项目法人责任制而没有实行的建设项目,可在投资计划管理部门批准后实施
D. 项目法人责任制依据的是《公司法》的有关规定

34. 实行项目法人责任制,项目法人的责任有(　　)。
A. 项目建议书的申报　　B. 项目策划
C. 资金筹措　　D. 资金的保值增值

35. 建设项目董事会具有的职权包括(　　)。
A. 组织工程设计、施工、监理招标　　B. 组织工程建设实施
C. 编制建设项目财务预、决算　　D. 提出项目开工报告

36. 建设项目董事会具有的职权包括(　　)。
A. 编制建设项目财务预、决算　　B. 负责筹措建设资金
C. 负责提出项目竣工验收报告　　D. 提出项目开工报告

37. 建设项目总经理具有的职权包括(　　)。
A. 组织工程设计、施工、监理招标　　B. 组织工程建设实施
C. 编制建设项目财务预、决算　　D. 提出项目开工报告

38. 建设项目总经理具有的职权包括(　　)。
A. 编制建设项目财务预、决算　　B. 负责筹措建设资金
C. 负责提出项目竣工验收报告　　D. 提出项目开工报告

39. 建设项目总经理具有的职权包括(　　)。
A. 负责控制工程投资、质量和工期
B. 编制建设项目财务预、决算

C. 组织编制项目初步设计文件

D. 组织项目后评估

40. 项目融资与传统贷款相比,有以下基本特点(　　)。

A. 项目导向　　B. 有限追索

C. 风险分担　　D. 成本较高

41. 下列(　　)是区分项目融资与传统形式融资的重要标志。

A. 项目导向　　B. 追索形式和程度

C. 信用结构多样化　　D. 风险分担

42. 在双方签订的贷款协议中,借款方以其全部收益作为贷款担保时,我们称贷款方对借贷方有(　　)。

A. 完全追索权　　B. 无追索权

C. 有限追索权　　D. 特定追索权

43. 在双方签订的贷款协议中,借款方仅以新建工程的收益作为贷款担保时,我们称贷款方对借贷方有(　　)。

A. 完全追索权　　B. 无追索权

C. 有限追索权　　D. 特定追索权

44. 在双方签订的贷款协议中,借款方以特定的一部分资产作为贷款担保时,我们称贷款方对借贷方有(　　)。

A. 完全追索权　　B. 无追索权

C. 有限追索权　　D. 特定追索权

45. 项目资本金是指投资项目总投资中必须包含一定比例的、由出资方实缴的资金,这部分资金对项目法人而言属(　　)。

A. 负债金　　B. 非负债金

C. 周转金　　D. 流动资金

46. 项目资本金是指投资项目总投资中必须包含一定比例的、由出资方实缴的资金,这部分资金对项目法人而言不属(　　)。

A. 负债金　　B. 周转金　　C. 非负债金　　D. 流动资金

47. 根据出资方的不同,项目资本金分为(　　)。

A. 现金　　B. 实物

C. 递延资产　　D. 无形资产

48. 资本金按投资主体可分为四类,下列(　　)不属于这四类。

A. 国家资本金　　B. 法人资本金

C. 社会资本金　　D. 外商资本金

49. 下列融资方式筹集的资金,属项目资本金的包括(　　)。

A. 发行股票　　B. 发行债券

C. 银行债券　　D. 保留盈余

50. 下列融资方式筹集的资金不形成项目资本金的是(　　)。

A. 国家财政预算内投资　　B. 自筹投资

C. 利用外资直接投资　　D. 银行投资

51. 属于不可用于自筹投资的资金是(　　)。

A. 上缴财政的各项资金和国家有指定用途的专款

B. 银行贷款

C. 信托投资

D. 流动资金

52. 负债筹资的方式有(　　)。

A. 银行贷款　　B. 发行股票

C. 设备租赁　　D. 发行债券

53. 发行股票筹资的资金成本(　　)发行债券筹资的资金成本。

A. 等于　　B. 大于

C. 小于　　D. 不可比

54. 在市场经济条件下,只有在投资项目的资金利润率(　　)其资金成本率时,项目才具有投资的价值。

A. 等于大于　　B. 大于

C. 小于　　D. 等于

55. 银行贷款的发放和使用必须符合国家法律、法规,应遵循(　　)的原则。

A. 公益性　　B. 安全性

C. 公正性　　D. 流动性

56. 发行股票筹资的优点包括(　　)。

A. 是一种有弹性的融资方式　　B. 无到期日

C. 可提高项目的负债比率　　D. 资金成本高

57. 发行股票筹资的优点包括(　　)。

A. 是一种有弹性的融资方式　　B. 无到期日

C. 可降低项目的负债比率　　D. 资金成本高

58. 发行股票筹资的缺点包括(　　)。

A. 降低原有股东的控制权　　B. 无到期日

C. 可降低项目的负债比率　　D. 资金成本高

59. 下列属于发行股票筹资的缺点是(　　)。

A. 不改变企业的资产负债率　　B. 支出固定

C. 削弱原有股东的控制权　　D. 是永久性投资

60. 发行债券筹资的优点包括(　　)。

A. 可提高自由资金利润率　　B. 支出固定

C. 企业控制权不变　　D. 少纳所得税

61. 下列属于发行债券筹资的优点是(　　)。

A. 不改变企业的资产负债率

B. 支出固定

C. 约束了企业从外部筹资的扩展能力

D. 是永久性投资

62. 发行债券筹资的缺点包括(　　)。

A. 降低企业的财务信誉　　B. 承受一定的风险

C. 约束了企业从外部筹资的扩展能力　　D. 提高企业负债比率

63. 负债筹资是项目筹集资金的重要方式，一般包括(　　)。

A. 银行贷款　　B. 发行债券

C. 发行股票　　D. 设备租赁

64. 企业自由资金利润率与(　　)有关。

A. 息前税前资金利润率　　B. 负债比率

C. 营业收入总额　　D. 贷款利率

65. 若要提高企业自由资金利润率，则应采取(　　)等措施。

A. 提高息前税前资金利润率　　B. 增加负债比率

C. 增加营业收入总额　　D. 选择利率低的贷款

66. 某高速公路公司发行优先股股票，票面额按正常市价计算为 2 000 万元，筹资费费率为 3%，股息年利率为 13%，其资金成本为(　　)。

A. 10%　　B. 12.61%

C. 13.40%　　D. 16%

67. 某高速公路公司发行普通股正常市价计算为 3 000 万元，筹资费费率为 3%，股息年利率固定为 13%，其资金成本为(　　)。

A. 10%　　B. 12.61%

C. 13.40%　　D. 16%

68. 某高速公路公司发行普通股正常市价计算为 3 000 万元，筹资费费率为 3%，第一年股息利率为 10%，以后每年增长 3%，其资金成本为(　　)。

A. 10%　　B. 12.70%

C. 13.31%　　D. 16%

69. 某高速公路公司发行长期债券 3 000 万元，筹资费费率为 2%，债券利息率为 10%，所得税税率为 33%，其资金成本为(　　)。

A. 10.20%　　B. 9.80%

C. 6.84%　　D. 6.57%

70. 某高速公路公司向银行贷款 3 000 万元，筹资费费率为 1%，贷款年利息率 6.03%，所得税税率为 33%，其资金成本为(　　)。

A. 6.09%　　B. 5.97%

C. 4.08%　　D. 4.00%

71. 某特大桥工程筹资总额为 20 亿元人民币，其中 15% 为发行股票，筹资成本率为 6%；25% 为发行债券，筹资成本率为 4%；其余为向银行贷款，筹资成本率为 5%，则改建设项目筹资的平均成本为(　　)。

A. 6.09%　　B. 5.23%

C. 4.90%　　D. 3.43%

72. 下列说法中，关于财务杠杆表述正确的是(　　)。

A. 表明借入资金收益率对负债比率的反馈程度

B. 表明自由资金收益率对息前税前盈余变动的反映程度

C. 表明息前税前盈余变动对自由资金收益率的反映程度

D. 表明负债率对自由资金收益率的反映程度

73. 用综合评估法评标应对投标者的财务能力；技术能力；管理水平和(　　)等，进行评比，不应单纯以投标报价作为评标和定标的依据。

A. 履约能力　　B. 资质等级

C. 业绩与信誉　　D. 承包经验

二、判断题

1. 投资运动过程就是在投资的循环周期中价值川流不息的运动过程。（　）

2. 固定资产是指在社会物质再生产过程中，可供长时间反复使用，并在使用过程中基本上不改变其实物形态的劳动资料和其他物质资料。（　）

3. 固定资产的再生产包括简单再生产和扩大再生产。（　）

4. 固定资产投资是指大修理以外的全部固定资产再生产的投资。（　）

5. 不属于生产经营主要设备的物品，单位价值在2 000元以上，并且使用期限超过两年的，应作为固定资产。（　）

6. 固定资产投资比流动资产投资的回收时间要长得多。（　）

7. 固定资产投资形成的产品具有固定性。（　）

8. 投资决策主体是指投资活动中具有独立决策权的法人，是筹集与运用投资资金的责、权、利紧密结合的统一体，是投资体制的核心要素，它表明投资体制的真正属性。（　）

9. 高等级公路上的收费站、服务房屋属于生产性固定资产。（　）

10. 高等级公路上的收费站、服务房屋属于非生产性固定资产。（　）

11. 基本建设投资属于固定资产扩大再生产的投资。（　）

12. 固定资产投资是基本建设投资的一个组成部分。（　）

13. 基本建设投资是固定资产投资的一个组成部分。（　）

14. 流动资产投资是指对运输工具等流动性的生产资料的投资。（　）

15. 宏观投资管理是指国家对整个国民经济的投资管理。（　）

16. 宏观投资管理是指地区和行业的投资管理。（　）

17. 地区投资管理的职能是行政指令型。（　）

18. 微观投资管理是指对事业单位、企业单位、机关团体、个人投资的管理。（　）

19. 微观投资管理是指对除事业单位以外的企业单位、机关团体、个人投资的管理。（　）

20. 微观投资管理不包括国家对投资项目的管理。（　）

21. 微观投资管理包含了国家对投资项目的管理和投资者对自己投资的管理两个方面。（　）

22. 工程项目管理是微观投资管理的一个方面。（　）

23. 自筹资金计划是整个固定资产投资计划的一个组成部分。自筹资金的投资可以不严格按照基本建设程序办事。（　）

24. 无追索项目融资是有限追索项目融资的特例。（　）

25. 项目的资金来源可分为投入资金和借入资金，前者形成项目的负债，后者形成项目的资本金。（　）

26. 项目的资金来源可分为投入资金和借入资金，前者形成项目的资本金，后者形成项目的负债。（　）

27. 项目资本金对项目法人而言属非负债金。（　）

28. 建设项目可通过争取国家财政预算内投资、发行股票、自筹投资和利用外资直接投资等多种方式来筹集资本金。 ( )

29. 项目资本金形式，可以是现金、实物、无形资产。 ( )

30. 项目资本金形式，可以是现金、实物、无形资产，但无形资产的比重要符合国家有关规定。 ( )

31. 举债经营可以给项目带来一定的好处，能提高企业自有资金的使用效果，因此负债越多越有利于企业的生产经营。 ( )

32. 举债经营可以给项目带来一定的好处，能提高企业自有资金的使用效果，但负债的多少必须与自有资金和偿债能力的要求相适应。 ( )

33. 资金成本是项目或企业在筹集资金时所支付的筹资费和资金使用费等。 ( )

34. 发行股票筹资的资金成本低于发行债券筹资的资金成本。 ( )

35. 发行股票筹资，融资风险小，可提高企业的财务信用，但会降低原有股东的控制权。 ( )

36. 银行贷款，一般来说，流动性越高，安全性越高，贷款的效益性越差；相反，效益性越好，贷款的流动性和安全性越差。 ( )

37. 发行债券筹集资金会增加企业的风险，降低企业的财务信誉。 ( )

38. 项目全部资金来源的综合资金成本率通常是用算术平均来计算的。 ( )

39. 企业自有资金利润率同企业的息前税前资金利润率、借入资金利息率、负债比例成反比。 ( )

40. 在企业息前税前盈余相同的情况下，负债比率越高，筹资风险越小。 ( )

41. 在市场经济条件下，只有在投资项目的资金利润率高于其资金成本率时，项目才具有投资价值。 ( )

42. 不考虑时间因素对投资效果的影响的微观投资决策方法都是静态分析法；考虑时间因素对投资效果影响的则是动态分析法。 ( )

43. 国家规定工程建设项目伊始必须正式组建项目法人。 ( )

44. 项目总经理可以根据董事会的提名聘任或解聘项目高级管理人员。 ( )

第四章　公路工程建设项目管理

一、选择题（单选或多选）

1. 项目是指（　　）。

A. 一种具有约束条件的活动

B. 一种具有约束条件的任务

C. 具有组织和目标的一次性任务

D. 在一定约束条件下，具有专门组织和特定目标的一次性任务

2. 项目的基本特征是（　　）。

A. 单件性　　B. 一次性

C. 具有一定的约束条件　　D. 具有生命周期

3. 项目管理的目的是（　　）。

A. 保证项目目标的实现　　B. 优化资源配置

C. 计划、组织、指挥、协调和控制　　D. 动态管理

4. 项目管理以(　　)为中心。

A. 项目法人　　B. 项目经理

C. 企业经理　　D. 工长

5. 建设项目是指(　　)。

A. 单项工程　　B. 单位工程

C. 有总体设计的各个单项工程的集合　　D. 施工项目

6. 建设项目的管理者是(　　)。

A. 建设项目主管部门　　B. 国家计委

C. 项目法人　　D. 主管部门

7. 下列可称为施工项目的是(　　)。

A. 各主要工序和工种的施工任务　　B. 分部工程

C. 单位工程　　D. 分项工程

8. 下列可称为施工项目的是(　　)。

A. 分部工程和分项工程　　B. 建设项目

C. 单位工程　　D. 单项工程

9. 施工项目的任务范围是(　　)。

A. 各主要工序和工种的施工任务　　B. 建设项目

C. 由合同确定　　D. 由招标文件确定

10. 公路建设项目按(　　)可分为新建、改建、扩建等项目。

A. 建设程序　　B. 建设阶段

C. 建设性质　　D. 建设规模

11. 公路建设项目按(　　)可分为筹建、设计、施工、竣工等项目。

A. 建设程序　　B. 建设阶段

C. 建设性质　　D. 建设规模

12. 公路建设项目按(　　)可分为大、中、小型项目。

A. 建设程序　　B. 建设阶段

C. 建设性质　　D. 建设规模

13. 工程项目又称(　　),是建设项目的组成部分。

A. 单项工程　　B. 单位工程

C. 分项工程　　D. 分部工程

14. 公路建设项目中的(　　)不能称为项目。

A. 单项工程　　B. 单位工程

C. 分项工程　　D. 分部工程

15. 单项工程是由若干个(　　)组成。

A. 工程细目　　B. 单位工程

C. 分项工程　　D. 分部工程

16. 单位工程是由若干个(　　)组成。

A. 单项工程　　B. 工程细目

C. 分项工程　　D. 分部工程

17. 按公路建设项目划分原则,桥梁的桥墩是(　　)。

A. 单项工程　　B. 单位工程

C. 分项工程　　D. 分部工程

18. 具有独立设计文件,建成后可独立发挥效益,可生产单一的工程称为(　　)。

A. 建设项目　　B. 单位工程

C. 单项工程　　D. 分项工程

19. 公路工程施工项目管理的管理者是(　　)。

A. 建设单位　　B. 设计单位

C. 监理单位　　D. 施工单位

20. 业主向国家或主管部门提出,要求建设某一项目的文件是指(　　)。

A. 可行性研究报告　　B. 设计任务书

C. 项目建议书　　D. 技术说明书

21. 可行性研究报告属于项目的(　　)。

A. 计划阶段　　B. 准备阶段

C. 决策阶段　　D. 实施阶段

22. 关于组织的含义,下列表述中正确的是(　　)。

A. 组织机构　　B. 企事业单位

C. 组织行为　　D. 党组织

23. 建设项目总承包是指(　　)。

A. 对建设项目全部设计和施工任务总承包

B. 从建设项目立项到交付使用全过程承包

C. 对建设项目全部施工任务总承包

D. 对建设项目的设计、施工、设备采购的总承包

24. 被称之为"交钥匙"承包方式的是(　　)。

A. 建设工程勘察、设计招投标　　B. 建设工程招投标

C. 建设项目总承包招投标　　D. 建设工程施工招投标

25. 公路建设项目管理中交钥匙管理方式是指(　　)。

A. 设计—施工总承包

B. 施工总承包

C. 业主仅提供使用要求,其余全发包

D. 工程任务总承包

26. 标准 BOT 投资方式是指(　　)。

A. 建设—经营—拥有—移交　　B. 建设—经营—移交

C. 建设—拥有—经营—移交　　D. 建设—拥有—移交

27. 下列建设任务中适用 BOT 方式的是(　　)。

A. 住宅工程　　B. 高速公路工程

C. 航天工程　　D. 写字楼工程

28. 项目经理是企业法人代表在项目上的(　　)。

A. 部分权利委托代理人　　B. 委托代理人

C. 全权委托代理人　　　　D. 最高责任者和组织者

29. 项目经理是(　　)。

A. 企业法人代表在项目上的全权委托代理人

B. 是项目实施全过程全部工作的总负责人

C. 对建设项目的筹划、资金筹措、归还贷款和债务本息负责

D. 对资产的保值增值实行全过程管理

30. 项目经理是(　　)。

A. 项目法人代表　　　　B. 施工队长

C. 企业法定代表人的代理　　　　D. 工长

31. 项目经理是(　　)的全权代表人。

A. 企业法人在项目上　　　　B. 项目法人在项目上

C. 企业法定代表人在项目上　　　　D. 企业经理在项目上

32. 公路建设项目管理的指标有很多,其最核心的是(　　)目标。

A. 质量　　　　B. 工期

C. 投资　　　　D. 效益

33. 项目管理中项目控制目标最核心的是(　　)。

A. 实行现代企业制度　　　　B. 质量、投资、工期

C. 落实项目法人责任制　　　　D. 掌握市场信息

34. 关于项目三大目标的说法中,下列表述正确的是(　　)。

A. 质量高,必定投资高　　　　B. 三者是对立统一的关系

C. 质量高,必定工期长　　　　D. 三者没有必然的关系

35. 要完成目标必须对建设项目实施有效的(　　)。

A. 组织　　　　B. 控制

C. 指挥　　　　D. 协调

36. 所谓(　　)就是指行为主体为保证在变化的条件下实现其目标,按照事先拟订的计划和标准,通过采用各种方法,对被控对象实施中发生的各种实际值与计划值进行对比、检查、监督、引导和纠正的过程。

A. 组织　　　　B. 控制

C. 指挥　　　　D. 协调

37 项目管理职能的重点是(　　)。

A. 目标控制　　　　B. 进度控制

C. 质量控制　　　　D. 投资控制

38. 项目控制过程中,反复循环过程的控制状态称为(　　)。

A. 静态控制　　　　B. 主动控制

C. 动态控制　　　　D. 被动控制

39. 在建设项目实施过程中,纠正偏离目标的行为称为(　　)。

A. 组织　　　　B. 计划

C. 控制　　　　D. 指挥

40. 为了取得目标控制的理想成果,通常可采取的措施有(　　)。

A. 组织措施　　　　B. 技术措施

C. 经济措施　　D. 合同措施

41. 为了取得目标控制的理想成果，通常可采取的措施有（　　）。

A. 计量措施　　B. 技术经济评价措施

C. 经济措施　　D. 合同措施

42. S 形曲线控制法可用于（　）。

A. 技术控制　B. 进度控制　C. 质量控制　D. 投资控制

43. 工程建设监理是（　　）的一个重要分支。

A. 建筑业管理　　B. 企业管理

C. 房地产开发管理　　D. 工程项目管理

44. 监理单位受（　　）的委托，依据国家有关法律、法规和批准的工程项目建设文件、有关合同文件，对工程建设实施的监督管理，称为工程建设监理。

A. 工程项目建设行政主管部门　　B. 项目法人

C. 工程项目建设指挥部　　D. 建设单位的负责人

45. 国家规定必须实行建设监理的工程范围大致包括（　）。

A. 外资及中外合资工程项目　　B. 政府投资项目

C. 市政、公用工程项目　　D. 大中型工程项目

46. 工程建设监理的性质是（　　）。

A. 服务性　　B. 独立性

C. 公正性　　D. 科学性

47. 工程建设监理不具有（　　）。

A. 服务性　　B. 依附性

C. 公正性　　D. 科学性

48. 工程建设监理单位是指（　　）的监理公司、监理事务所和兼承监理业务的工程设计科学研究及工程建设咨询单位。

A. 取得监理资质证书、具有法人资格

B. 项目法人认可

C. 具有相当数量国家认可的监理工程师

D. 熟悉 FIDIC 条款

49. 对于工程变更、设计修改要严格把关，事前对其进行技术经济合理性分析，属于（　　）的内容。

A. 施工阶段投资控制　　B. 施工招投标

C. 设计阶段投资控制　　D. 编制施工预算

50. 监理工程师在实施建设工程监理期间，除收取监理合同中规定的酬金外，个人（　）接受业主或承包人给予的额外津贴、奖金或补贴。

A. 在特殊情况时，可以　　B. 可以

C. 一般不得，但特殊情况可以　　D. 不得

二、判断题

1. 项目是指在一定约束条件下具有特定目标的一次性任务。（　　）

2. 每个项目都有自己的特点而不同于其他项目。（　　）

3. 项目的约束条件为限定时间、限定质量和限定投资，一般称这三个约束条件为项目的三大目标。 ( )

4. 凡属于一个总体设计中分期、分批进行建设的主体工程和附属配套工程、综合利用工程、供水供电工程都作为一个建设项目。 ( )

5. 非工业建设项目不分大型与中型项目，统称为大中型项目。 ( )

6. 单项工程是由若干个单位工程组成，单位工程可分解为若干个分部工程，分部工程又可分为若干个分项工程。 ( )

7. 分部工程是能够用较简单的施工过程生产出来，可以用适量的计量单位计算并便于测定或计算的工程基本构造要素。 ( )

8. 施工项目是指建筑施工企业对多个建筑产品的施工过程或成果的总称。 ( )

9. 施工项目管理的管理者是施工企业，建设单位、设计单位、监理单位虽然从不同的角度对施工项目实施管理和监督，但都不能称作施工项目管理。 ( )

10. 建设程序也称基本建设程序，是指建设项目全过程的各个阶段、各个环节以及各主要内容之间必须遵循的先后顺序，也是现行的建设工作程序。 ( )

11. 所有建设项目部都必须进行两阶段设计即初步设计和施工图设计。 ( )

12. 国外工程的建设程序与我国有许多不同之处，一般划分为项目计划阶段、执行阶段、生产阶段。 ( )

13. 工程建设项目是先有企业法人而后定项目。 ( )

14. 符合国家产业政策的竞争性项目，其可行性研究报告和初步设计由项目法人自行决策。 ( )

15. 任何单位和个人不得干预项目法人依法自行决策和实施建设项目。 ( )

16. 项目法人与所有与建设项目生产有关的企事业单位的关系是平等的主体或经济合同关系。 ( )

17. 工程建设监理和施工项目管理是项目管理的两个分支。 ( )

18. 项目管理组织职能是计划、组织、控制、指挥、协调。 ( )

19. 项目经理是企业法人代表在项目上的全权委托代理人，是项目实施最高责任者和组织者。 ( )

20. 项目经理不一定要具备较深的本专业技术知识。 ( )

21. 项目指标有很多，但最核心的是质量目标、工期目标和投资目标。 ( )

22. 建设项目控制的重点是投资控制。 ( )

23. 对一个建设项目而言，项目控制的三大目标是一个既统一又矛盾的整体。 ( )

24. 能阐明工程建设监理是以工程建设活动为对象的，它包括工程项目活动的全过程监理，也可以是工程项目活动的某一阶段的监理。 ( )

25. 公司制是现代企业组织的主要形式。 ( )

第五章　经济法律法规

一、选择题(单选或多选)

1. 经济法体系包括规范(　　)的法律。

A. 市场经济主体
B. 市场行为
C. 国家机关经济管理行为
D. 社会保障体系

2. 经济法是调整(　　)的法律规范的总称。

A. 完全平等的经济关系
B. 全部经济关系
C. 特定的经济关系
D. 全部财产关系

3. 经济法律关系是指社会关系为经济法律规范调整时所形成的权利和义务关系,其组成要素包括(　　)。

A. 主体
B. 内容
C. 客体
D. 事件

4. 下列(　　)是经济法律关系的当事人。

A. 国家机关
B. 法人
C. 个体工商户
D. 公民

5. 法人的定义是(　　)。

A. 具有独立享有民事权利和承担民事义务的人
B. 守法的公民
C. 依法独立享有民事权利和承担民事义务的组织
D. 企业的领导人

6. 根据法律规定,法人应具备的条件是(　　)。

A. 依法成立
B. 应有自己的名称
C. 有必要的财产或经费
D. 能够独立承担民事责任

7. 法人的变更是指(　　)。

A. 依据行政机关的命令撤销
B. 法人法定存在期限届满
C. 法人改变经营性质或范围
D. 法人依法宣告破产

8. 法人对其代表人在法人权限范围内进行的各种业务活动的一切行为(不管是违法行为,还是合法行为),均应(　　)法律责任。

A. 与其代表人共同承担
B. 不承担
C. 根据具体情况确定是否承担
D. 承担

9. 法人对其代表人在法人经营范围之外,从事非法经营,或有其他违反国家法律、法令行为,从而使利害关系人遭受重大损失时,应(　　)法律责任。

A. 与其代表人共同承担
B. 不承担
C. 根据具体情况确定是否承担
D. 承担

10. 经济法律关系的客体包括(　　)。

A. 与之有经济关系的组织或个人
B. 物
C. 智力成果
D. 行为

11. 下列(　　)是指能够引起经济法律关系、变更或消灭的客观现象。

A. 经济法律事实
B. 客观事件
C. 经济法律规范
D. 法律行为

12. 下列情况中(　　)属于对经济法律关系产生影响的"事件"。

A. 不可抗力阻碍当事人履行义务
B. 当事人的违法行为
C. 当事人双方通过洽商签订补充协议
D. 当事人之间发生合同争议

13. 被代理人对代理人的代理行为(　　)民事责任。

A. 与代理人共同承担　　B. 不承担

C. 根据代理协议确定是否承担　　D. 承担

14. 招标代理行为属于(　　)。

A. 法定代理　　B. 指定代理

C. 根据代理协议确定　　D. 委托代理

15. 无权代理行为必须得到(　　)的追认,方为有效。

A. 上级主管部门　　B. 第三人

B. 无权代理人　　D. 被代理人

16. 下列(　　)属无效的代理合同。

A. 虽然事后被代理人追认,但代理人是在代理权消失后签订的合同

B. 代理人以被代理人的名义同自己或同自己代理的其他被代理人签订的合同

C. 被代理人知道代理人以自己的名义签订合同的行为未经授权,但不作否认表示的合同

D. 代理人未经授权或超越代理权限签订的合同

17. 财产所有权的权能包括(　　)。

A. 占有权　　B. 使用权

C. 收益权　　D. 处分权

18. 财产所有权的权能不包括(　　)。

A. 占有权　　B. 使用权

C. 收益权　　D. 撤销权

19. 诉讼时效是指权利人在法定期间内不行使权利,法律规定消灭其(　　)的制度。

A. 起诉权　　B. 上诉权

C. 撤销权　　D. 胜诉权

20. 公民身体受到伤害要求赔偿的诉讼时效期间为(　　)。

A. 四年　　B. 两年

C. 半年　　D. 一年

21. 下列(　　)是指在诉讼时效期间的最后 6 个月内,由于不可抗力或其他障碍,权利人不能行使请求权,诉讼时效期暂停计算,从障碍消除之日起,诉讼时效继续计算。

A. 诉讼时效起算　　B. 诉讼时效延长

C. 诉讼时效中断　　D. 诉讼时效中止

22. 某公路工程施工合同约定,业主应于 1997 年 5 月 10 日支付工程款,但业主一直未按约定支付。1998 年 9 月 19 日发生可持续一个月阻碍施工单位提起诉讼的不可抗力事件,则该欠款纠纷的诉讼时效期限至(　　)。

A. 2000 年 9 月 9 日　　B. 1998 年 5 月 9 日

C. 1999 年 6 月 9 日　　D. 1999 年 5 月 9 日

23. 第九届全国人大第二次会议通过了《中华人民共和国合同法》,于(　　)起施行。

A. 1999 年 3 月 15 日　　B. 1999 年 8 月 1 日

C. 2000 年 1 月 1 日　　D. 1999 年 10 月 1 日

24. 合同是平等主体的(　　)之间设立、变更、终止民事权利和义务关系的协议。

A. 自然人
B. 法人
C. 其他组织
D. 国家机关

25. 经济法律关系的主体是(　　)。

A. 农村承包经营户
B. 个体工商户
C. 其他经济组织
D. 法人

26. 合同的书面形式包括(　　)。

A. 电话
B. 合同书
C. 信件
D. 数据电文

27. 要约是指(　　)。

A. 希望和他人订立合同的意思表示
B. 同意和他人订立合同的意思表示
C. 希望他人向自己发出订立合同的意思表示
D. 招标合同

28. 根据《合同法》的规定,要约在(　　)时生效。

A. 受要约人确认受到要约
B. 要约到达受要约人
C. 受要约人作出承诺
D. 要约人发出要约

29. 附生效条件的合同,自(　　)时生效。

A. 当事人不正当促成生效条件成就
B. 生效条件成就
C. 生效期限届满
D. 合同成立

30. (　　)是指要约生效前,要约人欲使其不发生法律效力而取消要约的意思表示。

A. 要约邀请
B. 要约撤回
C. 要约撤销
D. 要约生效

31. 下列(　　)是指要约在发生法律效力后,要约人欲使其丧失法律效力而取消该项要约的意思表示。

A. 要约邀请
B. 要约撤销
C. 要约撤回
D. 要约生效

32. 下列可能成为要约的是(　　)。

A. 招标文件
B. 拍卖广告
C. 招标说明书
D. 商业广告

33. 接受要约的受要约人作出承诺后,要约和承诺的内容(　　)产生法律效力。

A. 仅对要约人
B. 对双方
C. 仅对受要约人
D. 对双方都不

34. 按照《合同法》的规定,下列(　　)等内容属于各类合同一般应包括的条款。

A. 合同价款和支付方法
B. 数量和质量的约定
C. 解决合同争议的方法
D. 合同担保方法

35. 当事人对合同的格式条款的理解发生争议时,(　　)。

A. 应按照通常的理解予以解释
B. 有两种以上解释的,应作出有利于提供格式条款的一方的解释
C. 有两种以上解释的,应作出不利于提供格式条款的一方的解释
D. 在格式条款与非格式条款不一致时,应采用非格式条款

36. 无效合同的确认权属于(　　)。

A. 合同当事人双方的上级　　B. 公安、检察机关

C. 仲裁机构　　D. 人民法院

37. 因重大误解订立的合同,(　　)有权作出变更或撤销的决定。

A. 合同当事人　　B. 工商行政管理部门

C. 仲裁机构　　D. 人民法院

38. 合同无效或合同被撤销后,因该合同取消的财产不能返还或没有必要返还的,应(　　)。

A. 追缴财产　　B. 赔偿损失

C. 必须返还　　D. 折价补偿

39.《合同法》规定,在合同履行过程中债权人的撤销权自债务人的行为发生之日起(　　)内没有行使撤销权,该撤销权消灭。

A. 四年　　B. 三年

C. 两年　　D. 一年

40. 某单位受委托与供货商签订供货合同时,事先必须从委托单位取得(　　)后,签订的供货合同对委托单位才能产生法律效力。

A. 货物需求计划　　B. 委托授权书

C. 履约保证书　　D. 订货单

41. 如果合同标的执行政府定价或政府指导价,逾期交付标的物的,遇价格下降时应按(　　)执行。

A. 合同价格　　B. 原价格

C. 成本加酬金　　D. 新价格

42. 如果合同标的执行政府定价或政府指导价,逾期交付标的物的,遇价格上涨时应按(　　)执行。

A. 合同价格　　B. 新价格

C. 成本加酬金　　D. 原价格

43. 如果合同标的执行政府定价或政府指导价,逾期提取标的物或逾期付款的,遇价格上涨时应按(　　)执行。

A. 合同价格　　B. 原价格

C. 成本加酬金　　D. 新价格

44. 如果合同标的执行政府定价或政府指导价,逾期提取标的物或逾期付款的,遇价格下降时应按(　　)执行。

A. 合同价格　　B. 新价格

C. 成本加酬金　　D. 原价格

45. 合同约定由债务人向第三方履行债务的,当债务人未履行债物或履行债务不符合约定时,应由(　　)承担违约责任。

A. 债权人　　B. 债务人

C. 第三方　　D. 公证人

46. 合同约定由第三方向债权人履行债务的,当第三方未履行债务或履行债务不符合约定时,应由(　　)承担违约责任。

A. 债权人　　B. 债务人

C. 第三方　　D. 公证人

47.《合同法》规定,债权人转让权利的,应(　　),否则该转让对债务人不发生效力。

A. 取得债务人的同意　　B. 通知债务人

C. 取得受让人的同意　　D. 通知受让人

48.《合同法》规定,债权人转让权利的通知,除(　　)外,不得撤销。

A. 取得债务人的同意　　B. 通知债务人

C. 取得受让人的同意　　D. 通知受让人

49.《合同法》规定,对(　　)实行严格责任原则。

A. 缔约过失　　B. 无效合同

C. 违约责任　　D. 合同变更或撤销

50.《合同法》规定,当事人承担违约责任的原则是(　　)。

A. 过错责任原则　　B. 双方自愿原则

C. 严格责任原则　　D. 回避原则

51.(　　)是指没有法律上或合同上依据,有损于他人利益而自身取得利益的行为。

A. 无因管理　　B. 侵权

C. 不当得利　　D. 损害

52. 当事人在合同中既约定违约金又约定定金的,当一方违约时,另一方可选择适用(　　)的条款。

A. 先采用违约金,再采用定金　　B. 同时采用定金和违约金

C. 先采用定金,再采用违约金　　D. 定金或违约金

53. 根据我国经济立法的情况和实践经历,解决合同纠纷主要有(　　)方式。

A. 二种　　B. 三种

C. 四种　　D. 五种

54. 根据我国经济立法的情况和实践经历,解决合同纠纷的方式主要有(　　)。

A. 协商　　B. 调解

C. 仲裁　　D. 诉讼

55. 公路工程勘察设计合同发生纠纷时,首先应通过(　　)解决。

A. 协商　　B. 调解

C. 仲裁　　D. 诉讼

56. 当一方当事人不履行仲裁裁决时,另一方当事人可(　　)。

A. 向仲裁委员会申请强制执行　　B. 再申请仲裁

C. 向法院申请强制执行　　D. 向法院提请诉讼

57. 合同纠纷当事人一方向仲裁机构申请仲裁,另一方向人民法院起诉的,该纠纷案件应由(　　)受理。

A. 先收到诉请文件的仲裁机构或人民法院　　B. 人民法院

C. 当事人协商选择仲裁机构或人民法院　　D. 仲裁机构

58. 合同当事人订立仲裁协议的作用是(　　)。

A. 仲裁机构对纠纷进行仲裁的先决条件　　B. 排除了法院对纠纷的管辖

C. 合同当事人均受仲裁协议的约束　　D. 市场竞争的需要

59. 仲裁机构受理合同纠纷的前提条件是(　　)。

A. 上级主管部门指定　　B. 当事人一方选定

C. 合同当事人自愿达成仲裁协议　　D. 法院裁决

60. 下列(　　)是指国家将国有土地使用权在一定年限内让给土地使用者,由土地使用者向国家支付土地使用权出让金的行为。

A. 土地使用权转让　　B. 土地使用权划拨

C. 土地使用权出让　　D. 土地使用权占用

61. 通过土地使用权出让方式取得有限的土地使用权,应向政府支付(　　)。

A. 土地征用费　　B. 土地开发费

C. 土地使用权出让金　　D. 土地补偿金

62. 下列当事人中,(　　)不是保险合同的当事人。

A. 投保人和保险人　　B. 受益人和保险人

C. 投保人和被保险人　　D. 被保险人和保险人

63. 下列(　　)可以作为保险合同的受益人。

A. 投保人　　B. 保险人

C. 被保险人　　D. 承包人

64. 税所具有的特点是(　　)。

A. 强制性　　B. 固定性

C. 无偿性　　D. 统一性

65. 下列(　　)是指对某一征税对象开始征税的最低点。

A. 免征额　　B. 税率

C. 起征点　　D. 纳税额

66. 从价格管理的角度,价格可以分为(　　)。

A. 市场调节价　　B. 政府定价

C. 政府指导价　　D. 协议价格

67. 投标是(　　)。

A. 要约邀请　　B. 承诺

C. 要约　　D. 履约

68.《招标投标法》规定,以下(　　)工程建设项目必须进行招标。

A. 大型基础设施、公用事业等关系社会公共利益、公众安全的

B. 全部或部分使用国有资金投资或国家融资的

C. 企业职工集资建设的

D. 使用国际金融组织或外国政府贷款、援助资金的

69.《招标投标法》规定,采取邀请招标方式招标的,必须向(　　)个以上的潜在投标人发出邀请。

A. 二　　B. 三

B. 四　　D. 五

70. 招标人和投标人应当自中标通知书发出之日起(　　)日内,按照招标文件和中标人的投标文件订立书面合同。

A. 10　　B. 30　　C. 15　　D. 60

二、判断题

1. 经济法是调整国家管理机关、社会组织和具有合法资格的生产经营者，在经济管理、经济协作以及市场经济运作中所发生的经济关系的法律规范的总称。（　）

2. 经济法律关系主体是指经济法律关系的参加者或当事人，即参与经济法律关系、依法享有经济权利、承担经济义务的当事人。（　）

3. 法人是指具有民事权利能力和民事行为能力，依法独立享有民事权利和承担民事义务的组织。（　）

4. 法定代表人是指依照法律或者法人组织章程的规定，代表法人行使职权的负责人。（　）

5. 法定代表人的一切行为都应视为法人的行为，其法律后果都应由法人承担。（　）

6. 公民是自然人，可以作为经济法律关系的主体。（　）

7. 经济法律关系的内容是指经济法律关系主体间的经济权利和经济义务。（　）

8. 经济权利是指经济法律关系主体为或不为一定行为和要求他人为或不为一定行为。（　）

9. 经济权利是指经济法律关系主体依法必须为一定行为或不为一定行为。（　）

10. 经济义务是指经济法律关系主体为或不为一定行为和要求他人为或不为一定行为。（　）

11. 经济义务是指经济法律关系主体依法必须为一定行为或不为一定行为。（　）

12. 行政行为和发生法律效力的法院判决、裁定以及仲裁机关发生法律效力的裁决均属法律事实。（　）

13. 被代理人是指由他人代替自己实施民事法律行为的人。（　）

14. 代理人不得擅自变更或扩大代理权限，否则被代理人对此不承担法律责任。（　）

15. 被代理人不对代理人的代理行为承担民事责任。（　）

16. 虽然代理人超越代理权限的行为不属于代理行为，但被代理人仍应对其行为承担责任。（　）

17. 对于无权代理行为，被代理人可以不承担法律责任。（　）

18. 对于无权代理行为，被代理人完全不承担法律责任。（　）

19. 财产所有权具有绝对性。（　）

20. 按照规定，一般诉讼时效期间为两年。（　）

21. 诉讼时效中断后，从障碍消除之日起，诉讼时效继续计算。（　）

22. 合同亦称契约，是当事人之间设立、变更、终止民事关系的协议。（　）

23. 当事人之间签订的合同受法律的保护。（　）

24. 工程招标、投标是要约，定标是承诺。（　）

25. 要约撤回是指要约在发生法律效力之前，欲使其不发生法律效力而取消要约的意思表示。（　）

26. 要约撤回是指要约在发生法律效力之后，欲使其丧失法律效力而取消要约的意思表示。（　）

27. 要约撤销是指要约在发生法律效力之后，欲使其丧失法律效力而取消要约的意思表示。（　）

28. 要约撤销是指要约在发生法律效力之前，欲使其不发生法律效力而取消要约的意思表示。（　）

29. 在格式条款与非格式条款不一致时，应采用格式条款。（　）

30. 对格式条款的理解有两种以上解释的，应作出有利于提供格式条款一方的解释。（　）

31. 无效合同从执行时起即不具有法律效力。（　）

32. 合同变更的必要条件是当事人协商一致，任何一方都不得擅自变更合同。（　）

33. 合同解除后，当事人之间原确定的合同权利和义务仍然存在。（　）

34. 根据规定，只要当事人双方经过协商一致同意，可以变更和解除合同。（　）

35. 凡是法律规定或约定有违约金的合同，违约方不论是否给对方造成损失，都要支付违约金。（　）

36. 当事人既约定违约金又约定定金的，一方违约时，对方可将两种违约责任合并使用。（　）

37. 仲裁机构作出裁决后，当事人就同一纠纷向人民法院起诉的，人民法院应予受理。（　）

38. 仲裁不是解决合同纠纷的必要程序，只有双方自愿并达成书面协议，才能申请仲裁，否则，仲裁机构不予受理。（　）

39. 在第三者的主持下，经双方当事人进一步协商自愿达成的调解协议，具有法律效力。（　）

40. 合同必须进行鉴证或公证，否则不具有法律效力。（　）

41. 工商行政管理部门可以对合同进行鉴证或公证。（　）

42. 经过鉴证的合同和经过公证的合同，在经济纠纷诉讼中具有同等法律效力。（　）

43. 只有工商行政管理部门才具有管理合同的职能。（　）

44. 纳税人是指依照税法规定，对国家负有纳税义务的社会组织和自然人。（　）

附录二 《公路工程造价管理》复习题参考答案

第一章 工程造价管理历史沿革

一、选择题（单选或多选）

1. A、C、D 2. C 3. A、C、D 4. A、B、C 5. A

6. A、B 7. A、B、D 8. B、C 9. B、C、D 10. B

二、判断题

1. × 2. √ 3. √ 4. × 5. √ 6. × 7. × 8. √ 9. √ 10. ×

第二章 公路工程造价管理基本知识

一、选择题（单选或多选）

1. B 2. A 3. B 4. A 5. C

6. B、D 7. A、B、C、D 8. B 9. C 10. A、C、E

二、判断题

1. √ 2. × 3. × 4. √ 5. √ 6. × 7. × 8. √ 9. √ 10. √

11. √ 12. √ 13. × 14. × 15. √ 16. √ 17. √ 18. √ 19. × 20. √

第三章 投资管理体制与项目融资

一、选择题（单选或多选）

1. C 2. C 3. A、C 4. C 5. A

6. A 7. B 8. B、D 9. B、D 10. A、B、C、D

11. B、C、D 12. A、B 13. A、B 14. A 15. A、C、D

16. A、C、D 17. A、C、D 18. A、C、D 19. B 20. B

21. C 22. B、C 23. A、C 24. B、D 25. B、C、D

26. B、C、D	27. A、D	28. A、C、D	29. C	30. A、B、C、D
31. A、B、C、D	32. B	33. D	34. B、C、D	35. D
36. B、C、D	37. A、B、C	38. A	39. A、B、C、D	40. A、B、C、D
41. B	42. A	43. B	44. C	45. B
46. A、B、D	47. A、B、D	48. A、B、D	49. A、D	50. D
51. A、B、C、D	52. A、C、D	53. B	54. B	55. A、B、D
56. A、B	57. A、B、C	58. A、D	59. C	60. A、B、C、D
61. B	62. A、B、C、D	63. A、B、D	64. A、B、D	65. A、B、D
66. C	67. C	68. C	69. C	70. C
71. C	72. B	73. C		

二、判断题

1. √	2. √	3. √	4. √	5. √	6. √	7. √	8. √	9. ×	10. √
11. √	12. ×	13. √	14. ×	15. √	16. √	17. ×	18. √	19. ×	20. ×
21. √	22. √	23. ×	24. √	25. ×	26. √	27. √	28. √	29. ×	30. √
31. ×	32. √	33. √	34. ×	35. √	36. √	37. √	38. ×	39. ×	40. ×
41. √	42. √	43. ×	44. ×						

第四章　公路建设项目管理

一、选择题(单选或多选)

1. D	2. A、B、C、D	3. A	4. B	5. C
6. C	7. C	8. B、C、D	9. C	10. C
11. C	12. D	13. A	14. C、D	15. B
16. D	17. C	18. C	19. D	20. C
21. C	22. A. C	23. B	24. C	25. C
26. B	27. B	28. C、D	29. A、B	30. C
31. C	32. A、B、C	33. B	34. B	35. B
36. B	37. C	38. C	39. C	40. A、B、C、D
41. C、D	42. B、D	43. D	44. B	45. A、B、C、D
46. A、B、C、D	47. B	48. A	49. A	50. D

二、判断题

1. √　2. √　3. √　4. √　5. √　6. √　7. ×　8. √　9. √　10. √

11. ×　12. ×　13. √　14. √　15. √　16. √　17. √　18. √　19. √　20. ×

21. √　22. ×　23. √　24. √　25. √

第五章　经济法律法规

一、选择题(单选或多选)

1. A、B、C、D	2. C	3. A、B、C	4. A、B、C、D	5. C
6. A、B、C、D	7. C	8. D	9. A	10. B、C、D
11. A	12. A	13. D	14. D	15. D
16. B、D	17. A、B、C、D	18. D	19. D	20. D
21. D	22. D	23. D	24. A、B、C	25. A、B、C、D
26. B、C、D	27. A	28. B	29. B	30. B
31. B	32. D	33. B	34. A、B、C	35. A、C、D
36. C、D	37. A	38. B	39. D	40. B
41. D	42. D	43. D	44. D	45. B
46. B	47. B	48. C	49. C	50. C
51. C	52. D	53. C	54. A、B、C、D	55. A
56. C	57. B	58. A、B、C	59. C	60. C
61. C	62. C	63. A、C	64. A、B、C	65. C
66. A、B、C	67. C	68. A、B、D	69. B	70. B

二、判断题

1. √　2. √　3. √　4. √　5. √　6. √　7. √　8. √　9. ×　10. ×

11. √　12. √　13. √　14. √　15. ×　16. ×　17. √　18. ×　19. √　20. √

21. ×　22. √　23. ×　24. ×　25. √　26. ×　27. √　28. ×　29. ×　30. ×

31. ×　32. √　33. ×　34. ×　35. √　36. ×　37. ×　38. √　39. ×　40. ×

41. ×　42. ×　43. ×　44. √

参考文献

[1] 交通部公路工程定额站.公路工程造价管理相关知识[M].北京:人民交通出版社,2007.
[2] 尹贻林.工程造价管理相关知识[M].北京:中国计划出版社,2000.
[3] 廖天平,何永萍.建筑工程造价管理[M].重庆:重庆大学出版社,2003.
[4] 周直.工程项目管理[M].北京:人民交通出版社,2000.
[5] 乐嘉栋,彭胜林.建设项目投资管理[M].上海:同济大学出版社,2004.
[6] 唐杰军,蒋玲.公路施工监理[M].北京:人民交通出版社,2006.
[7] 交通部公路工程定额站.复习题库与案例分析[M].北京:人民交通出版社,2007.
[8] 中国建设监理协会.建设工程合同管理[M].北京:知识产权出版社,2007.
[9] 中华人民共和国行业标准.JTG B06—2007 公路工程基本建设项目概算预算编制办法[S].北京:人民交通出版社,2007.